CROATE

Le guide *de conversation* du routard

en collaboration avec LAROUSSE

HACHETTE

Remerciements

Pour les dictionnaires bilingues Larousse

Direction éditoriale : Ralf Brockmeier

Édition : Giovanni Picci

Rédaction : Chloé Bourbon, Karmela Bouré, Michael Fusaro, Dubravka Janekovic, Fabien Leclercq, Mery Martinelli
Avec
Fabrice Jahan de Lestang

Informatique éditoriale : Dalila Abdelkader, Fabrice Jansen
Avec
Monika Al Mourabit
Aurélie Prissette

Conception graphique : Jean-Charles Dart

Composition : Ingénierie Graphisme Services, Angoulême

Couverture : Thibault Reumaux

Pour le Guide du routard
Directeur de collection : Philippe Gloaguen

Pour Hachette Tourisme
Responsable de collection : Catherine Julhe

Achevé d'imprimer en Italie par Legoprint
Dépôt légal n° 67647-02/2006
Collection n° 18 - Edition n° 01
24-0453-1
I.S.B.N. 2.01.240453-7

Amis lecteurs

C'est décidé, vous partez en voyage en Croatie...

mais comment converser avec les locaux ? Comment trouver le mot ou la phrase qui sauve ? Comme il est extrêmement difficile de maîtriser la langue croate jusque dans les moindres détails et, dans un premier temps, « dépaysant » de découvrir son alphabet, nous avons tout fait pour vous faciliter la vie : nous avons créé l'outil indispensable pour que vous trouviez tout de suite la formule correspondant à la situation du moment. Allant à l'essentiel, ce guide vous aidera à comprendre et à vous faire comprendre pour ne rien rater !

Le guide de conversation du routard sera le compagnon idéal le temps de votre voyage. Pour trouver rapidement un mot précis, servez-vous en comme d'un lexique. À partir de chaque mot, nous avons sélectionné une série de phrases-clés qui vous aideront dans toutes les situations, même les plus désespérées !

La partie français-croate, intitulée « les phrases du routard », contient les expressions dont vous aurez besoin pour vous débrouiller dans le pays. Nous avons passé au crible toutes les situations vécues au cours d'un voyage. Les phrases utiles ont été minutieusement choisies... Et pour vous simplifier la vie, nous vous proposons à la suite de chaque phrase une transcription phonétique très simple qui vous permettra de vous faire comprendre facilement.

La partie croate-français, « le croate du routard », regroupe l'essentiel des mots ou phrases-types que vous pourrez lire ou entendre lors de votre séjour. Menus de restaurants, panneaux routiers, enseignes et inscriptions diverses... l'immersion est totale !

Et parce qu'un routard est toujours un routard, nous avons parsemé ce guide de bons plans, de tuyaux, d'infos et d'astuces en tout genre qui vous aideront à mieux voyager.

Sretan put! [**crètannpoute!**]

Abréviations utilisées dans ce guide

abr	*abréviation*
adj	*adjectif*
CULIN	*cuisine*
f	*féminin*
fam	*familier*
fig	*figuré*
fpl	*féminin pluriel*
gén	*généralement*
INFORM	*informatique*
inv	*invariable*
m	*masculin*
MÉCAN	*mécanique*
MÉD	*médecine*
MÉTÉOR	*météorologie*
mpl	*masculin pluriel*
MUS	*musique*
pl	*pluriel*
pron	*pronom*
TRANSP	*transports*

Sommaire

Chiffres

Nombres cardinaux

0	*nula*	[noula]	12	*dvanaest*	[dvanaèste]
1	*jedan*	[yèdane]	13	*trinaest*	[trinaèste]
2	*dva*	[dva]	14	*četrnaest*	[tchèteurnaèste]
3	*tri*	[tri]	15	*petnaest*	[pètnaèste]
4	*četiri*	[tchètiri]	16	*šesnaest*	[chèsnaèste]
5	*pet*	[pète]	17	*sedamnaest*	[sèdamnaèste]
6	*šest*	[chèste]	18	*osamnaest*	[ossamnaèste]
7	*sedam*	[sèdame]	19	*devetnaest*	[dèvètnaèste]
8	*osam*	[ossame]	20	*dvadeset*	[dvadèssète]
9	*devet*	[dèvète]	50	*pedeset*	[pèdèssète]
10	*deset*	[dèssète]	100	*sto*	[sto]
11	*jedanaest*	[yèdanaèste]	1 000	*tisuća*	[tissoutcha]

Nombres ordinaux

1er	*prvi*	[peurvi]	12ème	*dvanaesti*	[dvanaèsti]
2ème	*drugi*	[drougui]	13ème	*trinaesti*	[trinaèsti]
3ème	*treći*	[trètchi]	14ème	*četrnaesti*	[tchèteurnaèsti]
4ème	*četvrti*	[tchètveurti]	15ème	*petnaesti*	[pètnaèsti]
5ème	*peti*	[pèti]	16ème	*šesnaesti*	[chèsnaèsti]
6ème	*šesti*	[chèsti]	17ème	*sedamnaesti*	[sèdamnaèsti]
7ème	*sedmi*	[sèdmi]	18ème	*osamnaesti*	[ossamnaèsti]
8ème	*osmi*	[osmi]	19ème	*devetnaesti*	[dèvètnaèsti]
9ème	*deveti*	[dèvèti]	20ème	*dvadeseti*	[dvadèssèti]
10ème	*deseti*	[dèssèti]	100ème	*stoti*	[stoti]
11ème	*jedanaesti*	[yèdanaèsti]			

Poids

milligramme	mg	*miligram*	[miligrame]
gramme	g	*gram*	[grame]
kilo (gramme)	kg	*kilogram*	[kilograme]
tonne	t	*tona*	[tona]

Longueur

millimètre	mm	*milimetar*	[milimètare]
centimètre	cm	*centimetar*	[tssènntimètare]
mètre	m	*metar*	[mètare]
kilomètre	km	*kilometar*	[kilomètare]

Les jours de la semaine

lundi	*ponedjeljak*	[ponèdyèlyak]
mardi	*utorak*	[outorak]
mercredi	*srijeda*	[sriyèda]
jeudi	*četvrtak*	[tchètveurtak]
vendredi	*petak*	[pètak]
samedi	*subota*	[soubota]
dimanche	*nedjelja*	[nèdyèlya]

Les mois

janvier	*siječanj*	[syètchagne]
février	*veljača*	[vèlyatcha]
mars	*ožujak*	[ojouyak]
avril	*travanj*	[travagne]
mai	*svibanj*	[ssvibagne]
juin	*lipanj*	[lipagne]
juillet	*srpanj*	[seurpagne]
août	*kolovoz*	[colovoze]
septembre	*rujan*	[rouyane]
octobre	*listopad*	[listopade]
novembre	*studeni*	[stoudèni]
décembre	*prosinac*	[prossinatsse]

Dans la semaine

le matin	*jutro*	[youtro]
l'après-midi	*popodne*	[popodnè]
le soir	*večer*	[vètchère]
la nuit	*noć*	[notche]
avant-hier	*prekjučer*	[prèkyoutchère]
hier	*jučer*	[youtchère]
hier matin	*jučer ujutro*	[youtchère ouyoutro]
hier soir	*jučer navečer*	[youtchère navètchère]
aujourd'hui	*danas*	[danasse]
ce matin	*jutros*	[youtrosse]
ce soir	*večeras*	[vètchèrasse]
demain	*sutra*	[soutra]
demain matin	*sutra ujutro*	[soutra ouyoutro]
demain après-midi	*sutra popodne*	[soutra popodnè]
après-demain	*preksutra*	[prèksoutra]
après-demain matin	*preksutra ujutro*	[prèksoutra ouyoutro]
la veille	*sinoć*	[sinotche]
le lendemain	*sutradan*	[soutradane]

Prononciation

Voici les 30 lettres de l'alphabet croate avec leur prononciation :

a	[a]	*l*	[l]
b	[b]	*lj*	[ly(é)]
c	[tss]	*m*	[m]
č	[tch]	*n*	[n]
ć	[tch]	*nj*	[ny(é)]
d	[d]	*o*	[o]
dž	[dj]	*p*	[p]
đ	[dj]	*r*	[r]
e	[é]	*s*	[s]
f	[f]	*š*	[ch]
g	[gu]	*t*	[t]
h	[H]	*u*	[ou]
i	[i]	*v*	[v]
j	[y(é)]	*z*	[z]
k	[k]	*ž*	[j]

On ne trouvera les lettres *q*, *w*, *x* et *y* que dans les noms étrangers.

Pour prononcer correctement les mots et phrases croates, il vous suffit de lire la transcription phonétique comme si c'était du français, en respectant cependant les quelques règles qui suivent.

D'abord, le *h* croate, à la différence du *h* français, se prononce. Sa prononciation se situe entre celle du *h* anglais (comme dans « *help* ») et celle du *j* espagnol (comme dans « *Juan* »). Ce son se forme en expulsant l'air de sa gorge tout en grattant légèrement le palais. En ce qui concerne le *r* croate, il est roulé fortement comme en russe. On peut également signaler que les voyelles nasales (*in*, *on*, *an*), ainsi que le son *u* français, n'existent pas dans cette langue.

Ensuite, il faut savoir que le croate est une langue qui possède des accents toniques, qui sont signalés dans ce livre par des caractères en gras. Ces lettres en gras doivent être prononcées un peu plus fort et un peu plus longuement que les autres lettres. L'accentuation peut concerner n'importe quelle syllabe d'un mot sauf la dernière, ce qui fait qu'elle se situe le plus souvent sur la première.

On peut préciser qu'il existe en croate quatre types d'accents toniques (ce qui est quasi-unique dans les langues slaves) ; court descendant, court montant, long descendant et enfin long montant. Deux accentuations différentes d'un même mot peuvent lui donner deux significations ; ainsi le mot *grad* peut signifier *ville* ou bien *grêle* selon l'accentuation. Cependant, cet aspect étant très difficile même pour les étrangers qui parlent bien le croate, nous ne transcrirons dans la partie phonétique que la place de l'accent tonique sans en préciser le type. Mais rassurez-vous, grâce au contexte, vous n'aurez pas de problèmes pour vous faire comprendre sans maîtriser les différentes accentuations.

Parlons maintenant de la spécificité des langues croate et serbe : le « *r voyelle* ». Lorsque la consonne *r* se situe entre deux autres consonnes, elle devient une voyelle, comme dans le mot *vrsta* (*genre*, *type*) dont nous transcrirons la prononciation par [v**eu**rsta]. Prononcez ce mot tel qu'il est transcrit, mais en prononçant le plus brièvement possible le son « *eu* » intercalaire entre le *v* et le « *r voyelle* ». Chez certains locuteurs natifs, le son « *eu* » intercalaire, sans lequel le mot serait imprononçable, ne s'entend quasiment pas.

Les phrases du routard

Guide français-croate

A

à u [ou]

- j'habite à Paris živim u Parizu [jivime ouparizou]
- à plus ! vidimo se! [vidimossè!]
- à jeudi ! vidimo se u četvrtak! [vidimossé outchètveurtak!]

abîmer oštetiti [ochtètiti]

- ma valise a été abîmée pendant le voyage oštetila mi se torba za vrijeme putovanja [ochtètilamisè torba zavryème poutovanya]

abonnement pretplata [prètplata]

- existe-t-il des cartes d'abonnement ? postoji li mogućnost pretplate? [postoïili mogoutchnoste prètplatè?]

accepter primiti [primiti]

- acceptez-vous les traveller's cheque ? primate li travellers čekove? [primatèli travleurze tchècovè?]

accès prilaz [prilaze]

- y a-t-il un accès pour handicapés ? postoji li prilaz za invalidne osobe? [postoïili prilaze za-innvalidnè ossobè?]

accessible dostupan [dostoupane]

- est-ce accessible en voiture ? je li dostupno autom? [yèli dostoupno a-outome?]

accident nezgoda [nèzgoda]

- accident de voiture sudar [soudare]
- j'ai eu un accident imao sam sudar [imaossame soudare]

accompagner dopratiti [dopratiti]

- pourriez-vous m'accompagner jusqu'à… ? možete li me dopratiti do…? [mojètèlimè dopratiti do…?]
- merci de nous avoir accompagnés hvala što ste nas dopratili [Hvala chtostènasse dopratili]

accord slaganje [slaganyè]

- je suis d'accord avec toi slažem se s tobom [slajèmmssè stobome]

accueil *(hospitalité)* doček [dotchèk] ; *(réception)* recepcija [rètsèptsiya]

- merci beaucoup pour votre accueil mnogo vam hvala na dočeku [mnogovame Hvala nadotchècou]

▸ on se retrouve à l'accueil naći ćemo se na recepciji [natchitchèmossé na-rètssèptssiyi]

acheter kupiti [coupiti]

▸ où peut-on acheter à manger à cette heure-ci ? gdje možemo kupiti nešto za pojesti u ovo doba? [gdyèmojèmo coupiti nèchto zapoïèsti ou-ovo doba?]

acompte akontacija [aconntatssiya]

▸ faut-il verser un acompte ? treba li dati akontaciju? [trèbali dati aconntatssiyou?]

addition *(note)* račun [ratchoune]

▸ l'addition, s'il vous plaît ! račun molim vas! [ratchoune molimmvasse!]

▸ je crois qu'il y a une erreur dans l'addition mislim da ima greška u računu [mislime da-ima grèchka ouratchounou]

adorer obožavati [obojavati]

▸ j'adore le cinéma obožavam ići u kino [obojavame itchi oukino]

adresse adresa [adrèssa]

▸ adresse électronique e-mail adresa [imèyle adrèssa]

▸ est-ce que vous pouvez m'écrire l'adresse ? možete li mi napisati adresu? [mojètèlimi napissati adrèssou?]

▸ pouvez-vous me donner votre nom et votre adresse ? možete li mi dati vaše ime i adresu? [mojètèlimi dati vachè imè i-adrèssou?]

adulte odrasla osoba [odrasla ossoba]

▸ un ticket pour deux adultes et un ticket pour un étudiant, s'il vous plaît po jednu kartu za dvije odrasle osobu, jednu za studenta, molim vas [poïèdnou cartou zadvyèodraslè ossobè, yèdnou zastoudènnta, molimmvasse]

aéroport aerodrom [aèrodrome]

▸ combien de temps met-on pour aller à l'aéroport ? koliko vremena treba do aerodroma? [colico vrèmèna trèba doaèrodroma?]

être d'accord/ne pas être d'accord — INFO

▸ absolument ! apsolutno! [apsoloutno!]
▸ pas de problème nema problema [nèma problèma]
▸ vous avez raison imate pravo [imatè pravo]
▸ bon, d'accord dobro, u redu [dobro, ourèdou]
▸ je ne suis pas convaincu nisam uvjeren [nissame ouvyèrène]
▸ je ne suis pas d'accord ne slažem se [nèslajèmmssè]

- y a-t-il une navette pour l'aéroport ? vozi li autobus do aerodroma? [vozili aoutobousse doèrodroma?]

affaires stvari [stvari]

- pouvez-vous surveiller mes affaires un instant ? možete li mi malo pripaziti na stvari? [mojètèlimi malo pripaziti nastvari?]

âge starost [staroste], dob [dobe]

- quel âge as-tu ? koliko imaš godina? [colico imache godina?]

agence agencija [aguènntssiya]

- je cherche une agence de voyages tražim putničku agenciju [trajime poutnitchkou aguènntssiyou]
- où peut-on trouver une agence de location de voitures ? gdje možemo naći rent-a-car agenciju? [gdyèmojèmo natchi rèinntacar aguènntssiyou?]

agité uzburkan [ouzbourcane]

- la mer est-elle agitée aujourd'hui ? je li more danas uzburkano? [yèli morè danasse ouzbourcano?]

agréable ugodan [ougodane]

- c'est vraiment un endroit très agréable to je stvarno jako ugodno mjesto [toïè stvarno yaco ougodno myèsto]

agresser napasti [napasti]

- j'ai été agressé napali su me [napalissoumè]

aide pomoć [pomotche]

- à l'aide ! u pomoć! [oupomotche!]
- je vous remercie de votre aide zahvaljujem vam na pomoći [zaHvalyouïèmmvame napomotchi]

aider pomoći [pomotchi]

- pourriez-vous m'aider ? možete li mi pomoći? [mojètèlimi pomotchi?]

à l'aéroport — INFO

- où se trouve la porte 2 ? gdje je izlaz broj 2? [gdyèyè izlaze broïdva?]
- où dois-je enregistrer mes bagages ? gdje moram prijaviti prtljagu? [gdyèmorame priyaviti peurtlyagou?]
- je voudrais une place côté couloir želim mjesto uz prolaz [jèlime myèsto ouzprolaze]
- où dois-je aller récupérer mes bagages ? gdje mogu podići prtljagu? [gdyè mogou poditchi peurtlyagou?]

▶ je peux vous aider ? mogu li vam pomoći? [mogoulivame pomotchi?]

aimer *(penchant)* sviđati se [ssvidjatissè] ; *(amour)* voljeti [volyèti]

▶ j'aime beaucoup la cuisine croate jako volim hrvatsku kuhinju [yaco volime Hrvatskou couHinyou]

▶ aimes-tu le cinéma ? voliš li ići u kino? [volichli itchi oukino?]

▶ je t'aime volim te [volimmtè]

air *(vent)* zrak [zrak] ; *(apparence)* izgled [izglède]

▶ j'ai besoin de prendre l'air moram izaći na zrak [morame izatchi nazrak]

▶ je voudrais une chambre avec l'air conditionné želio bih sobu s klimom [jèli-obiH sobou sklimome]

▶ tu n'as pas l'air bien ne izgledaš dobro [nè-izglèdache dobro]

alcool alkohol [alcoHol]

▶ je ne bois pas d'alcool ne pijem alkohol [nèpiyème alcoHol]

▶ qu'est-ce que vous avez comme boissons sans alcool ? koja bezalkoholna pića imate? [coïa bèzalcoHolna pitcha imatè?]

alimentation hrana [Hrana]

▶ où se trouve le rayon alimentation ? gdje se nalazi odjeljak s hranom? [gdyèssé nalazi odyèlyake sHranome?]

[1]aller *(billet)* karta [carta]

▶ aller simple karta u jednom smjeru [carta ouyèdnome smyèrou]

---

aimer **INFO**

▶ j'aime beaucoup ce tableau jako mi se sviđa ova slika [yacomissè ssvidja ova slica]

▶ j'aime bien ton frère sviđa mi se tvoj brat [ssvidjamissè tvoïbrate]

▶ j'ai un faible pour elle slab sam na nju [slabsame nanyou]

▶ je la trouve très sympathique jako mi je simpatična [yacomiyè simmpatichna]

---

ne pas aimer **INFO**

▶ je déteste le foot mrzim nogomet [meurzime nogomète]

▶ je ne peux pas le supporter ne mogu ga podnijeti [nèmogouga podnyèti]

▶ je ne l'aime pas trop ne volim ga baš puno [nèvolimmga bachpouno]

- aller-retour povratna karta [povratna carta]
- combien coûte un aller pour le centre-ville ? koliko košta karta do centra grada? [colico cochta carta dotssènntra grada?]
- deux billets aller et retour en 2e classe pour Split, s'il vous plaît dvije povratne karte drugog razreda do Splita, molim vas [dvyèpovratnè cartè drougogue razrèda dosplita, molimmvasse]

²aller *(se déplacer)* ići [itchi] ; *(santé, état d'esprit)* dobro se osjećati [dobrossè ossyètchati]

- je voudrais aller à… želio bih ići u… [jèli-obiH itchi ou...]
- ce train va bien à Split ? ovaj vlak ide do Splita? [ovaïvlak idè dosplita?]
- comment allez-vous ? kako ste? [cacostè?]
- je vais bien dobro sam [dobrossame]

allergique alergičan [alèrguitchane]

- je suis allergique à l'aspirine alergičan sam na aspirin [alèrguitchannsame na-aspirine]

allumer upaliti [oupaliti]

- comment on allume le chauffage ? kako se pali grijanje? [cacossè pali griyanyè?]
- je ne vois pas où on allume la lumière ne vidim gdje se pali svjetlo [nèvidime gdyèssè pali ssvyètlo]

allumette šibica [chibitssa]

- avez-vous des allumettes ? imate li šibice? [imatèli chibitssè?]

altitude nadmorska visina [nadmorska vissina]

- à quelle altitude se trouve la station ? na kojoj je nadmorskoj visini mjesto za odmor? [nacoïoïè nadmorskoye vissini myèsto zaodmore?]

ambiance atmosfera [atmosphèra]

- il y avait une super bonne ambiance atmosfera je bila izvrsna [atmosphèraïè bila izveursna]

ambulance vozilo hitne pomoći [vozilo Hitnè pomotchi]

- appelez une ambulance ! pozovite hitnu pomoć! [pozovitè Hitnou pomotche!]
- pouvez-vous envoyer d'urgence une ambulance au… ? možete li hitno poslati vozilo hitne pomoći u… [mojètèli Hitno poslati vozilo Hitnè pomotchi ou...]

améliorer poboljšati [pobolchati]

▶ j'espère améliorer mon croate pendant mon séjour nadam se da ću poboljšati svoj hrvatski tijekom boravka [nadammssè datchou pobolchati ssvoïHrvatski tyècome boravka]

amende globa [globa]

▶ l'amende est de combien ? kolika je globa? [colicaïè globa?]

ami *(copain)* prijatelj [priyateli] ; *(petit ami)* dečko [dètchko]

▶ êtes-vous des amis de Mario ? vi ste Mariovi prijatelji? [vistè maryovi priyatèlyi?]

▶ je suis venu avec ma petite amie došao sam sa svojom curom [dochaossame sassvoïome tssourome]

amitié prijateljstvo [priyatèlstvo]

▶ mes amitiés à vos parents ! pozdravite roditelje ! [pozdravitè roditèlyè!]

ampoule *(de lampe)* žarulja [jaroulya] ; *(cloque)* žulj [jouli]

▶ l'ampoule est cassée žarulja je razbijena [jaroulyaïè razbiyèna]

▶ je me suis fait une ampoule dobio sam žulj [dobi-ossame jouli]

amuser (s') provesti (se) [provestissè]

▶ on s'est bien amusés dobro smo se proveli [dobrosmossè provèli]

angine angina [annguina]

▶ j'ai une angine imam anginu [imame annguinou]

anglais engleski [ènnglèski]

▶ vous parlez anglais ? govorite li engleski? [govoritèli ènnglèski?]

▶ je ne parle pas anglais ne govorim engleski [nègovorime ènnglèski]

animal životinja [jivotinya]

▶ les animaux domestiques sont-ils admis ? da li je dozvoljen ulaz kućnim ljubimcima? [daliyè dozvolyène oulaze coutchnime lyoubimmtssima?]

animé živ [jive]

▶ c'est très animé le soir jako je živo uvečer [yacoïè jivo ouvètchère]

année godina [godina]

▶ bonne année ! sretna nova godina! [srètna nova godina!]

▶ combien d'années d'études faut-il ? koliko godina traje studij? [colico godina traïè stoudiy?]

anniversaire rođendan [rodjènndane]

▶ joyeux anniversaire ! sretan rođendan! [srètane rodjènndane!]

annuler otkazati [otkazati]

- est-il possible d'annuler la réservation ? može li se otkazati rezervacija? [mojèlissè otkazati rèzèrvatssiya?]

appareil photo fotoaparat [fotoaparate]

- j'ai perdu mon appareil photo izgubio sam fotoaparat [izgoubi-ossame fotoaparat]

appeler *(se nommer)* zvati se [zvatissè] ; *(interpeller)* pozvati [pozvati] ; *(téléphoner)* telefonirati [tèlèphonirati]

- comment vous appelez-vous ? kako se zovete? [cacossè zovètè?]
- je m'appelle Marc zovem se Marc [zovèmmssè marc]
- appelez un médecin ! pozovite liječnika! [pozovitè lyètchnika!]
- je dois appeler chez moi moram telefonirati kući [morame tèlèphonirati coutchi]

appétit apetit [apètite]

- bon appétit ! dobar tek! [dobartèk!]

apporter donijeti [donyèti]

- pourriez-vous nous apporter un cendrier ? možete li nam donijeti pepeljaru? [mojètèliname donyèti pèpèlyarou?]

apprendre naučiti [naoutchiti]

- j'ai appris quelques mots avec un bouquin naučio sam nekoliko riječi iz knjige [naoutchi-ossame nècolico ryètchi izknyiguè]
- je peux t'apprendre le français mogu te naučiti francuski [mogoutè naoutchiti franntssouski]

après *(lieu)* iza [iza] ; *(temps)* poslije [poslyè]

- le stade est-il après le feu ? da li je stadion iza semafora? [daliyè stadione iza sèmafora?]
- rejoins-nous après pridruži nam se poslije [pridroujinammssè poslyè]

après-demain prekosutra [prècossoutra]

- je rentre après-demain vraćam se prekosutra [vratchammssè prècossoutra]

après-midi poslijepodne [poslyèpodnè]

- le musée est-il ouvert l'après-midi ? je li muzej otvoren poslijepodne? [yèli mouzeï otvorène pslyèpodnè?]

argent novac [novatsse]

- je n'ai pas beaucoup d'argent nemam puno novca [nèmame pouno novtssa]
- je n'ai plus d'argent liquide nemam više gotovine [nèmame vichè gotovinè]

arranger *(convenir)* odgovarati [odgovarati]
▸ quand cela t'arrange-t-il ? kada ti to odgovara? [cadatito odgovara?]

arrêt *(station)* postaja [postaïa]
▸ c'est bien l'arrêt pour... ? je li to stanica za...? [yèlito stanitssa za...?]
▸ où se trouve l'arrêt de bus le plus proche ? gdje je najbliža autobusna postaja? [gdyèyè naïblija aoutobousna postaïa?]

arrêter stati [stati]
▸ où s'arrête la navette en ville ? gdje staje autobus u gradu? [gdyèstaïè aoutobousse ougradou?]
▸ arrêtez-vous ici stanite ovdje [stanitè ovdyè]

arrhes kapara [capara]
▸ doit-on verser des arrhes ? moramo li dati kaparu? [moramoli dati caparou?]

arriver stići [stitchi]
▸ à quelle heure le train arrive-t-il à Zadar ? u koliko sati vlak stiže u Zadar? [oucolico sativlak stijè ouzadare?]
▸ mes bagages ne sont pas arrivés prtljaga mi nije stigla [peurtlyagami niyè stigla]

art umjetnost [oumyètnoste]
▸ t'intéresses-tu à l'art ? da li te zanima umjetnost? [dalitè zanima oumyètnoste?]

ascenseur dizalo [dizalo]
▸ est-ce qu'il y a un ascenseur ? da li ima dizalo? [dali ima dizalo?]
▸ quelqu'un est coincé dans l'ascenseur netko je zapeo u dizalu [nètkoïè zapèo oudizalou]

aspirine aspirin [aspirine]
▸ je voudrais de l'aspirine želim aspirin [jèlime aspirine]

asseoir (s') sjesti [syèsti]
▸ puis-je m'asseoir à votre table ? mogu li sjesti za vaš stol? [mogouli syèsti zavachstole?]

assez dosta [dosta]
▸ je n'ai pas assez d'argent nemam dovoljno novca [nèmame dovolno novtssa]

assiette tanjur [tanyoure]
▸ pourriez-vous nous apporter deux assiettes ? možete li nam donijeti dva tanjura? [mojètèliname donyèti dvatanyoura?]
▸ j'ai cassé une assiette razbio sam tanjur [razbi-ossame tanyoure]

assurance osiguranje [ossigouranyè]

- assurance tous risques kasko osiguranje [casco ossigouranyè]
- faut-il une assurance spéciale ? treba li posebno osiguranje? [trèbali possèbno ossigouranyè?]
- quels risques l'assurance couvre-t-elle ? što sve osiguranje pokriva? [chtossvè ossigouranyè pocriva?]

assurer *(maison, voiture)* osigurati [ossigourati]

- la voiture est-elle assurée tous risques ? da li auto ima kasko osiguranje? [dali a-outo ima casco ossigouranyè?]

asthme astma [asttma]

- j'ai de l'asthme imam astmu [imame asttmou]

attaque *(cardiaque)* napadaj [napadaï]

- il a eu une attaque imao je srčani napad [imaoïè seurtchani napade]

attendre čekati [tchècati]

- tu attends le bus ? čekaš autobus? [tchècache aoutobousse?]
- ne m'attendez pas pour dîner nemojte me čekati za večeru [nèmoïtèmè tchècati zavètchèrou]
- je vous attends à huit heures à l'hôtel čekam vas u osam sati u hotelu [tchècammvasse ou-ossame sati ouHotèlou]

attention ! pozor! [pozore!]

atterrissage slijetanje [slyètanyè]

- quelle est l'heure d'atterrissage ? u koliko sati slijeće avion? [oucolico sati slyètchè avione?]

attraper *(prendre)* dohvatiti [doHvatiti] ; *(maladie)* zaraziti se [zarazitissè]

- je n'arrive pas à attraper ma valise ne mogu dohvatiti svoju torbu [nèmogou doHvatiti ssvoïou torbou]
- j'ai attrapé un rhume prehladio sam se [prèHladi-ossammssè]

auberge de jeunesse omladinski hotel [ommladinnski Hotèl]

- où se trouve l'auberge de jeunesse ? gdje se nalazi omladinski hotel? [gdyèssè nalazi ommladinnski Hotèl?]
- je voudrais la liste des auberges de jeunesse de la région htio bih popis omladinskih hotela u okolici [Hti-obiH popisse ommladinnskiH Hotèla ouocolitssi]

aujourd'hui danas [danasse]

- on est le combien aujourd'hui ? koji je danas datum? [coïiyè danasse datoume?]

aussi *(également)* također [tacodjère] ; *(à ce point)* tako [taco]

- moi aussi ! ja također! [yatacodjère!]
- bon appétit – merci, vous aussi ! dobar tek- hvala, vama također! [dobar-tèk – Hvala, vama tacodjère!]
- je n'ai jamais rien vu d'aussi beau nikada nisam vidio nešto tako lijepo [nicada nissame vidi-o nèchto taco lyèpo]

autant isto [isto]

- l'aller simple coûte presque autant que l'aller et retour karta u jednom smjeru košta gotovo isto kao i povratna karta [karta ouyèdnome smyèrou kochta gotovo isto kao ipovratna karta]
- est-ce qu'il y a autant de monde que la dernière fois ? ima li isto toliko ljudi kao i zadnji put? [imali isto tolico lyoudi cao-i zadnyipoute?]

automatique automatski [aoutomatski]

- c'est une boîte manuelle ou automatique ? je li to ručni ili automatski mjenjač? [yèlito routchni ili aoutomatchki myènyatche?]

autoriser dopustiti [dopoustiti]

- combien de bagages sont autorisés ? koliko je prtljage dopušteno ? [coli-coïè peurtlyaguè dopouchtèno?]
- est-il autorisé de fumer ici ? je li ovdje dopušteno pušenje? [yèli ovdyè do-pouchtèno pouchènyè?]

autoroute autocesta [aoutotssèsta]

- autoroute à péage autocesta s naplatom [aoutotssèsta snaplatome]
- quelle est la vitesse limite sur les autoroutes ? koja je ograničena brzina na autocestama? [coïaïè ogranitchèna beurzina na aoutotssèstama?]
- comment puis-je rejoindre l'autoroute ? kako mogu izaći na autocestu? [caco mogou izatchi na aoutotssèstou?]

auto-stop autostop [aoutostop]

- on est venus en stop došli smo autostopom [dochlismo aoutostopome]

autre drugi [drougui]

- autre part drugdje [drougdyè]
- un autre café, s'il vous plaît još jednu kavu, molim vas [yochyèdnou cavou, molimmvasse]
- allez-y, je vais attendre les autres idite, ja ću čekati ostale [iditè, yatchou tchècati ostalè]
- il n'y a rien d'autre ? nema ništa drugo? [nèma nichta drougo?]

avaler *(fig)* progutati [progoutati] ; *(déglutir)* (pro)gutati [(pro)goutati]
- le distributeur automatique dehors a avalé ma carte de crédit bankomat vani mi je progutao kreditnu karticu [bannkomate vanimiyè progoutao crèdit-nou cartitssou]
- je ne peux plus rien avaler ne mogu više ni zinuti [nèmogou vichè nizinouti]

avance unaprijed [ounapriyède]
- faut-il réserver à l'avance ? treba li unaprijed rezervirati? [trèbali ouna-pryède rèzèrvirati?]
- dois-je payer d'avance ? moram li unaprijed platiti? [morammli ounapryède platiti?]
- nous sommes arrivés en avance došli smo ranije [dochlismo ranyè]

avant-hier prekjučer [prèkyoutchère]
- je suis arrivée avant-hier stigla sam prekjučer [stiglassame prèkyoutchère]

avec s/sa [s/sa]
- je voudrais un steak avec des frites želim odrezak s pommes fritesom [jèlime odrèzak spommfritome]
- je suis avec mon copain s dečkom sam [sdètchkome same]

avion avion [avione]
- par avion avionom [avionome]
- à quelle heure est l'avion ? u koliko sati polijeće avion? [oucolico sati po-lyètchè avione?]
- est-ce qu'un repas est servi dans l'avion ? da li u avionu poslužuju jelo? [dali ouavionou posloujouyè yèlo?]
- l'avion a eu deux heures de retard avion je kasnio dva sata [avionnyè cas-ni-o dvassata]

avocat *(homme de loi)* odvjetnik [odvyètnik] ; *(fruit)* avokado [avocado]
- je voudrais voir un avocat želim odvjetnika [jèlime odvyètnica]
- avez-vous une salade avec de l'avocat ? imate li salatu s avokadom? [imatèli salatou savocadome?]

avoir *(posséder)* imati [imati] ; *(comme caractéristique)* imati [imati]
- avez-vous du pain ? imate li kruha? [imatèli crouHa?]
- est-ce que vous les avez en rouge ? da li ih imate u crvenoj boji? [dali-iH imatè outsseurvènoï boïi?]
- quel âge as-tu ? koliko imaš godina? [colico imache godina?]
- j'ai 18 ans imam 18 godina [imame ossamnaèste godina]
- qu'est-ce que tu as ? što ti je? [chtotiyè?]
- je me suis fait avoir prevarili su me [prèvarilissoumè]

B

bagage prtljaga [peurtlyaga]

- où arrivent les bagages du vol 502 ? gdje stiže prtljaga leta 502? [gdyèstijè peurtlyaga lèta pètstodva?]
- puis-je prendre cela comme bagage à main ? mogu li to uzeti kao ručnu prtljagu? [mogoulito ouzèti cao routchnou peurtlyagou?]
- mes bagages ne sont pas arrivés prtljaga mi nije stigla [peurtlyagami niyè stigla]

baignade kupanje [coupanyè]

- la baignade est-elle autorisée ici ? da li je ovdje dozvoljeno kupanje? [daliyè ovdyè dozvolyèno coupanyè?]

baigner (se) kupati (se) [coupatissè]

- peut-on se baigner ici sans danger ? možemo li se ovdje kupati bez opasnosti? [mojèmolissè ovdyè coupati bèzopasnosti?]
- on va se baigner ? idemo se kupati? [idèmossè coupati?]

baignoire kada [cada]

- la baignoire est bouchée kada je začepljena [cada jé zatchépljéna]

baisser smanjiti [smanyiti]

- peut-on baisser la climatisation ? možemo li smanjiti klimu? [mojèmoli smanyiti climou?]
- comment baisse-t-on le volume ? kako se utišava (zvuk)? [cacossè outichava (zvouk)?]

balade šetnja [chètnya]

- j'irais bien faire une balade rado bih išao u šetnju [radobiH ichao ouchètnyou]

balcon balkon [balcone]

- avez-vous des chambres avec balcon ? imate li sobe s balkonom? [imatèli sobè sbalconome?]

balle loptica [loptitssa]

- je ne retrouve pas la balle ne mogu naći lopticu [nèmogou natchi loptitssou]

ballon lopta [lopta]

- est-ce que quelqu'un aurait un ballon de foot ? ima li netko nogometnu loptu? [imali nètko nogomètnou loptou?]

INFO
la banque

*Dans les grandes villes de Croatie, les banques (*banka [bannca]*) sont ouvertes du lundi au vendredi de 7 h à 19 h et le samedi de 7 h à 12 h ou 13 h. Dans les petites villes et les villages, elles sont ouvertes de 7 h à 14 h exclusivement. La monnaie croate s'appelle la* kuna [couna] *et elle se divise en 100* lipa [lipa]. *Toutes les banques acceptent les chèques de voyage, mais avec un taux de change beaucoup moins avantageux que pour l'argent liquide.*

- pourriez-vous nous renvoyer le ballon ? možete li nam vratiti loptu? [mojètèliname vratiti loptou?]

bande *(pansement)* zavoj [zavoï]
- je voudrais une bande pour ma cheville želim zavoj za gležanj [jèlime zavoï zaglèjagne]

banque banka [bannca]
- y a-t-il une banque près d'ici ? ima li banka u blizini? [imali bannca oublizini?]
- les banques sont-elles ouvertes le samedi ? jesu li banke otvorene subotom? [yèssouli bannkè otvorènè soubotome?]

barque čamac [tchamatsse]
- où peut-on louer des barques ? gdje možemo unajmiti čamce? [gdyèmojèmo ounaïmiti tchammtssè?]

barre *(voile)* kormilo [cormilo]
- je peux tenir la barre ? smijem li držati kormilo? [smiyèmmli deurjati cormilo?]

bassin *(piscine)* bazen [bazène]
- petit bassin mali bazen [mali bazène]
- y a-t-il un bassin pour les enfants ? postoji li bazen za djecu? [postoïili bazène zadyètssou?]
- quelle est la profondeur du grand bassin ? koliko je dubok veliki bazen? [colicoïè doubok vèliki bazène?]

à la banque **INFO**

- je voudrais changer 100 euros želim promijeniti 100 Eura [jèlime promyèniti stoèoura]
- en petites coupures, s'il vous plaît u sitnim novčanicama, molim vas [oussitnime novtchanitssama, molimmvasse]
- à combien est l'euro ? koliko je euro? [colicoïè èouro?]
- acceptez-vous les chèques de voyage ? da li primate putničke čekove? [dali primatè poutnitchkè tchècovè?]
- vous prenez une commission ? uzimate li proviziju? [ouzimatèli provizyou?]

bateau brod [brode]

- bateau à moteur motorni čamac [motorni tchamatsse]
- je voudrais louer un bateau pour la journée htio bih unajmiti brod za jedan dan [Hti-obiH onaïmiti brode zaïèdanndane]
- est-il possible de faire une promenade en bateau sur le fleuve ? je li moguće ići u šetnju brodom po rijeci? [yèli mogoutchè itchi ouchètnyou brodome poryètssi?]

batterie baterija [batèriya]

- je n'ai plus de batterie nemam više baterija [nèmame vichè batèriya]
- il faudrait recharger la batterie trebalo bi ponovno napuniti baterije [trèbalobi ponovno napouniti batèriyè]

beach-volley odbojka na plaži [odboïka naplaji]

- est-ce qu'il y a un terrain de beach-volley ? postoji li teren za odbojku na plaži? [postoïili tèrène zaodboïkou naplaji?]

beau *(temps)* lijepo [lyèpo] ; *(personne)* lijep [lyèpe]

- quelle belle journée, hein ? kakav lijepi dan, ha? [cacave lyèpidane, Ha?]
- vous croyez qu'il va faire beau ? mislite li da će biti lijepo vrijeme? [mislitèli datchè biti lyèpo vryèmè?]
- je te trouve très belle jako si lijepa [yacossi lyèpa]
- quel beau mec ! koji zgodan dečko! [coïi zgodane dètchko!]

beaucoup puno [pouno]

- est-ce qu'il y a beaucoup de choses à voir ici ? ima li ovdje puno stvari za vidjeti? [imali ovdyè pouno stvari zavidyèti?]
- je n'ai pas beaucoup d'argent nemam puno novca [nèmame pouno novtssa]
- merci beaucoup hvala lijepa [Hvala lyèpa]

Belge Belgijanac [bèlguianatsse]

- je suis Belge ja sam Belgijanac [yassame bèlguianatsse]

Belgique

- je viens de Belgique ja sam iz Belgije [yassame izbèlguiyè]

besoin potreba [potrèba]

- j'ai besoin d'aller voir un médecin moram ići liječniku [morame itchi lyètchnicou]
- j'aurais besoin de quelque chose contre la toux trebalo bi mi nešto protiv kašlja [trèbalobimi nèchto protive cachlya]

beurre maslac [maslatsse]

- pouvez-vous me passer le beurre, s'il vous plaît ? možete li mi dodati maslac, molim vas? [mojètèlimi dodati maslatsse, molimmvasse?]

ZOOM
les Croates et la bière

Les Croates apprécient beaucoup la bière, notamment les bières locales : la Ožujsko pivo [ojouysko pivo] *de Zagreb, et la* Karlovačko pivo [carlovatchko pivo] *de Karlovac. Que ce soit une bière blonde (*svijetlo pivo [ssvyètlo pivo]*), une bière brune (*crno pivo [tsseurno pivo]*) ou une bière pression (*točeno pivo [totchèno pivo]*), sachez les consommer avec modération.*

biberon bočica [botchitssa]
- où puis-je faire chauffer le biberon ? gdje mogu zagrijati bočicu? [gdyèmogou zagriyati botchitssou?]

bidon kanistar [canistare]
- un bidon d'huile, s'il vous plaît kanistar ulja, molim vas [canistare oulya, molimmvasse]

bien dobro [dobro]
- vous allez bien ? jeste li dobro? [yèsteli dobro?]
- bien, merci, et vous ? dobro, hvala, a vi? [dobro, Hvala, avi?]
- on est vraiment bien ici stvarno nam je dobro ovdje [stvarno namyè dobro ovdyè]
- bien joué ! dobar potez! [dobare potèze!]

bientôt uskoro [ouscoro]
- à bientôt, j'espère vidimo se uskoro, nadam se [vidimossè ouscoro, nadammssè]
- on s'appelle bientôt ? čujemo se uskoro? [tchouyèmossè ouscoro?]

bienvenue *(vouvoiement)* dobrodošli [dobrodochli] ; *(tutoiement lorsqu'on s'adresse à un homme)* dobrodošao [dobrodochao] ; *(tutoiement lorsqu'on s'adresse à une femme)* dobrodošla [dobrodochla]
- si vous voulez venir en France, vous serez les bienvenus ako želite doći u Francusku, bit ćete dobrodošli [aco jèlitè dotchi oufranntssouskou, bitchètè dobrodochli]

bière pivo [pivo]
- une bière blonde, s'il vous plaît svijetlo pivo, molim vas [ssvyètlo pivo, molimmvasse]
- je voudrais une bière pression želim jedno točeno pivo [jèlime yèdno totchèno pivo]

billard biljar [bilyare]
- ça te dit, une partie de billard ? jesi li za partiju biljara? [yèssili zapartiyou bilyara?]

billet *(transport, spectacle)* karta [carta] ; *(de banque)* novčanica [novtchanitssa]
- billet aller-retour povratna karta [povratna carta]

▶ billet simple karta u jednom smjeru [carta ouyèdnome smyèrou]

▶ combien coûte un billet pour... ? koliko košta karta do...? [colico cochta carta do...?]

▶ où peut-on acheter des billets ? gdje možemo kupiti karte? [gdyèmojèmo coupiti cartè?]

▶ je voudrais réserver un billet želio bih rezervirati kartu [jèli-obiH rèzèrvirati cartou]

▶ pouvez-vous me faire de la monnaie, je n'ai que des billets ? imam samo novčanice, možete li mi ih zamijeniti za sitne novce? [imame samo novtchanitssè, mojètèli-mi-iH zamyèniti zassitnè novtssè?]

bise *(baiser)* pusa [poussa]

▶ on se fait la bise ? može pusa? [mojè poussa?]

INFO
la bise

Lorsque les Croates se rencontrent pour la première fois, ils ne se font pas la bise mais se serrent la main. Embrasser une personne est considéré comme une acte familier ou intime : on fait la bise à ses bons amis (on dit alors može pusa? [mojè poussa?], *« on se fait la bise ?»), ou aux membres de sa famille. Dès lors, se faire la bise (poljubiti se u obraz* [polyoubitissè ou-obraze]*) est tout à fait normal et même souhaitable.*

blaireau *(fam) (homme)* glupan [gloupane]

▶ c'est vraiment un blaireau to je stvarno glupan [toïè stvarno gloupane]

blanc bijeli [byèli]

▶ un verre de vin blanc, s'il vous plaît čašu bijelog vina, molim vas [tchachou byèlogue vina, molimmvasse]

blanchisserie kemijska čistionica [kèmiyska tchisti-onitssa]

▶ y a-t-il une blanchisserie dans le coin ? ima li u blizini kemijska čistionica? [imali oublizini kèmiyska tchisti-onitssa?]

blesser (se) ozlijediti se [ozlyèditissè]

▶ je me suis blessé ozlijedio sam se [ozlyèdi-ossammssè]

▶ elle est gravement blessée ona je teško ozlijeđena [onaïè tèchko ozlyèdjèna]

bleu *(couleur)* plavi [plavi] ; *(en cuisine)* sirov [sirove]

▶ auriez-vous le même en bleu ? imate li isti takav u plavoj boji? [imatèli isti tacave ouplavoï boïi?]

▶ bleu pour la cuisson, s'il vous plaît ne jako pečeno iznutra, molim vas [nèyaco pètchèno iznoutra, molimmvasse]

blonde *(personne)* plavuša [plavoucha]

▶ j'ai une préférence pour les blondes više mi se sviđaju plavuše [vichèmissè ssvidjaïou plavouchè]

bloquer *(personne)* zastati [zastati] ; *(porte)* pokvariti [pokvariti]
- nous sommes bloqués dans les embouteillages stojimo u zastoju [stoïimo ouzastoïou]
- la serrure est bloquée brava je pokvarena [bravaïè pokvarèna]

bœuf govedina [govèdina]
- je ne mange pas de bœuf ne jedem govedinu [nèyèdème govèdinou]

boire piti [piti]
- on va boire un verre ? idemo na piće? [idèmo napitchè?]
- qu'est-ce que vous buvez ? što ćete popiti? [chtotchètè popiti?]
- j'ai trop bu hier soir sinoć sam previše popio [sinotchsame prèvichè popi-o]

boisson piće [pitchè]
- qu'avez-vous comme boissons fraîches ? koja osvježavajuća pića imate? [coïa ossvyèjavaïoutcha pitcha imatè?]
- nous n'avons pas pris de boissons dans le mini-bar nismo uzimali pića iz mini-bara [nismo ouzimali pitcha izminibara]

boîte ▸ boîte de vitesses mjenjač [myènyatche]
- boîte d'allumettes kutija šibica [coutiya chibitssa]
- boîte de nuit diskoteka [discotèca]
- je cherche une boîte aux lettres tražim poštanski sandučić [trajime pochtannski sanndoutchitche]
- boîte de conserve konzerva [connzèrva]
- il y a un problème avec la boîte de vitesses nešto nije u redu s mjenjačem [nèchto niyè ourèdou smyènyatchème]
- on pourrait aller en boîte après poslije bi mogli ići u disko [poslyèbi mogli itchi oudisco]

bon dobar [dobare]
- bonne soirée ! želim vam ugodnu večer! [jèlimmvame ougodnou vètchère!]
- bonne nuit ! laku noć! [lacounotche!]
- bonne année ! sretna Nova godina! [srètna nova godina!]
- c'est bon ! to je dobro! [toïè dobro!]
- il fait bon lijepo je vrijeme [lyèpoïè vryèmè]
- ça sent très bon ovo jako dobro miriši [ovo yaco dobro mirichi]
- l'eau est-elle bonne ? je li voda topla? [yèli voda topla?]
- est-ce le bon numéro ? je li to dobar broj? [yèlito dobarbroï?]

bonheur sreća [srètcha]
- ça porte bonheur ! to donosi sreću! [todonossi srètchou!]

bonjour dobar dan [dobardane]
- ▶ bonjour, moi c'est Agathe dobar dan, ja sam Agata [dobardane, yassame agata]
- ▶ passe mon bonjour aux autres ! prenesi moj pozdrav ostalima! [prènèssi moïpozdrave ostalima!]

bonnet *(en laine)* kapa [capa] ; *(de bain)* kapa za kupanje [capa zacoupanyè]
- ▶ peux-tu me prêter ton bonnet ? možeš li mi posuditi svoju kapu? [mojèchlimi possouditi ssvoïou capou?]
- ▶ le bonnet de bain est-il obligatoire ? je li kapa za kupanje obavezna? [yèli capa zacoupanyè obavèzna?]

bonsoir ▶ bonsoir ! dobra večer! [dobra vètchère!]

bord riva [riva]
- ▶ peut-on se promener au bord du lac ? možemo li se šetati uz jezero? [mojèmolissè chètati ouzyèzèro?]
- ▶ j'aimerais aller au bord de la mer volio bih ići na more [voli-obiH itchi namorè]

borne *(de taxi)* taxi postaja [taxi postaïa]
- ▶ où est la borne de taxi la plus proche ? gdje je najbliža taxi postaja? [gdyèye naïblija taxi postaïa?]

boucher *(fermer)* začepiti [zatchèpiti]
- ▶ mes oreilles sont complètement bouchées uši su mi potpuno začepljene [ouchissoumi potpouno zatchèplyènè]
- ▶ le lavabo est bouché lavabo je začepljen [lavaboïè zatchèplyène]

bouchon *(pour fermer)* čep [tchèpe] ; *(embouteillage)* zastoj [zastoï]
- ▶ où est le bouchon de la bouteille ? gdje je čep za bocu? [gdyèyètchèpe zabotssou?]
- ▶ on a été bloqués dans un bouchon bili smo u zastoju [bilismo ouzastoïou]

bouée *(pour nager)* šlauf [chlaoufe] ; *(balise)* plutača [ploutatcha]
- ▶ bouée de sauvetage pojas za spašavanje [poïasse zaspachavanyè]
- ▶ je voudrais acheter une bouée želim kupiti šlauf [jèlime coupiti chlaoufe]
- ▶ nageons jusqu'à la bouée rouge ! idemo plivati do crvene plutače! [idèmo plivati dotsseurvènè ploutatchè!]

bouger pomaknuti [pomaknouti]
- ▶ je ne peux pas bouger la jambe ne mogu pomaknuti nogu [nèmogou pomaknouti nogou]
- ▶ ne le bougez pas ! nemojte ga pomicati! [nèmoïtè gapomitssati!]

INFO
les boulangeries

En Croatie, on trouve beaucoup moins de boulangeries qu'en France, et ce pour une bonne raison : le pain est vendu dans tous les commerces. Le choix y est néanmoins aussi large (voire plus large) que dans les boulangeries traditionnelles, car les magasins ont souvent plusieurs fournisseurs. Vous pouvez donc acheter votre pain dans une épicerie (trgovina [teurgovina]*) en toute tranquillité, le pain y sera de très bonne qualité. Mais pour le petit déjeuner, le choix se résumera la plupart du temps à des petits pains (pecivo* [pètssivo]*).*

▸ on bouge ? idemo odavde? [idèmo odavdè?]

bouillir kipiti [kipiti]

▸ je mets de l'eau à bouillir pour le thé ? da pristavim vodu za čaj? [dapristavime vodou zatchaï?]

▸ l'eau bout voda kipi [voda kipi]

boulangerie pekara [pècara]

▸ y a-t-il une boulangerie dans le coin ? ima li pekara u blizini? [imali pècara oublizini?]

bourré *(soûl)* pijan [piyane]

▸ il est complètement bourré pijan je kao letva [piyanyè caolètva]

boussole kompas [commpasse]

▸ ma boussole est déréglée kompas mi je neispravan [commpasmiyè nèispravane]

bouteille *(alimentation)* boca [botssa] ; *(de plongée)* boca [botssa]

▸ je voudrais une bouteille d'eau želim bocu vode [jèlime botssou vodè]

▸ une bouteille de vin rouge, s'il vous plaît bocu crnog vina, molim vas [botssou tsseurnogue vina, molimmvasse]

▸ il nous faut des bouteilles et du lest pour aller plonger trebaju nam boce i pretege za ronjenje [trèbaïouname botssè iprètèguè zaronyènyè]

▸ quel est le meilleur endroit pour faire de la plongée avec bouteilles ? koje je najbolje mjesto za ronjenje s bocama? [coïèyè naïbolyè myèsto zaronyènyè sbotssama?]

boutique prodavaonica [prodavaonitssa]

▸ y a-t-il des boutiques sympas dans le quartier ? ima li zanimljivih prodavaonica u kvartu? [imali zanimlyiviH prodavaonitssa oukvartou?]

bouton *(de vêtement)* gumb [goumbe] ; *(sur la peau)* prišt [prichte]

▸ j'ai perdu un bouton de ma veste izgubio sam gumb s veste [izgoubi-ossame goumbe ssvestè]

▸ je voudrais une crème contre les boutons želim kremu protiv prišteva [jèlime crèmou protive prichtèva]

bowling kuglana [couglana]

▶ y a-t-il un bowling dans le coin ? postoji li kuglana u blizini? [postoïli couglana oublizini?]

branché *(à la mode)* moderan [modèrane]

▶ tu connais un endroit branché ? znaš li neko IN mjesto? [znachli nèco innmyèsto?]

brancher *(appareil)* uključiti [ouclyoutchiti] ; *(drague)* upucavati [oupoutssavati] ; *(plaire)* privlačiti [privlatchiti]

▶ est-ce que je peux brancher mon portable ici pour le recharger ? mogu li ovdje uključiti svoj mobitel da se puni? [mogouli ovdyè ouklyoutchiti ssvoïmobitèle dassè pouni?]

▶ la télé n'est pas branchée televizija nije uključena [tèlèvizya niyè ouklyoutchèna]

▶ je me suis fait brancher hier soir sinoć mi se jedan dečko upucavao [sinotchmissè yèdane dètchko oupoutssavao]

▶ ça ne me branche pas du tout to me uopće ne privlači [tomè ou-optchè nèprivlatchi]

bras ruka [rouca]

▶ je ne peux pas bouger mon bras ne mogu pomaknuti ruku [nèmogou pomaknouti roucou]

brasse prsno plivanje [peursno plivanyè]

▶ je ne sais nager que la brasse znam plivati samo prsno [znammplivati samo peursno]

bravo ! bravo! [bravo!]

briquet upaljač [oupalyatche]

▶ avez-vous un briquet ? imate li upaljač? [imatèli oupalyatche?]

dans une boutique — INFO

▶ non, merci. Je ne fais que regarder ne, hvala. Samo gledam [nè, Hvala, samo glèdame]

▶ combien ça coûte ? koliko to košta? [colicoto cochta?]

▶ je fais du 38 nosim broj 38 [nossimmbroï tridèssète ossame]

▶ est-ce que je peux essayer ce manteau ? da li mogu probati ovaj kaput? [dali mogou probati ovaï capoute?]

▶ est-il possible de l'échanger ? može li se zamijeniti? [mojèlissè zamyèniti?]

brosse četka [tchètka]

- brosse à cheveux četka za kosu [tchètka zacossou]
- j'ai oublié ma brosse à dents zaboravio sam četkicu za zube [zaboravi-ossame tchètkitssou zazoubè]

brouillard magla [magla]

- est-ce qu'il y a du brouillard sur la route ? da li ima magle na cesti? [dali ima maglè natssèsti?]

bruit buka [bouca]

- j'espère que nous n'avons pas fait trop de bruit nadam se da nismo previše bučili [nadammssè danismo prèvichè boutchili]
- j'ai entendu un drôle de bruit čuo sam čudan zvuk [tchouossame tchoudane zvouk]

brûler izgorjeti [izgoryèti]

- ce plat est complètement brûlé, c'est immangeable ovo jelo je skroz izgorjelo, to nije jestivo [ovo yèloïè scroze izgoryèlo, toniyè yèstivo]
- l'autre voiture a brûlé un feu rouge taj auto je prošao kroz crveno svjetlo [taïaoutoïè prochaocroze tsseurvèno ssvyètlo]
- je me suis brûlé la main spekao sam ruku [spècaossame roucou]

brun *(cheveux)* crn [tsseurne]

- je préfère les brunes više volim crnke [vichè volime tsseurnkè]

bruyant bučan [boutchane]

- j'aimerais changer de chambre, la mienne est trop bruyante htio bih zamijeniti sobu, moja je prebučna [Hti-obiH zamyèniti sobou, moïaïè prèboutchèna]

bureau *(agence, commerce)* prodavaonica [prodavaonitssa] ; *(meuble)* pisaći stol [pissatchistole]

- bureau de change mjenjačnica [myènyatchnitssa]
- bureau de poste pošta [pochta]
- bureau de tabac trafika [trafica]
- j'ai posé la clé sur ton bureau stavio sam ključ na tvoj pisaći stol [stavi-ossame klyoutche natvoï pissatchistole]

bus autobus [aoutobousse]

- quel bus faut-il prendre pour aller... ? kojim autobusom se ide do...? [coïimo aoutoboussommssè idè do...?]
- ce bus va-t-il à la gare ? da li ovaj autobus ide na kolodvor? [dali ovaï aoutobousse idè nacolodvore?]

▸ à quelle heure passe le dernier bus ? u koliko sati ide zadnji autobus? [oucolico sati idè zadnyi aoutobousse?]

but *(au foot)* gol [gole]

▸ but ! gol! [gole!]

▸ on mène 6 buts à 3 vodimo 6 prema 3 [vodimochèste prèmatri]

C

ça to [to]

▸ ça va ? jesi dobro? [yèssi dobro?]

▸ ça, c'est la gare centrale to je glavni kolodvor [toïè glavni colodvore]

▸ c'est ça to je to [toïèto]

cabine *(téléphonique)* telefonska govornica [tèlèphonnska govornitssa] ; *(de bateau)* brodska kabina [brodska cabina] ; *(dans une boutique)* kabina za probu [cabina zaprobou] ; *(sur la plage)* kabina [cabina]

▸ y a-t-il une cabine téléphonique près d'ici ? ima li telefonska govornica u blizini? [imali tèlèphonnska govornitssa oublizini?]

▸ je voudrais réserver une cabine pour la traversée želim rezervirati kabinu [jèlime rèzèrvirati cabinou]

▸ où sont les cabines d'essayage ? gdje su kabine za probu? [gdyèssou cabinè zaprobou?]

▸ peut-on louer des cabines ? možemo li unajmiti kabine? [mojèmoli ounaïmiti cabinè?]

câble *(télévision)* satelit [satèlite]

▸ y a-t-il le câble à l'hôtel ? ima li satelitska televizija u hotelu? [imali satèlitska tèlèvizya ouHotèlou?]

cachet tableta [tablèta]

▸ auriez-vous des cachets contre le mal de mer ? imate li, možda, tablete protiv morske bolesti? [imatèli, mojda, tablètè protive morskè bolèsti?]

cadeau poklon [poclone]

▸ je cherche un cadeau à rapporter en France tražim poklon za odnijeti u Francusku [trajime poclone zaodnyèti oufranntssousku]

▸ je voudrais te faire un cadeau htio bih ti nešto pokloniti [Hti-obiHti nèchto pocloniti]

INFO
un café en terrasse

S'asseoir en terrasse pour boire un café constitue l'un des passe-temps favoris des Croates, d'autant plus qu'il n'existe pas de différence de prix entre un café au comptoir (za šankom [zachanncome]*) ou en terrasse (na terasi* [natèrassi]*). Si vous commandez un kava sa šlagom* [cava sachlagome]*, on vous servira du café avec de la chantilly saupoudrée de chocolat. Si vous avez la chance d'être reçus chez des Croates, on vous proposera du café turc, le turska kava* [tourska cava]*, dont la préparation nécessite un bon coup de main. Mais faites attention en terminant votre tasse, le marc de café resté au fond n'est surtout pas à boire !*

cadenas lokot [locote]
- y a-t-il un cadenas pour le vélo ? ima li lokot za bicikl? [imali locote zabitssicle?]

café *(boisson)* kava [cava] ; *(établissement)* kafić [cafitche]
- café au lait kava s mlijekom [cava smlyècome]
- café noir obična kava [obitchna cava]
- y a-t-il un café dans le coin ? ima li kafić u blizini? [imali cafitche oublizini?]
- on va boire un café ? idemo na kavu? [idèmo nacavou?]

caler *(voiture, moteur)* zakazati [zacazati]
- le moteur n'arrête pas de caler motor stalno zakazuje [motor stalno zacazouyè]

calme miran [mirane]
- du calme ! mir ! [mire!]
- je voudrais une chambre calme želim sobu na mirnom mjestu [jèlime sobou namirnom myèstou]

caméra kamera [camèra]
- je peux filmer avec ma caméra ici ? smijem li ovdje snimati svojom kamerom? [smiyèmmli ovdyè snimati ssvoïome camèrome?]

au café — INFO

- cette table est-elle libre ? je li ovaj stol slobodan? [yèli ovaïstole slobodane?]
- s'il vous plaît ! molim vas! [molimmvasse!]
- deux cafés au lait, s'il vous plaît dvije kave s mlijekom, molim vas [dvyècavè smlyècome, molimmvasse]
- deux cafés noirs, s'il vous plaît dvije obične kave, molim vas [dvyèobitchnè cavè, molimmvasse]
- une autre bière, s'il vous plaît još jedno pivo, molim vas [vochyèdno pivo, molimmvasse]

camping kamp [cammpe]

▶ y a-t-il un camping près d'ici ? postoji li kamp u blizini? [postoïli cammpe oublizini?]

camping-car autodom [aoutodome]

▶ est-ce qu'il vous reste un emplacement pour un camping-car ? imate li mjesto za autodom? [imatèli myèsto za-aoutodome?]

canne à pêche štap za ribolov [chtape zaribolove]

▶ j'ai apporté ma canne à pêche ponio sam štap za ribolov [poni-ossame chtape zaribolov]

canon *(personne)* komad [comade]

▶ cette fille est vraiment canon ova cura je stvarno komad [ova tssouraïè stvarno comade]

capot (AUTO) hauba [Haouba]

▶ j'ai fait une bosse sur le capot oštetio sam haubu [ochèti-ossame Haoubou]

car *(véhicule)* autobus [aoutobousse]

▶ à quelle heure part le car ? u koliko sati kreće autobus? [oucolico sati crèt-chè aoutobousse?]

▶ y a-t-il des toilettes dans le car ? ima li WC u autobusu? [imali vètssè ou-aoutoboussou?]

caractère karakter [caractère]

▶ elle a un sacré caractère ! ona ima vrlo jak karakter! [ona ima veurloïak caractère!]

carafe vrč [veurtche]

▶ apportez-nous une carafe d'eau, s'il vous plaît donesite nam vrč vode, molim vas [donèssitèname veurtchvodè, molimmvasse]

cardiaque srčan [seurtchane]

▶ je suis cardiaque ja sam srčani bolesnik [yassame seurtchani bolèsnik]

▶ j'ai frôlé la crise cardiaque ! skoro sam dobio srčani udar! [scorossame dobi-o seurtchani oudar!]

carnet karnet [carnète]

▶ carnet d'adresses adresar [adrèssare]

▶ carnet de chèques blok sa čekovima [bloc satchècovima]

▶ cela coûte moins cher si on achète les tickets par carnet ? je li jeftinije ako se kupi karnet karata? [yèli yèftiniyè acossè coupi carnète carata?]

▶ je voudrais un carnet de dix tickets želim karnet od deset karata [jèlime carnète od-dèssète carata]

carte *(bancaire)* kartica [cartitssa] ; *(document)* iskaznica [iscaznitssa] ; *(téléphonique)* kartica [cartitssa] ; *(de restaurant)* jelovnik [yèlovnik] ; *(géographique)* karta [carta] ; *(jeu)* karta [carta]

- carte d'embarquement karta za ukrcaj [carta zaoukeurtssaï]
- carte des vins vinska karta [vinnska carta]
- carte d'étudiant studentska iskaznica [stoudènntska iscaznitssa]
- carte de visite posjetnica [possyètnitssa]
- carte d'identité osobna iskaznica [ossobna iscaznitssa]
- carte postale razglednica [razglèdnitssa]
- carte téléphonique telefonska kartica [tèlèphonnska cartitssa]
- acceptez-vous les cartes de crédit ? primate li kreditne kartice? [primatèli crèditnè cartitssè?]
- pouvons-nous voir la carte, s'il vous plaît ? možemo li pogledati jelovnik, molim vas? [mojèmoli poglèdati yèlovnik, molimmvasse?]
- avez-vous une carte en français ? imate li jelovnik na francuskom? [imatèli yèlovnik nafranntssouskome?]
- où puis-je acheter une carte de la région ? gdje mogu kupiti zemljopisnu kartu ovog predjela? [gdyèmogou coupiti zèmlyopisnou cartou ovogue prèdyèla?]
- on fait une partie de cartes ? hoćemo odigrati partiju karata? [Hotchèmo odigrati partiyou carata?]

cartouche šteka [chtèca]

- une cartouche de cigarettes, s'il vous plaît šteku cigareta, molim vas [chtècou tssigarèta, molimmvasse]

casque *(de moto)* kaciga [catssiga]

- auriez-vous un casque à me prêter ? možete li mi posuditi kacigu? [mojètèlimi possouditi catssigou?]

casser *(mettre en morceaux)* slomiti [slomiti] ; *(s'en aller)* gubiti se [goubitissè]

- la serrure est cassée brava je potrgana [bravaïè poteurgana]
- j'ai cassé mes lunettes slomio sam naočale [slomi-ossame naotchalè]
- bon allez, je me casse dobro, pustite, gubim se odavde [dobro, poustitè, goubimmssè odavdè]

casserole zdjela [zdyèla]

- pouvez-vous me prêter une casserole ? možete li mi posuditi zdjelu? [mojètèlimi possouditi zdyèlou?]

catalogue katalog [catalogue]

- avez-vous un catalogue ? imate li katalog? [imatèli catalogue?]

catholique katolički [catolitchki]

- où peut-on trouver une église catholique ? gdje možemo naći katoličku crkvu? [gdyèmojèmo natchi catolitchkou tsseurkvou?]

caution kaucija [caoutssiya]

- quel est le montant de la caution ? kolika je kaucija? [colicaïè caoutssiya?]

célibataire samac [samatsse]

- je suis célibataire ja sam samac [yassame samatsse]

cendrier pepeljara [pèpèlyara]

- pourriez-vous nous apporter un cendrier ? možete li nam donijeti pepeljaru? [mojètèliname donyèti pèpèlyarou?]

cent sto [sto]

- pourriez-vous me faire une réduction de dix pour cent ? možete li mi dati popust od deset posto? [mojètèlimi dati popouste od-dèssète posto?]

centre-ville centar grada [tssènntare grada]

- l'hôtel se trouve-t-il dans le centre-ville ? da li je hotel u centru grada? [daliyè Hotèl outssènntrou grada?]
- y a-t-il un bus pour aller dans le centre-ville ? vozi li neki autobus u centar grada? [vozili nèki aoutobousse outssènntare grada?]

chaîne *(de télévision)* program [programe] ; *(hi-fi)* linija [linya]

- je n'arrive pas à régler les chaînes de la télé ne mogu namjestiti programe na televiziji [nèmogou namyèstiti programè natèlèvizyi]
- tu as une super chaîne ! imaš super glazbenu liniju! [imache soupère glazbènou linyou!]

chaise stolica [stolitssa]

- cette chaise est-elle libre ? je li ova stolica slobodna? [yèli ova stolitssa slobodna?]
- je voudrais louer une chaise longue želim unajmiti počivaljku [jèlime unaïmiti potchivalcou]

chambre soba [soba]

- chambre double dvokrevetna soba [dvocrèvètna soba]
- chambre simple jednokrevetna soba [yèdnocrèvètna soba]
- vous reste-t-il des chambres libres ? da li imate slobodnih soba? [dali imatè slobodniH soba?]
- combien coûte une chambre avec salle de bains ? koliko košta soba s kupaonicom? [colico cochta soba scoupaonitssome?]

- j'ai réservé une chambre pour ce soir au nom de Picard rezervirao sam sobu za večeras na ime Picard [rèzèrviraossame sobou zavètchèrasse na-imè picar]
- est-ce que je peux voir la chambre ? mogu li vidjeti sobu? [mogouli vidyèti sobou?]

chance sreća [srètcha]

- bonne chance ! sretno! [srètno!]
- tu n'as vraiment pas de chance ti stvarno nemaš sreće [tistvarno nèmache srètchè]

change tečaj [tètchaï]

- vous appliquez quel taux de change ? koji tečaj primjenjujete? [coïi tètchaï primyènyouyètè?]

changer promijeniti [promyèniti]

- j'aimerais changer 200 euros želim promijeniti 200 Eura [jèlime promyèniti dvyèsto èoura]
- je voudrais changer ces chèques de voyage želim promijeniti ove putničke čekove [jèlime promyèniti ovè poutnitchkè tchècovè]
- où dois-je changer pour aller à Dubrovnik ? gdje se presjeda za Dubrovnik? [gdyèssè prèssyèda zadoubrovnik?]
- vous pouvez m'aider à changer la roue ? možete li mi pomoći promijeniti gumu? [mojètèlimi pomotchi promyèniti goumou?]

chariot kolica [colitssa]

- je cherche un chariot pour mes bagages tražim kolica za prtljagu [trajime colitssa zapeurtlyagou]

charme šarm [charme]

- il a un charme fou izuzetno je šarmantan [izouzètnoïè charmanntane]

chasse d'eau vodokotlić [vodocotlitche]

- la chasse d'eau ne marche pas vodokotlić ne radi [vodocotlitche nèradi]

château dvorac [dvoratsse]

- le château est-il ouvert au public? da li je dvorac otvoren za javnost? [daliyè dvoratsse otvorène zaïavnoste?]

chaud topao [topao]

- j'ai trop chaud jako mi je vruće [yacomiyè vroutchè]
- il fait vraiment chaud stvarno je vruće [stvarnoïè vroutchè]
- il n'y a pas d'eau chaude nema tople vode [nèma toplè vodè]

chauffage grijanje [griyanyè]

- comment marche le chauffage ? kako radi grijanje? [caco radi griyanyè?]

INFO
les chèques de voyage

En Croatie, les chèques de voyage sont acceptés dans toutes les banques, mais les taux de change pratiqués sont nettement moins avantageux que pour l'argent liquide. Attention, les bureaux de change (mjenjačnica [myènyatchnitssa]) n'acceptent que rarement les chèques de voyage et les cartes de paiement (kreditna kartica [crèditna cartitssa]).

chauffer grijati [griyati]
- le radiateur de ma chambre ne chauffe pas radijator u mojoj sobi ne grije [radiyator oumoïoï sobi nègriyè]
- le moteur chauffe motor se pregrijava [motorsè prègriyava]

chauffeur vozač [vozatche]
- chauffeur de taxi vozač taksija [vozatche taxiya]
- peut-on acheter les tickets au chauffeur du bus ? možemo li kupiti karte od vozača u autobusu? [mojèmoli coupiti cartè odvozatcha ou-aoutoboussou?]

chaussure cipela [tssipèla]
- chaussures de marche gojzerice [goïzèritssè]
- chaussures à talons cipele s potpeticama [tssipèlè spotpètitssama]
- pouvez-vous remettre un talon à ces chaussures ? možete li zamijeniti petu na ovim cipelama? [mojètèli zamyèniti pètou naovime tssipèlama?]

chemin put [poute]
- chemin de randonnée pješačka staza [pyèchatchka staza]
- est-ce le bon chemin pour aller au musée archéologique ? vodi li ovaj put do arheološkog muzeja? [vodili ovaïpoute doarHèolochkogue mouzèya?]

demander son chemin — INFO

- pouvez-vous me montrer sur le plan où nous sommes ? možete li mi na karti pokazati gdje smo? [mojètèlimi nakarti pocazati gdyèsmo?]
- où est la gare/le bureau de poste ? gdje je kolodvor/pošta? [gdyèyè colodvore/pochta?]
- excusez-moi, je cherche la rue Tkalčićeva oprostite, tražim Tkalčićevu ulicu [oprostitè, trajime tkaltchitchèvou oulitssou]
- est-ce loin ? je li to daleko? [yèlito dalèco?]
- peut-on y aller à pied ? možemo li do tamo ići pješke? [mojèmoli dotamo itchi pyèchkè?]

chèque ček [tchèk]

▸ acceptez-vous les chèques de voyage ? da li primate putničke čekove? [dali primatè poutnitchkè tchècovè?]

cher skup [scoupe]

▸ je cherche un logement pas trop cher tražim smještaj koji nije jako skup [trajime smyèchtaï coïi niyè yacoscoupe]

▸ vous n'avez pas quelque chose de moins cher ? nemate nešto jeftinije? [nèmatè nèchto yèftiniyè?]

chercher tražiti [trajiti]

▸ je cherche... tražim... [trajime...]

▸ où dois-je aller chercher mes billets ? gdje mogu podići svoje karte? [gdyèmogou poditchi ssvoïè cartè?]

▸ allez vite chercher de l'aide ! idite brzo po pomoć! [iditè beurzo popomotche!]

▸ on vient me chercher doći će po mene [dotchitchè pomènè]

cheval konj [cogne]

▸ est-ce qu'on peut monter à cheval dans les environs ? da li možemo jahati u blizini? [dali mojèmo yaHati oublizini?]

cheveux kosa [cossa]

▸ elle a les cheveux courts ona ima kratku kosu [ona ima cratkou cossou]

▸ je préfère les cheveux longs više volim dugu kosu [vichè volime dougou cossou]

cheville gležanj [glèjagne]

▸ je me suis foulé la cheville iščašio sam gležanj [ichtchachi-ossame glèjagne]

chez kod [code]

▸ allô, est-ce que je suis bien chez... ? halo, jesam li dobio...? [Halo, yèssammli dobi-o...?]

▸ on va chez toi ou chez moi ? idemo li k tebi ili k meni? [idèmoli ktèbi ili kmèni?]

▸ je vais dormir chez un ami ce soir večeras ću prespavati kod prijatelja [vètchèrasstchou prèspavati codpriyatèlya]

chic *(élégant)* otmjen [otmyène]

▸ j'irais bien dîner dans un resto chic ce soir večeras bih rado večerao u otmjenom restoranu [vètchèrassbiH rado vètchèrao ouotmyènom rèstoranou]

chocolat čokolada [tchocolada]

▸ chocolat au lait mliječna čololada [mlyètchna tchocolada]

▸ chocolat noir čokolada za kuhanje [tchocolada zacouHanyè]

- chocolat aux noisettes čokolada s lješnjacima [tchocolada slyèchnyatssima]
- une part de gâteau au chocolat, s'il vous plaît komad čokoladnog kolača, molim vas [comade tchocoladnogue colatcha, molimmvasse]

choisir izabrati [izabrati]

- oui, on a choisi da, izabrali smo [da, izabralissmo]
- nous n'avons pas encore choisi još nismo izabrali [yochnismo izabrali]
- je te laisse choisir pour moi puštam te da izabereš za mene [pouchtammtè daizabèrèche zamènè]

chouette *(sympa)* divan [divane]

- c'était vraiment chouette ! to je bilo stvarno divno! [toïè bilo stvarno divno!]

cigarette cigareta [tssigarèta]

- je peux vous demander une cigarette ? mogu vas zamoliti cigaretu? [mogouvasse zamoliti tssigarètou?]
- où puis-je trouver des cigarettes à cette heure-ci ? gdje mogu naći cigarete u ovo doba? [gdyèmogou natchi tssigarètè ou-ovo doba?]

cinéma kino [kino]

- j'irais bien au cinéma ce soir rado bih išla u kino večeras *(si c'est une femme qui parle)* [radobiH ichla oukino vètchèrasse] rado bih išao u kino večeras *(si c'est un homme qui parle)* [radibiH ichao oukino vètchèrasse]
- où y a-t-il un cinéma ? gdje je kino? [gdyèyè kino?]
- qu'est-ce qui passe au cinéma ? što se prikazuje u kinu? [chtossè pricazouyè oukino?]

circuit obilazak [obilazak]

- circuit touristique turistički obilazak [touristitchki obilazak]
- existe-t-il des circuits organisés ? postoje li organizirani obilasci? [postoïèli organizirani obilastssi?]
- je compte faire un circuit de deux semaines namjeravam poći u dvotjedni turistički obilazak [namyèravame potchi oudvotyèdni touristitchki obilazak]

circulation *(routière)* promet [promète]

- y a-t-il beaucoup de circulation sur l'autoroute ? je li autocesta jako prometna? [yèli aoutotssèsta yaco promètna?]

citron limun [limoune]

- citron vert limeta [limèta]
- je vais prendre une glace au citron uzet ću sladoled od limuna [ouzètchou sladolède odlimouna]
- pouvez-vous nous apporter du citron, s'il vous plaît ? možete li nam donijeti limun, molim vas? [mojètèliname donyèti limoune, molimmvasse?]

classe *(TRANSP)* razred [razrède] ; *(distingué)* otmjen [otmyène]
- ▶ première classe prvi razred [peurvi razrède]
- ▶ deuxième classe drugi razred [drougui razrède]
- ▶ classe économique ekonomska klasa [èconommska classa]
- ▶ je voudrais un billet pour Paris en deuxième classe želim kartu drugog razreda do Pariza [jèlime cartou drougogue razrèda dopariza]
- ▶ elle est vraiment classe ona je stvarno otmjena [onaïè stvarno otmyèna]

clé ključ [klyoutche]
- ▶ la clé de la chambre 5, s'il vous plaît ključ sobe broj pet, molim vas [klyoutche sobè broïpète, molimmvasse]
- ▶ j'ai fermé la porte en laissant les clés à l'intérieur zatvorio sam vrata i ostavio ključeve unutra [zatvori-ossame vrata iostavi-o klyoutchèvè ounoutra]
- ▶ j'ai perdu les clés de la voiture izgubio sam ključeve od auta [izgoubi-ossame klyoutche odaouta]

climatisation klima-uređaj [climaourèdjaï]
- ▶ y a-t-il la climatisation ? postoji li klima-uređaj? [postoïili climaourèdjaï?]
- ▶ je n'arrive pas à mettre la climatisation ne uspijevam uključiti klima-uređaj [nèouspyèvame ouklyoutchiti climaourèdjaï]
- ▶ peut-on baisser la climatisation ? možemo li smanjiti klimu? [mojèmoli smannyiti climou?]

club *(centre)* klub [cloube] ; *(de golf)* štap [chtape]
- ▶ où se trouve le club de voile le plus proche ? gdje se nalazi najbliži jedriličarski klub? [gdyèssè nalazi naïbliji yèdrilitcharski cloube?]
- ▶ peut-on louer des clubs de golf ? možemo li unajmiti štapove za golf? [mojèmoli ounaïmiti chtapovè zagolfe?]

cœur srce [seurtssè]
- ▶ j'ai mal au cœur muka mi je [moucamiyè]
- ▶ j'ai des problèmes de cœur imam problema sa srcem [imame problèma sasseurtssème]
- ▶ je connais ton numéro par cœur znam tvoj broj napamet [zname tvoïbroï napamète]

coffre *(de voiture)* prtljažnik [peurtlyajnik] ; *(coffre-fort)* sef [sèfe]
- ▶ mes affaires sont dans le coffre de la voiture stvari su mi u prtljažniku automobila [stvarissoumi oupeurtlyajnicou aoutomobila]
- ▶ y a-t-il un coffre à l'hôtel ? postoji li sef u hotelu? [postoïilissèfe ouHotèlou?]

coin *(angle)* kut [coute] ; *(endroit)* blizina [blizina]

▸ arrêtez-vous au coin de la rue zaustavite se na uglu ulice [zaoustavitèssè naouglou oulitssè]

▸ tu habites dans le coin ? živiš u blizini? [jiviche oublizini?]

colis paket [pakète]

▸ je voudrais envoyer ce colis à Lyon par avion htio bih poslati ovaj paket u Lyon avionom [Hti-obiH poslati ovaï pakète oulyonne avionome]

collant hulahupke [HoulaHoupkè]

▸ j'ai filé mes collants poderala sam hulahupke [podèralassame HoulaHoupkè]

collyre kapi za oči [capi zaotchi]

▸ j'ai besoin d'un collyre trebaju mi kapi za oči [trèbaïoumi capi zaotchi]

combien koliko [colico]

▸ combien coûte un billet pour... ? koliko košta karta do...? [colico cochta carta do...?]

▸ combien ça coûte ? koliko to košta? [colicoto cochta?]

▸ combien je vous dois ? koliko vam dugujem? [colicovame dougouyème?]

▸ ça va prendre combien de temps ? koliko vremena treba za to? [colico vrèmèna trèba zato?]

▸ combien de temps dure le trajet ? koliko traje put? [colico traïèpoute?]

combinaison *(de plongée)* ronilačko odijelo [ronilatchko odyèlo]

▸ vous avez des combinaisons à louer ? iznajmljujete li ronilačka odijela? [iznaïmlyouyètèli ronalitchka odyèla?]

▸ combien coûte la location d'une combinaison ? koliki je najam ronilačkog odijela? [colikiyè naïame ronilatchkogue odyèla?]

commander naručiti [naroutchiti]

▸ j'ai commandé un café naručio sam kavu [naroutchi-ossame cavou]

▸ qu'est-ce que je commande pour toi ? što da naručim za tebe? [chtodanaroutchime zatèbè?]

▸ ce n'est pas ce que j'avais commandé nisam to naručio [nissammto naroutchi-o]

comme *(comparaison)* (isto) kao [(isto) cao] ; *(en tant que)* za [za] ; *(exclamation)* kako [caco]

▸ c'est comme l'an dernier to je isto kao i prošle godine [toïè isto cao iprochlè godinè]

▸ qu'est-ce que vous avez comme desserts ? što imate za desert? [chto imatè zadèssèrte?]

▸ comme c'est grand ! kako je to veliko! [cacoïè tovèlico!]

commencer početi [potchèti]

- à quelle heure commence la visite guidée ? u koliko sati počinje razgledavanje s vodičem? [oucolico sati potchinyè razglèdavanyè ssvoditchème?]

comment kako [caco]

- comment ? kako? [caco?]
- comment tu t'appelles ? kako se zoveš? [cacossè zovèche?]
- comment allez-vous ? kako ste? [cacostè?]
- comment ça s'écrit ? kako se to piše? [cacossèto pichè?]

commissariat de police policijska postaja [politssiyska postaïa]

- où se trouve le commissariat le plus proche ? gdje se nalazi najbliža policijska postaja? [gdyèssè nalazi naïblija politssiyska postaïa?]

commission *(taxe)* provizija [provizya]

- qu'est-ce que vous prenez comme commission ? kolika je provizija? [colicaïè provizya?]

communication *(téléphonique)* poziv [pozive]

- je voudrais une communication internationale želim obaviti međunarodni razgovor [jèlime obaviti mèdjounarodni razgovore]
- la communication est très mauvaise, je t'entends mal veza je jako loša, slabo te čujem [vèzaïè yaco locha, slabotè tchouyème]

compagnie kompanija [commpaniya]

- compagnie aérienne avionska kompanija [avionnska commpaniya]
- je suis en charmante compagnie u šarmantnom sam društvu [oucharmanntome same drouchtvou]

compartiment kupe [coupè]

- y a-t-il un compartiment fumeurs ? postoji li kupe za pušače? [postoïli coupè zapouchatchè?]

complet *(plein)* pun [poune]

- c'est complet ? da li je sve popunjeno? [daliyèssvè popounyèno?]
- je voudrais une chambre en pension complète želim sobu s punim pansionom [jèlime sobou spounime pannssionome]

composter poništiti [ponichtiti]

- faut-il composter le billet ? treba li poništiti kartu? [trèbali ponichtiti cartou?]

comprendre razumjeti [razoumyèti]

- j'arrive à comprendre l'anglais mais je ne le parle pas razumijem pomalo engleski, ali ga ne govorim [razoumiyème ponèchto ènnglèski, aliga nègovorime]

- est-ce que vous comprenez ? da li razumijete? [dali razoumiyètè?]
- je ne comprends rien ništa ne razumijem [nichta nèrazoumiyème]
- ça y est, j'ai compris maintenant u redu, sada sam shvatio [ourèdou, sadassame ssHvatio]

comprimé tableta [tablèta]
- je voudrais des comprimés contre la migraine želim tablete protiv glavobolje [jèlime tablètè protive glavobolyè]
- il faut prendre combien de comprimés par jour ? koliko tableta treba uzeti dnevno? [colico tablèta trèba ouzèti dnèvno?]

compris *(inclus)* uračunat [ouratchounate]
- combien ça coûte tout compris ? koliko je to sve zajedno? [colicoïèto ssvèzaïèdno?]
- le service est-il compris ? je li posluga uračunata? [yèli poslouga ouratchounata?]

compteur brojač [broïatche]
- où se trouve le compteur électrique ? gdje se nalazi električni brojač? [gdyèssè nalazi èlèctritchni broïatche?]

concert koncert [conntssèrte]
- ce concert vous a-t-il plu ? da li vam se svidio koncert? [dalivammssè ssvidio conntssèrte?]

conduire *(accompagner)* odvesti [odvèsti]
- pouvez-vous me conduire à cette adresse ? možete li me odvesti na ovu adresu? [mojètèlimè odvèsti naovou adrèssou?]

confirmer potvrditi [potveurditi]
- faut-il confirmer la réservation ? treba li potvrditi rezervaciju? [trèbali potveurditi rèzèrvatssiyou?]
- je voudrais confirmer mon vol de retour želio bih potvrditi povratni let [jèli-obiH potveurditi povratni lète]

comprendre/ne pas comprendre INFO

- ah d'accord... ! a dobro...! [a dobro...!]
- excusez-moi, mais je n'ai pas compris oprostite, ali nisam razumio [oprostitè, ali nissame razoumi-o]
- je suis un peu perdu, là... malo sam izgubljen... [malossame izgoublyène...]
- je n'ai pas compris la question nisam razumio pitanje [nissame razoumi-o pitanyè]

conjonctivite konjunktivitis [connyouctivitisse]
▸ j'ai une conjonctivite imam konjunktivitis [imame connyouctivitisse]

connaissance poznanstvo [poznannstvo]
▸ ravi de faire votre connaissance ! oduševljen sam što sam vas upoznao! [odouchèvlyènnssame chtossammvasse oupoznao!]

connaître poznavati [poznavati]
▸ je ne crois pas que nous nous connaissions mislim da se ne poznajemo [mislime dassè nèpoznaïèmo]
▸ je ne connais pas grand monde ici, et vous ? skoro nikoga ovdje ne poznajem, a vi? [scoro nicoga ovdyè nèpoznaïème, avi?]

conseil savjet [savyète]
▸ j'aurais besoin d'un conseil trebao bih savjet [trèbaobiH savyète]

conseiller preporučiti [prèporoutchiti]
▸ pourriez-vous me conseiller un restaurant ? možete li mi preporučiti restoran? [mojètèlimi prèporoutchiti rèstoranne?]

consigne *(de gare)* garderoba [gardèroba]
▸ y a-t-il une consigne ici ? postoji li ovdje garderoba? [postoïili ovdyè gardèroba?]
▸ comment marche la consigne ? kako radi garderoba? [caco radi gardèroba?]

consommation *(boisson)* konzumacija [connzoumatssiya]
▸ combien coûte une consommation ? koliko je konzumacija? [colicoïè connzoumatssiya?]

constipation začep [zatchèpe]
▸ je voudrais quelque chose contre la constipation želim nešto protiv začepa [jèlime nèchto protive zatchèpa]

construire sagraditi [sagraditi]
▸ quand ce bâtiment a-t-il été construit ? kada je sagrađena ova zgrada? [cadaïè sagradjèna ova zgrada?]

consulat konzulat [connzoulate]
▸ où se trouve le consulat français ? gdje se nalazi francuski konzulat? [gdyèssè nalazi franntssouski connzoulate?]

contact *(relation)* kontakt [conntacte]
▸ on reste en contact, hein ? ostat ćemo u kontaktu, zar ne? [ostatchèmo ouconntactou, zarnè?]

contacter kontaktirati [conntactirati]
- je dois contacter le consulat moram kontaktirati konzulat [morame conntactirati connzoulate]
- n'oublie pas de me contacter ! nemoj me zaboraviti kontaktirati! [nèmoïmè zaboraviti conntactirati!]

contagieux zarazan [zarazane]
- c'est contagieux ? da li je zarazno? [daliyè zarazno?]

content sretan [srètane]
- j'ai été très content de te revoir jako mi je drago što sam te ponovno vidio [yacomiyè drago chtossammtè ponovno vidi-o]

contre
- je me suis cogné contre la table udario sam se o stol [oudari-ossammssè ostole]
- j'aurais besoin de quelque chose contre la toux trebalo bi mi nešto protiv kašlja [trèbaobimi nèchto protive cachlya]

contretemps nezgoda [nèzgoda]
- désolée, j'ai eu un contretemps žao mi je, bio sam spriječen [jaomiyè, biossame spryètchène]

convenir odgovarati [odgovarati]
- cela me convient parfaitement to mi savršeno odgovara [tomi saveurchèno odgovara]
- quelle est l'heure qui vous convient le mieux ? koje vrijeme vam najbolje odgovara? [coïè vryèmèvame naïbolyè odgovara?]

cool cool [coule]
- c'est trop cool ! to je jako cool! [toïè yacocoule!]

coordonnées podaci [podatssi]
- je vais vous laisser mes coordonnées ostavit ću vam svoje podatke [ostavitchouvame ssvoïè podatkè]

copain *(ami)* prijatelj [priyatèli] ; *(petit ami)* dečko [dètchko]
- je suis venu ici avec des copains došao sam s prijateljima [dochaossame spriyatèlyima]
- je suis avec mon copain sa svojim sam dečkom [sassvoïimmssame dètchkome]
- tu as une copine ? imaš curu? [imache tssourou?]

correspondance (TRANSP) veza [vèza]
- j'ai raté ma correspondance propustio sam vezu [propousti-ossame vèzou]

côté strana [strana]
- à côté de... pored... [porède...]
- c'est de quel côté ? s koje je to strane? [scoïèyèto stranè?]
- y a-t-il quelqu'un à côté de vous ? sjedi li netko pored vas? [syèdili nètko porèdvasse?]

cou vrat [vrate]
- j'ai le cou bloqué ukočen mi je vrat [oucotchènnmiyè vrate]

coucher *(faire l'amour)* spavati [spavati]
- je n'ai pas couché avec elle nisam spavao s njom [nissame spavao snyome]

coucher (se) *(personne)* leći [lètchi] ; *(soleil)* zaći [zatchi]
- je me suis couché tard legao sam kasno [lègaossame casno]
- à quelle heure le soleil se couche-t-il ? u koliko sati zalazi sunce? [oucolico sati zalazi sountssè?]

couchette spavaća kola [spavatcha cola]
- je voudrais réserver une couchette želio bih rezervirati spavaća kola [jèliobiH rèzèrvirati spavatcha cola]

couleur boja [boïa]
- avez-vous le même modèle dans une autre couleur ? imate li isti model u drugoj boji? [imatèli isti modèle oudrougoï boïi?]

couloir prolaz [prolaze]
- je voudrais une place côté couloir želim mjesto uz prolaz [jèlime myèsto ouzprolaze]

coup *(fam) (fois)* put [poute]
- j'ai réussi du premier coup uspio sam iz prvog puta [ouspi-ossame ispeurvogue pouta]
- pourriez-vous jeter un coup d'œil sur ma voiture ? možete li na brzinu pogledati moj auto? [mojètèli nabeurzinou poglèdati moïaouto?]
- j'ai pris un coup de soleil dobio sam sunčanicu [dobi-ossame sountchanitssou]
- je dois passer un coup de fil moram telefonirati [morame tèlèfonirati]
- vous pouvez nous donner un coup de main ? možete li nam pomoći? [mojètèliname pomotchi?]
- je boirais bien un coup rado bih nešto popio [radobiH nèchto popi-o]
- c'est vraiment un bon coup ! zaista dobro vodi ljubav! [za-ista dobro vodi lyoubave!]

couper prekinuti [prèkinouti]

- ça va couper, je n'ai plus de batterie prekinut će, nemam više baterija [prèkinoutchè, nèmam viché batèriya]
- on a été coupés bio je prekid [bi-oïè prèkide]

couple par [pare]

- c'est pour un couple et 2 enfants to je za par s dvoje djece [toïè zapare ssdvoïè dyètssè]

courant *(électricité, marin)* struja [strouya] ; *(d'air)* propuh [propouH]

- il n'y a plus de courant više nema struje [viché nèma strouyè]
- y a-t-il des courants dont il faut se méfier par ici ? ima li ovdje opasnih struja? [imali ovdyè opasniH strouya?]
- je ne suis pas au courant nisam u tijeku [nissame outyècou]

courir trčati [teurchati]

- où peut-on courir ici ? gdje se ovdje može trčati? [gdyèssè ovdyè mojè teurtchati?]

courrier pošta [pochta]

- y a-t-il du courrier pour moi ? ima li pošte za mene? [imali pochtè zamènè?]

INFO

faire les courses

*En Croatie, les épiceries générales (*trgovina, dućan [teurgovina, doutchane]*) vendent des produits d'entretien* proizvodi za čišćenje [pro-izvodi zatchichtchènyè]*, mais aussi tout type de produits d'alimentation (*hrana [Hrana]*), y compris du pain et des produits frais, comme les fruits et légumes (*voće i povrće [votchè ipoveurtchè]*). Pour ces derniers, vous pouvez également aller chez un primeur (*voćarna [votcharna]*). Les boulangeries (*pekara [pècara]*) proposent un choix de pain assez vaste. Ces magasins sont généralement ouverts de 7 heures à 18 ou 19 heures. Attention : le samedi, les magasins ferment tôt, dès 13 heures, et ne rouvrent que le lundi matin.*

cours *(leçon)* tečaj [tètchaï]

- y a-t-il des cours de... ? postoji li tečaj za...? [postoïili tètchaï za...?]
- combien coûtent les cours ? koliko košta tečaj? [colico cochta tètchaï?]
- y a-t-il des cours pour débutants ? ima li tečajeva za početnike? [imali tètchaïeva zapotchètnikè?]

courses kupovina [coupovina]

- où peut-on faire les courses ? gdje možemo ići u kupovinu? [gdyèmojèmo itchi oucoupovinou?]

court *(de tennis)* teniski teren [tèniski tèrène]

- est-ce qu'il y a des courts de tennis couverts ? ima li natkrivenih teniskih terena? [imali natcrivèniH tèniskiH tèrèna?]
- c'est un court en quick ? to je teren s tepihom? [toïè tèrène stèpiHome?]

couteau nož [noje]

▸ pourriez-vous m'apporter un couteau ? možete li mi donijeti nož? [mojètèlimi donyèti noje?]

coûter koštati [cochtati]

▸ combien coûte un billet pour... ? koliko košta karta do...? [colico cochta carta do...?]

▸ combien ça coûte ? koliko to košta? [colicoto cochta?]

▸ combien ça va me coûter pour aller à l'aéroport ? koliko bi me koštala vožnja do aerodroma? [colicobimè cochtala vojnya doaèrodroma?]

▸ combien coûte l'entrée ? koliko košta ulaznica? [colico cochta oulaznitssa?]

couvert *(couteau, fourchette)* pribor za jelo [pribore zaïèlo]

▸ pourriez-vous nous apporter des couverts ? možete li nam donijeti pribor? [mojètèliname donyèti pribore?]

couverture pokrivač [pocrivatche]

▸ puis-je avoir une couverture supplémentaire ? mogu li dobiti još jedan pokrivač? [mogouli dobiti yochyèdane pocrivatche?]

crawl kraul [craoule]

▸ je suis meilleure en brasse qu'en crawl bolje plivam prsno nego kraul [bolyè plivame peursno nègo craoule]

crayon olovka [olovka]

▸ pouvez-vous me prêter du papier et un crayon ? možete li mi posuditi papira i olovku? [mojètèlimi possouditi papira iolovkou?]

crème solaire krema za sunčanje [crèma zassountchanyè]

▸ je voudrais une crème solaire indice 20 želim kremu za sunčanje sa zaštitnim faktorom 20 [jèlime crèmou zassountchanyè sazachtitnime factorome dvadèssète]

crever krepati [crèpati]

▸ j'ai crevé crkla mi je guma [tsseurclamiyè gouma]

▸ je suis crevé krepan sam [crèpannssame]

cri vrisak [vrissak]

▸ j'ai entendu quelqu'un pousser un cri čuo sam nečiji vrisak [tchouossame nètchiyi vrissak]

cric ručna dizalica [routchna dizalitssa]

▸ où est le cric ? gdje je ručna dizalica? [gdyèyè routchna dizalitssa?]

crise *(maladie)* napadaj [napadaï]

▸ j'ai une crise d'asthme imam napadaj astme [imame napadaï astmè]

▶ au secours, quelqu'un fait une crise cardiaque ! u pomoć, netko ima srčani udar! [oupomotche, nètko ima seurtchani oudare!]

croire *(penser)* misliti [misliti]

▶ personnellement, je crois que... osobno mislim da... [ossobno mislime da...]

croisière kružno putovanje [croujno poutovanyè]

▶ j'aimerais bien faire une croisière volio bih ići na kružno putovanje [voliobiH itchi nacroujno poutovanyè]

cuillère žlica [jlitssa]

▶ pourriez-vous m'apporter une cuillère ? možete li mi donijeti žlicu? [mojètèlimi donyèti jlitssou?]

cuisine *(pièce)* kuhinja [couHinya] ; *(art)* kuhanje [couHanyè]

▶ où est la cuisine ? gdje je kuhinja? [gdyèyè couHinya?]

▶ aimes-tu faire la cuisine ? voliš li kuhati? [volichli couHati?]

cuit pečen [pètchène]

▶ bien cuit, s'il vous plaît dobro pečeno, molim vas [dobro pètchèno, molimmvasse]

D

danger opasnost [opasnoste]

▶ c'est sans danger ? to nije opasno, zar ne? [toniyè opasno, zarnè?]

dangereux opasan [opassane]

▶ est-ce que c'est dangereux de plonger ici ? je li ovdje opasno roniti? [yèli ovdyè opasno roniti?]

danser plesati [plèssati]

▶ où peut-on aller danser ? gdje možemo ići plesati? [gdyèmojèmo itchi plèssati?]

▶ on danse ? idemo plesati? [idèmo plèssati?]

▶ je danse comme un pied plešem kao da imam dvije lijeve noge [plèchème cao da-imame dvyèlyèvè nogué]

▶ je trouve que tu danses très bien mislim da jako dobro plešeš [mislime daïaco dobro plèchèche]

date datum [datoume]

▶ quelle est ta date de naissance ? kojeg datuma si rođen(a)? [coïègue datoumassi rodjèn(a)?]

débrouiller (se) snaći se [snatchissè]
- c'est bon, je vais me débrouiller dobro je, snaći ću se [dobroïè, snatchitchoussè]

débutant početnik [potchètnik]
- je suis débutant ja sam početnik [yassame potchètnik]
- est-ce qu'il y a des cours pour débutants ? postoje li satovi za početnike? [postoïèli satovi zapotchètnikè?]

décapsuleur otvarač za boce [otvaratche zabotssè]
- tu peux me passer le décapsuleur ? možeš li mi dodati otvarač za boce? [mojèchlimi dodati otvaratche zabotssè?]

déchirer *(vêtement)* poderati [podèrati] ; *(muscle)* istegnuti [istèg-nouti]
- j'ai déchiré ma robe poderala sam haljinu [podèralassame Halyinou]
- je me suis déchiré un muscle istegnuo sam mišić [istèg-nouossame michitche]

déclaration izjava [izyava]
- je dois faire une déclaration de vol moram dati izjavu o krađi [morame dati izyavou ocradji]

déclarer *(douane)* prijaviti [priyaviti]
- je n'ai rien à déclarer nemam ništa za prijaviti [nèmame nichta zapriyaviti]

découvert *(banque)* minus [minousse]
- je suis à découvert u minusu sam [ouminoussou same]

défaut greška [grèchka]
- je crois qu'il y a un défaut de fabrication mislim da je to roba s greškom [mislim daïèto roba ssgrèchkome]

dégager *(déblayer)* raskrčiti [raskeurtchiti]
- la route sera-t-elle bientôt dégagée ? hoće li cesta uskoro biti raskrčena? [Hotchèli tssèsta ouscoro biti raskeurtchèna?]

déjà već [vètche]
- es-tu déjà allé à Paris ? jesi li već bio u Parizu? [yèssili vètche bi-o ouparizou?]
- je suis déjà venu il y a plusieurs années već sam bio prije nekoliko godina [vètchsame bi-o priyènècolico godina]

déjeuner jelo [yèlo]
ručati [routchati]
- à quelle heure le petit déjeuner est-il servi ? u koliko sati se poslužuje doručak? [oucolico satissè posloujouyè doroutchak?]
- ce déjeuner est délicieux ovo jelo je izvrsno [ovo yèloïè izveursno]

▸ et si on déjeunait ensemble un de ces jours ? a da ručamo zajedno ovih dana? [adaroutchamo zaïèdno oviH dana?]

demain sutra [soutra]

▸ à demain ! vidimo se sutra! [vidimossè soutra!]
▸ on se voit demain soir ? vidimo se sutra navečer? [vidimossè soutra navètchère?]

demander pitati [pitati]

▸ je peux vous demander un renseignement ? mogu li vas nešto pitati? [mogoulivasse nèchto pitati?]

démangeaisons svrbež [ssveurbèje]

▸ je voudrais une crème contre les démangeaisons želim kremu protiv svrbeža [jèlime crèmou protive ssveurbèja]

démaquillant mlijeko za skidanje šminke [mlyèco zaskidanyè chminnkè]

▸ il faut que j'achète du démaquillant moram kupiti mlijeko za skidanje šminke [morame coupiti mlyèco zaskidanyè chminnkè]

démarrer krenuti [crènouti]

▸ la voiture ne veut pas démarrer auto neće krenuti [aouto nètchè crènouti]

demi-heure pola sata [pola sata]

▸ on se retrouve dans une demi-heure ? nađemo se za pola sata? [nadjèmossè zapola sata?]

demi-journée pola dana [pola dana]

▸ peut-on louer les skis à la demi-journée ? možemo li unajmiti skije na pola dana? [mojèmoli ounaïmiti skiyè napola dana?]

demander **INFO**

▸ est-ce que cette place est libre ? da li je ovo mjesto slobodno? [daliyè ovo myèsto slobodno?]
▸ où se trouve la gare ? gdje je kolodvor? [gdyèyè colodvor?]
▸ pouvez-vous m'aider à attraper ma valise, s'il vous plaît ? možete li mi pomoći dohvatiti torbu, molim vas? [mojètèlimi pomotchi doHvatiti torbou, molimmvasse?]
▸ tu peux me donner un coup de main ? možeš li mi malo pomoći? [mojèchlimi malo pomotchi?]

demi-pension polupansion [poloupannssione]
- est-ce que vous faites la demi-pension ? da li imate polupansion? [dali imatè poloupannssione?]

demi-tour okret [ocrète]
- où puis-je faire demi-tour ? gdje se mogu okrenuti? [gdyèssè mogou ocrènouti?]

dent zub [zoube]
- dent de sagesse umnjak [oumnyak]
- j'ai mal aux dents boli me zub [bolimè zoube]
- je me suis cassé une dent slomio sam zub [slomi-ossame zoube]

dentiste zubar [zoubare]
- je dois voir un dentiste de toute urgence moram hitno otići zubaru [morame Hitno otitchi zoubarou]

dépanneuse vučna služba [voutchna sloujba]
- pourriez-vous nous envoyer une dépanneuse ? možete li nam poslati vučnu službu? [mojètèli name poslati voutchnou sloujbou?]

départ odlazak [odlazak]
- j'organise une petite soirée pour mon départ organiziram malu proslavu za svoj odlazak [organiziram malou proslavou zassvoï odlazak]
- à quelle heure est le départ ? u koliko sati je polazak? [oucolico satiyè polazak?]

dépêcher (se) požuriti se [pojouritissè]
- dépêchez-vous ! požurite se! [pojouritèssè!]

dépendre ovisiti [ovissiti]
- ça dépend (to) ovisi [(to) ovissi]
- désolé, ça ne dépend pas de moi žao mi je, to ne ovisi o meni [jaomiyè, tonèovissi omèni]

déposer *(en voiture)* iskrcati [iskeurtssati]
- pouvez-vous me déposer ici ? možete li me iskrcati ovdje? [mojètèlimè iskeurtssati ovdyè?]
- je te dépose quelque part ? gdje te mogu iskrcati? [gdyètè mogou iskeurtssati?]

depuis od [ode]
- je suis là depuis une semaine ovdje sam već tjedan dana [ovdyèssame vètchtyèdane dana]

déranger smetati [smètati]

▸ ça ne vous dérange pas ? to vam ne smeta? [tovame nèsmèta?]

dernier zadnji [zadnyi]

▸ à quelle heure part le dernier bus ? u koliko sati ide zadnji autobus? [oucolico sati idè zadnyi aoutobousse?]

descendre *(d'un bus, d'un train, d'une voiture)* sići [sitchi]

▸ où dois-je descendre ? gdje moram sići? [gdyèmorame sitchi?]

▸ pourriez-vous me laisser descendre ici, s'il vous plaît ? možete li me pustiti da ovdje siđem, molim vas? [mojètèlimè poustiti daovdyè sidjème, molimmvasse?]

désinfectant sredstvo za dezinficiranje [srèdstvo zadèzinnfitssiranyè]

▸ avez-vous un désinfectant ? imate li sredstvo za dezinficiranje? [imatèli srèdstvo zadèzinnfitssiranyè?]

désolé žalostan [jalostane]

▸ je suis désolé, mais je ne peux pas venir samedi žao mi je, ali ne mogu doći u subotu [jaomiyè, ali nèmogou dotchi oussoubotou]

▸ désolé d'être en retard žao mi je što kasnim [jaomiyè chtocasnime]

dessert desert [dèssèrte]

▸ qu'avez-vous comme desserts ? što imate za desert? [chto imatè zadèssèrte?]

détester mrziti [meurziti]

▸ je déteste le foot mrzim nogomet [meurzime nogomète]

devant ispred [isprède]

▸ on se retrouve devant le musée ? nađemo se ispred muzeja? [nadjèmossè isprède mouzèya?]

développer *(photo)* razviti [razviti]

▸ je voudrais faire développer cette pellicule želim razviti ovaj film [jèlime razviti ovaï film]

déviation skretanje [scrètanyè]

▸ y a-t-il une déviation ? ima li skretanje? [imali scrètanyè?]

dévisser odvijati [odviyati]

▸ je n'arrive pas à dévisser l'ampoule ne mogu odviti žarulju [nèmogou odviti jaroulyou]

devoir morati [morati]

▸ combien je vous dois ? koliko vam dugujem? [colicovame dougouyème?]

▸ qu'est-ce que je dois faire ? što moram napraviti? [chtomorame napraviti?]

diabétique dijabetičan [dyabètitchane]

▸ je suis diabétique, il me faut une ordonnance d'insuline ja sam dijabetičar, treba mi recept za inzulin [yassame diyabètitchane, trèbami rètssèpte za-inzouline]

diarrhée proljev [prolyève]

▸ je voudrais un médicament contre la diarrhée treba mi lijek protiv proljeva [trèbami lyèk protive prolyèva]

différence *(écart)* razlika [razlica]

▸ allez-vous me rembourser la différence ? hoćete li mi nadoknaditi razliku? [Hotchètèlimi nadoknati razlicou?]

difficile težak [tèjak]

▸ je trouve ça difficile to je teško [toïè tèchko]

dîner večera [vètchèra]

▸ à quelle heure le dîner est-il servi ? u koliko sati se poslužuje večera? [oucolico satissè posloujouyè vètchèra?]

dire *(exprimer)* kazati [cazati] ; *(signifier)* značiti [znatchiti] ; *(sembler)* činiti se [tchinitissè]

▸ comment dit-on « de rien » en croate ? kako se kaže "ništa" na hrvatskom? [cacossè cajè nichta naHrvatskome?]

▸ que veut dire « izlaz » ? što znači "izlaz"? [chtoznatchi izlaze?]

▸ on dirait qu'il va pleuvoir čini se da će padati kiša [tchinissè datchè padati kicha]

▸ ça te dit d'aller... ? hoćeš ići...? [Hotchèche itchi...?]

direct direktan [dirèctane]

▸ s'agit-il d'un train direct ? to je direktan vlak? [toïè dirèctannvlak?]

direction *(sens)* smjer [smyère]

▸ quelle direction faut-il suivre pour arriver sur l'autoroute ? kojim smjerom treba ići da se dođe na autocestu? [coïime smyèrome trèba itchi dassè dodjè na-aoutotssèstou?]

▸ je me suis trompé de direction pogriješio sam put [pogryèchi-ossame poute]

discothèque diskoteka [discotèca]

▸ y a-t-il des discothèques sympas ici ? ima li ovdje dobrih diskoteka? [imali ovdyè dobriH discotèca?]

disjoncteur prekidač [prèkidatche]

▸ où est le disjoncteur ? gdje je prekidač? [gdyèyè prèkidatche?]

disparaître nestati [nèstati]
▶ mon enfant a disparu nestalo mi je dijete [nèstalomiyè diyètè]
▶ mon portefeuille a disparu nestao mi je novčanik [nèstaomiyè novtchanik]

disponible slobodan [slobodane]
▶ êtes-vous disponible jeudi soir ? jeste li slobodni u četvrtak navečer? [yèstèli slobodni outchètveurtak navètchère?]

disque ploča [plotcha]
▶ je cherche un magasin de disques tražim prodavaonicu ploča [trajime prodavaonitssou plotcha]

distance udaljenost [oudalyènoste]
▶ à quelle distance se trouve le marché ? koliko je daleko tržnica? [colicoïè dalèco teurjnitssa?]

distributeur *(d'argent)* bankomat [banncomate]
▶ le distributeur de billets a avalé ma carte bankomat mi je progutao karticu [bannkomatmiyè progoutao cartitssou]

docteur liječnik [lyètchnik]
▶ j'ai besoin de voir un docteur moram otići liječniku [morame otitchi lyètchnicou]

doigt prst [peurste]
▶ doigt de pied nožni prst [nojnipeurste]
▶ je me suis tordu un doigt izvinuo sam prst [izvinouossame peurste]

dommage šteta [chtèta]
▶ (quel) dommage ! koja šteta! [coïa chtèta!]

donner dati [dati]
▶ pourriez-vous nous donner l'adresse d'un bon hôtel ? možete li nam dati adresu nekog dobrog hotela? [mojètèliname dati adressou nècogue dobrogue Hotèla?]
▶ tu peux me donner un coup de main ? možeš li mi pomoći? [mojèchlimi pomotchi?]

dormir spavati [spavati]
▶ j'ai bien dormi dobro sam spavao [dobrossame spavao]
▶ je n'arrive pas à dormir ne mogu spavati [nèmogou spavati]

dos leđa [lèdja]
▶ j'ai mal au dos bole me leđa [bolèmè lèdja]

double *(copie)* duplikat [douplicate]

▸ y a-t-il un double de la clé ? imate li duplikat ključeva? [imatèli douplicate klyoutchèva?]

doubler *(dépasser)* pretjecati [prètyètssati] ; *(film)* sinkronizirati [sinncro-nizirati]

▸ peut-on doubler sur cette route ? smije li se pretjecati na ovoj cesti? [smiyèlissè prètyètssati naovoï tssèsti?]

▸ le film est-il doublé ? je li film sinkroniziran? [yèli film sinncronizirane?]

douche tuš [touche]

▸ je voudrais une chambre avec douche, s'il vous plaît želim sobu s tušem, molim vas [jèlime sobou stouchème, molimmvasse]

▸ j'ai envie de prendre une douche htio bih se istuširati [Hti-obiHssè istouchi-rati]

▸ la douche fuit tuš curi [touchtssouri]

douleur bol [bole]

▸ je voudrais quelque chose contre la douleur htio bih nešto protiv bolova [Hti-obiH nèchto protive bolova]

draguer upucavati [oupoutssavati]

▸ je me suis fait draguer hier en boîte jučer mi se u diskoteci upucavao jedan dečko [youtchèrmissè oudiscotètssi oupoutssavao yèdane dètchko]

drap plahta [plaHta]

▸ y a-t-il d'autres draps ? ima li još plahti? [imali yoche plaHti?]

droit *(autorisation)* dopuštenje [dopouchtènyè] ; *(direction)* ravno [ravno]

▸ on a le droit de fumer ici ? da li je ovdje dopušteno pušiti? [daliyè ovdyè dopouchtèno pouchiti?]

▸ il faut aller tout droit treba ići samo ravno [trèba itchi samo ravno]

droite desno [désno]

▸ la voiture venait de la droite auto je došao s desne strane [aoutoïè dochao sdèsnè stranè]

durer trajati [traïati]

▸ combien de temps dure le voyage ? koliko traje put? [colico traïèpoute?]

duvet *(sac de couchage)* vreća za spavanje [vrètcha zaspavanyè]

▸ j'ai apporté mon duvet pour dormir donio sam svoju vreću za spavanje [doni-ossame ssvoïou vrètchou zaspavanyè]

E

eau voda [voda]

- eau gazeuse gazirana voda [gazirana voda]
- eau minérale mineralna voda [minèralna voda]
- eau plate obična voda [obitchna voda]
- eau potable pitka voda [pitka voda]
- eau non potable voda nije pitka [voda niyè pitka]
- eau du robinet voda iz pipe [voda ispipè]
- pourriez-vous m'apporter de l'eau, s'il vous plaît ? možete li mi donijeti vode, molim vas? [mojètèlimi donyèti vodè, molimmvasse?]
- il n'y a pas d'eau chaude nema tople vode [nèma toplè vodè]

échanger zamijeniti [zamyèniti]

- j'aimerais échanger mon billet d'avion htio bih zamijeniti avionsku kartu [HtiobiH zamyèniti avionnskou cartou]

école škola [chkola]

- pouvez-vous me dire à quelle heure ouvre l'école de voile ? možete li mi reći u koliko sati počinje škola jedrenja? [mojètèlimi rètchi oucolico sati potchinyè chkola yèdrènya?]

écouter slušati [slouchati]

- écoutez-moi ! slušajte me! [slouchaïtèmè!]

écrire pisati [pissati]

- pourriez-vous l'écrire, s'il vous plaît ? možete li mi to napisati, molim vas? [mojètèlimi tonapissati, molimmvasse?]
- comment s'écrit votre nom ? kako se piše vaše ime? [cacossè pichè vachè imè?]

INFO
les Croates et l'église

Près de 90 % des Croates sont catholiques, aussi rencontre-t-on de nombreuses églises (crkva [tsseurkva]*) en Croatie. En demandant gdje je crkva ?* [gdyèyè tsseurkva ?] *(où peut-on trouver une église ?), on vous indiquera une église catholique. Si vous cherchez une église orthodoxe (pravoslavna crkva* [pravoslavna tsseurkva]*), beaucoup plus rares, il vaut mieux préciser : gdje je pravoslavna crkva?* [gdyèyè pravoslavna tsseurkva?] *(où peut-on trouver une église orthodoxe ?). Les Croates, très pratiquants, vont souvent à la messe (nedjeljna misa* [nèdyèlyna missa]*) le dimanche, et les rites chrétiens (kršćanski obredi* [keurchtchannski obrèdi]*) occupent une place assez importante dans la vie quotidienne.*

INFO
les cyber-cafés

En Croatie, les jeunes correspondent de plus en plus par e-mails et vous trouverez des cyber-cafés (internet kafe [inntèrnète cafè]) un peu partout. Vous n'aurez donc aucun problème pour organiser votre séjour sur Internet (preko Interneta [prèco inntèrnèta]). Attention cependant, les claviers et les commandes sont en anglais.

égal jednak [yèdnak]
▸ ça m'est égal svejedno mi je [ssvèyèdnomiyè]

église crkva [tsseurkva]
▸ où peut-on trouver une église ? gdje možemo naći crkvu? [gdyèmojèmo natchi tsseurkvou?]

électricité struja [strouya]
▸ il y a une panne d'électricité nestalo je struje [nèstaloïè strouyè]

électrique električni [èlèktritchni]
▸ y a-t-il une prise pour mon rasoir électrique ? gdje mogu utaknuti moj električni brijaći aparat? [gdyèmogou outaknouti moïèlèktritchni briyatchi aparate?]

elle ona [ona]
▸ elle le mène par le bout du nez ona ga vuče za nos [onaga voutchèzanosse]

e-mail e-mail [imèïle]
▸ je voudrais envoyer un e-mail htio bih poslati e-mail [Hti-obiH poslati imèïle]
▸ où puis-je consulter mes e-mails ? gdje mogu pregledati svoje e-mailove? [gdyèmogou prèglèdati ssvoïè imèïlovè?]

emballer *(envelopper)* zamotati [zamotati]
▸ pouvez-vous me l'emballer, s'il vous plaît ? možete li mi to zamotati, molim vas? [mojètèlimito zamotati, molimmvasse?]

embarquement ukrcaj [oukeurtssaï]
▸ quelle est l'heure d'embarquement ? u koliko sati je ukrcaj? [oucolico satiïè oukeurtssaï?]
▸ je ne trouve plus ma carte d'embarquement ne mogu naći kartu za ukrcaj [nèmogou natchi cartou zaoukeurtssaï]
▸ où se trouve la salle d'embarquement ? gdje je čekaonica za ukrcaj? [gdyèyè tchècaonitssa zaoukeurtssaï?]

embêter *(gêner)* smetati [smètati]
▸ ça t'embête si je fume ? smeta li ti ako pušim? [smètaliti aco pouchime?]

embouteillage zastoj [zastoï]
▸ on a été bloqués dans un embouteillage bili smo zaglavljeni u zastoju [bilismo zaglavlyèni ouzastoïou]

embrasser poljubiti [polyoubiti]

▶ j'ai envie de t'embrasser želim te poljubiti [jèlimmtè polyoubiti]

emplacement *(de camping)* mjesto [myèsto]

▶ je voudrais réserver un emplacement pour deux nuits htio bih rezervirati mjesto za dva noćenja [Hti-obiH rèzèrvirati myèsto zadvanotchènya]

emprunter posuditi [possouditi]

▶ je peux emprunter ton vélo ? mogu li posuditi tvoj bicikl? [mogouli possouditi tvoïbitssicle?]

enchanté drago mi je [dragomiyè]

▶ enchanté, moi c'est Jean drago mi je, ja sam Jean [dragomiyè, yassame janne]

▶ au revoir ! enchanté d'avoir fait votre connaissance doviđenja! drago mi je da sam vas upoznao [dovidjènya! dragomiyè dassammvasse oupoznao]

encore *(en plus)* još [yoche] ; *(toujours pas)* još uvijek ne [yochouvyèk nè]

▶ combien de kilomètres reste-t-il encore ? koliko je još preostalo kilometara? [colicoïè yoche prèostalo kilomètara?]

▶ est-ce qu'on peut avoir encore du pain ? možemo li dobiti još kruha? [mojèmoli dobiti yochcrouHa?]

▶ on ne nous a pas encore servis još uvijek nas nisu poslužili [yochouvyèknasse nissou posloujili]

enfant dijete [diyètè]

▶ as-tu des enfants ? imaš li djece? [imachli dyètssè?]

▶ avez-vous un menu enfant ? imate li meni za djecu? [imatèli mèni zadyètssou?]

enfler nateći [natètchi]

▶ ma cheville est enflée depuis plusieurs jours gležanj mi je natečen već nekoliko dana [glèjagne miyè natètchène vètchnècolico dana]

ennuyer (s') dosađivati (se) [dossadjivati (sè)]

▶ allons-nous-en, on s'ennuie trop ici ! idemo, ovdje se jako dosađujemo! [idèmo, ovdyèssè yaco dossadjouyèmo!]

enregistrement *(bagages)* prijava (prtljage) [priyava (peurtlyaguè)]

▶ à quelle heure commence l'enregistrement des bagages ? kada počinje prijava prtljage? [cada potchinyè priyava peurtlyaguè?]

▶ où se fait l'enregistrement des bagages du vol pour Paris ? gdje se prijavljuje prtljaga za let do Pariza? [gdyèssè priyavlyouyè peurtlyaga zalète dopariza?]

enregistrer *(bagages)* prijaviti (prtljagu) [priyaviti (peurtlyagou)]
- où dois-je enregistrer mes bagages ? gdje moram prijaviti prtljagu? [gdyè-morame priyaviti peurtlyagou?]

ensemble zajedno [zaïèdno]
- allons-y ensemble ! idemo zajedno! [idèmo zaïèdno!]

entendre *(écouter)* čuti [tchouti] ; *(sympathiser)* slagati se [slagatissè]
- j'ai beaucoup entendu parler de vous puno sam čuo o vama [pounossame tchuo ovama]
- en principe, je m'entends bien avec tout le monde uglavnom, dobro se slažem sa svima [ouglavnome, dobrossè slajème sassvima]

entrée *(accès)* ulaz [oulaze] ; *(dans un repas)* predjelo [prèdyèlo]
- l'entrée est-elle payante ? plaća li se ulaz? [platchalissè oulaze?]
- je vais prendre une entrée et un plat uzet ću predjelo i glavno jelo [ouzèt-chou prèdyèlo iglavno yèlo]

entrer ući [outchi]
- puis-je entrer ? mogu li ući? [mogouli outchi?]
- entrez ! uđite! [oudjitè!]

enveloppe kuverta [couvèrta]
- je voudrais une enveloppe, s'il vous plaît htio bih kuvertu, molim vas [Hti-obiH couvèrtou, molimmvasse]

envie *(souhait)* volja [volya] ; *(désir)* želja [jèlya]
- je n'ai pas envie d'y aller ne da mi se tamo ići [nèdamissè tamo itchi]
- j'ai envie de toi želim te [jèlimmtè]

environ otprilike [otprilikè]
- je peux rester une heure environ mogu ostati otprilike jedan sat [mogou ostati otprilikè yèdannssate]

environs okolica [ocolitssa]
- que nous conseillez-vous comme promenade dans les environs ? gdje nam u okolici preporučujete šetnju? [gdyèname ou-ocolitssi prèporout-chouyètè chètnyou?]

envoyer poslati [poslati]
- je voudrais envoyer ce colis en France htio bih poslati ovaj paket u Francusku [Hti-obiH poslati ovaï pakète oufranntssouskou]
- pourriez-vous nous envoyer une dépanneuse ? možete li nam poslati vučnu službu? [mojètèliname poslati voutchnou sloujbou?]

épicé začinjen [zatchinyène]

▶ est-ce que c'est épicé ? da li je začinjeno? [daliyè zatchinyèno?]

épicerie trgovina mješovite robe [teurgovina myèchovitè robè]

▶ il y a une épicerie dans le quartier ? ima li trgovina u kvartu? [imali teurgovina oukvartou?]

épiler depilirati [dèpilirati]

▶ je voudrais me faire épiler les jambes htjela bih depilirati noge [HtyèlabiH dèpilirati nogué]

▶ auriez-vous une pince à épiler ? imate li pincetu? [imatèli pinntssètou?]

équipé opremljen [oprèmlyène]

▶ êtes-vous équipés pour les handicapés ? jeste li prilagođeni potrebama invalidnih osoba? [yèstèli prilagodjèni potrèbama innvalidniH ossoba?]

équitation jahanje [yaHanyè]

▶ j'ai déjà fait un peu d'équitation već sam se malo bavio jahanjem [vètchssammssè malo bavi-o yaHanyème]

erreur greška [grèchka]

▶ je crois qu'il y a une erreur dans l'addition mislim da je došlo do greške u računu [mislime daïè dochlo dogrèchkè ouratchounou]

escalade penjanje [pènyanyè]

▶ peut-on faire de l'escalade ici ? gdje se ovdje možemo penjati? [gdyèssè ovdyè mojèmo pènyati?]

escale međuslijetanje [mèdjouslyètanyè]

▶ je voudrais un vol de retour sans escale želim povratni let bez međuslijetanja [jèlime povratnilète bèzmèdjouslyètanya]

escalier stepenice [stèpènitssè]

▶ escalier roulant pokretne stepenice [pokrètnè stèpènitssè]

▶ je suis tombé dans les escaliers pao sam na stepenicama [paossame nastèpènitssama]

espèces *(argent)* gotovina [gotovina]

▶ faut-il payer en espèces ? treba li platiti u gotovini? [trèbali platiti ougotovini?]

essayer *(vêtement, chaussures)* probati [probati]

▶ je peux l'essayer ? mogu li probati? [mogouli probati?]

▶ je voudrais essayer la robe qui est en vitrine htjela bih probati haljinu iz izloga [HtyèlabiH probati Halyinou izizloga]

essence benzin [bènnzine]

▶ où puis-je trouver de l'essence ? gdje je benzinska crpka? [gdyèyè bènn-zinska tsseurpka?]

▶ je suis en panne d'essence nestalo mi je benzina [nèstalomiyè bènnzina]

essuie-glace brisač [brissatche]

▶ les essuie-glaces ne marchent pas brisači ne rade [brissatchi nèradè]

essuyer obrisati [obrissati]

▶ où puis-je m'essuyer les mains ? gdje mogu obrisati ruke? [gdyèmogou obrissati roukè?]

▶ tu veux que j'essuie la vaisselle ? hoćeš li da obrišem suđe? [Hotchèchli da daobrichème soudjè?]

étage kat [cate]

▶ c'est à quel étage ? na kojem je to katu? [nacoïèmyèto catou?]

été ljeto [lyèto]

▶ je suis déjà venu en été već sam bio ljeti [vètchsame bi-o lyèti]

éteindre *(lumière)* (u)gasiti [(ou)gassiti] ; *(appareil)* ugasiti [ougassiti]

▶ où éteint-on la lumière ? gdje se gasi svjetlo? [gdyèssè gassi ssvyètlo?]

▶ mon portable était éteint mobitel mi je bio ugašen [mobitèlmiyè bi-o ouga-chène]

être biti [biti]

▶ bonjour, moi c'est Gabriel dobar dan, ja sam Gabrijel [dobardane, yassame Gabrièl]

▶ d'où êtes-vous ? odakle ste? [odaclèstè?]

▶ je suis de Paris ja sam iz Pariza [yassame ispariza]

▶ quel jour sommes-nous ? koji je danas dan? [coïiyè danasse dane?]

études studij [stoudiye]

▶ je fais des études de lettres studiram književnost [stoudirame knyijèvnoste]

étudiant student [stoudènnte]

▶ carte d'étudiant studentska karta [stoudènntska carta]

▶ tu es étudiant ? ti si student? [tissi stoudènnte?]

▶ je suis étudiante ja sam studentica [yassame stoudènntitssa]

▶ y a-t-il des réductions pour les étudiants ? ima li popusta za studente? [imali popousta zastoudènntè?]

euro euro [èouro]

▶ je voudrais changer des euros htio bih promijeniti eure [Hti-obiH promyèniti èourè]

eux oni [oni]

▶ elle est partie avec eux ona je otišla s njima [onaïè otichla snyima]

évanouir (s') onesvijestiti (se) [onèss-vyèstiti (sè)]

▶ je me suis évanoui/évanouie onesvijestio/onesvijestila sam se [onèssvyèsti-o/onèsvyèstila sammssè]

évier sudoper [soudopère]

▶ l'évier est bouché sudoper je zaštopan [soudopèryè zachtopane]

excédent *(surcharge)* višak [vichak]

▶ est-ce que j'ai un excédent de bagages ? da li mi je prtljaga teža od dozvoljenog? [dalimiyè peurtlyaga tèja od-dozvolyènogue?]

ZOOM
s'excuser en Dalmatie

Si vous séjournez en Dalmatie centrale, vous aurez peut-être l'occasion d'entendre l'expression skužajte! [scoujaïtè!], par exemple lorsqu'on voudra vous interrompre ou bien passer devant vous. Il s'agit d'un italianisme qui date de l'occupation vénitienne en Dalmatie, ensuite resté dans la langue parlée de la région.

excursion izlet [izlète]

▶ je voudrais m'inscrire pour l'excursion de samedi htio bih se upisati za izlet u subotu [Hti-o biHssè oupissati za-izlète oussoubotou]

▶ vous participez à l'excursion ? idete na izlet? [idètè na-izlète?]

excuser oprostiti [oprostiti]

▶ excusez-moi *(pour exprimer ses regrets)* ispričavam se [ispritchavammssè]

▶ excusez-moi *(pour interrompre)* oprostite [oprostitè]

▶ excusez-moi ! *(pour passer)* oprostite! [oprostitè!]

▶ excuse-moi pour mon retard ispričavam se što kasnim [ispritchavammssè chtokasnime]

▶ je m'excuse pour ce malentendu ispričavam se zbog nesporazuma [ispritchavammssè zbogue nèsporazuma]

▶ excusez-moi de vous déranger oprostite što vam smetam [oprostitè chto-vamesmètame]

s'excuser — INFO

▶ je regrette de ne pas pouvoir venir samedi žao mi je što ne mogu doći u subotu [jaomiyè chtonèmogou dotchi oussoubotou]

▶ je suis désolée žao mi je [jaomiyè]

▶ pardon ! pardon! [pardone!]

expliquer objasniti [obyasniti]

▶ peux-tu m'expliquer ce que cela veut dire ? možeš li mi objasniti što to znači? [mojechlimi obyasniti chtoto znatchi?]

exposition izložba [izlojba]

▶ le ticket est valable aussi pour l'exposition ? vrijedi li karta i za izložbu? [vryèdili carta iza-izlojbou?]

exprès *(volontairement)* namjerno [namyèrno]

▶ désolé, je ne l'ai pas fait exprès žao mi je, nisam to napravio namjerno [jaomiyè, nissammto napravi-o namyèrno]

extérieur vani [vani]

▶ on serait mieux à l'extérieur bilo bi nam bolje vani [bilobiname bolyè vani]

F

fac faks [faxe]

▶ tu vas à la fac ? ideš na faks? [idèche nafaxe?]

facile lagan [lagane]

▶ je voudrais quelque chose de facile à transporter htio bih nešto što mogu lagano prenijeti [Hti-obiH nèchto chtomogou lagano prènyèti]

facture račun [ratchoune]

▶ pouvez-vous préparer la facture ? možete li pripremiti račun? [mojètèli pri-prèmiti ratchoune?]

▶ ce n'est pas la bonne facture to nije pravi račun [toniyè pravi ratchoune]

faible *(état de santé)* slab [slabe]

▶ je me sens très faible osjećam se jako slab [ossyètchammssè yacoslabe]

faim glad [glade]

▶ j'ai super faim jako sam gladan [yacossame gladane]

▶ je commence à avoir faim počinjem biti gladan [potchinyème biti gladane]

▶ je n'ai plus faim, merci nisam više gladan, hvala [nissame viché gladane, Hvala]

faire *(s'occuper à)* raditi [raditi] ; *(agir)* napraviti [napraviti] ; *(avec des mesures)* nositi [nossiti]

▶ que faites-vous dans la vie ? što radite u životu? [chtoraditè oujivotou?]

▶ je fais des études de médecine studiram medicinu [stoudirame mèditssinou]

▶ que fais-tu ce soir ? što radiš večeras? [chtoradiche vètchèrasse?]

▶ puis-je faire quelque chose pour vous aider ? mogu li vam nekako pomoći? [mogoulivame nècaco pomotchi?]
▶ je fais du 40 nosim broj 40 [nossimmbroï tchèteurdèssète]

falloir morati [morati]
▶ il faut que je sois à l'aéroport à six heures moram biti na aerodromu u šest sati [morame biti na-aèrodrome ouchèste sati]

famille obitelj [obitèlï]
▶ j'ai de la famille à Paris imam rodbinu u Parizu [imame rodbinou ouparizou]

fauteuil roulant invalidska kolica [innvalidska colitssa]
▶ est-ce accessible aux fauteils roulants ? da li je pristupačno za invalidska kolica? [dalyiè pristoupatchno za-innvalidska colitssa?]

faux *(incorrect)* krivi [crivi]
▶ excusez-moi, j'ai fait un faux numéro oprostite, nazvao sam krivi broj [oprostitè, nazvaossame crivibroï]

fax faks [faxe]
▶ est-il possible d'envoyer un fax d'ici ? može li se odavde poslati faks? [mojèlissè odavdè poslatifaxe?]

félicitations čestitke [tchèstitkè]
▶ toutes mes félicitations ! srdačne čestitke! [seurdatchnè tchèstitkè!]

fenêtre prozor [prozore]
▶ je voudrais une place fenêtre, si possible želim mjesto pokraj prozora, ako je moguće [jèlime myèsto pocraï prozora, acoïè mogoutchè]
▶ puis-je ouvrir la fenêtre ? mogu li otvoriti prozor? [mogouli otvoriti prozore?]

fer à repasser pegla [pègla], glačalo [glatchalo]
▶ pouvez-vous me prêter un fer à repasser ? možete li mi posuditi peglu? [mojètèlimi possouditi pèglou?]

fermé zatvoren [zatvorène]
▶ l'auberge est-elle fermée la nuit ? je li gostionica zatvorena noću? [yèli gosti-onitssa zatvoréna notchou?]

fermer zatvoriti [zatvoriti]
▶ à quelle heure ferment les magasins ? u koliko se sati zatvaraju dućani? [oucolicossè sati zatvarayou doutchani?]
▶ j'ai fermé la porte en laissant les clés à l'intérieur zatvorio sam vrata i ostavio ključeve unutra [zatvori-ossame vrata iostavi-o klyoutchèvè ounoutra]
▶ ça ne ferme pas ne zatvara se [nèzatvarassè]

ferry trajekt [traïècte]
- à quelle heure part le prochain ferry ? u koliko sati kreće slijedeći trajekt? [oucolico sati crètchè slyèdètchi traïècte?]

fête *(réception)* proslava [proslava]
- fête foraine sajam [saïam]
- fête nationale državni praznik [deurjavni praznik]
- on fait la fête ce soir ? hoćemo li večeras tulumariti? [Hotchèmoli vètchèrasse touloumariti?]
- je vous souhaite de très bonnes fêtes de fin d'année želim vam sretan Božić i Novu godinu [jèlimmvame srètane bojitche inovou godinou]

feu *(de signalisation)* svjetlo [ssvyètlo] ; *(flamme)* vatra [vatra] ; *(incendie)* požar [pojare]
- feu de camp logorska vatra [logorska vatra]
- feu rouge crveno svjetlo [tsseurvèno ssvyètlo]
- feu d'artifice vatromet [vatromète]
- arrêtez-vous au feu stanite na semaforu [stanitè nassèmaforou]
- avez-vous du feu ? imate li vatre? [imatèli vatrè?]
- au feu ! požar! [pojare!]

fièvre povišena temperatura [povichèna tèmmpèratoura]
- j'ai de la fièvre imam povišenu temperaturu [imame povichènou tèmmpèratourou]

fille *(descendante)* kćer [ktchère] ; *(femme)* djevojka [dyèvoïka] ; *(enfant)* djevojčica [dyèvoïtchitssa]
- je suis fille unique ja sam kćer jedinica [yassame ktchère yèdinitssa]
- je préfère les filles aux cheveux longs najviše mi se sviđaju dugokose djevojke [naïvichèmissè ssvidjayou dougocossè dyèvoïkè]
- c'est pour une petite fille de 4 ans to je za djevojčicu od četiri godine [toïè zadyèvoïtchitssou odtchètiri godinè]

film film [film]
- as-tu vu le dernier film de... ? jesi li vidio zadnji film od...? [yèssili vidi-o zadnyi film od...?]

filmer snimati [snimati]
- a-t-on le droit de filmer dans ce musée ? da li je dopušteno snimanje u ovom muzeju? [daliyè dopouchtèno snimanyè ou-ovome mouzèyou?]

fils sin [sine]
- j'ai un fils de trois ans imam trogodišnjeg sina [imame trogodichnyègue sina]

fin kraj [craï]
- à la fin de... na kraju... [nacraïou...]
- en fin de compte... napokon... [napocone...]
- on se retrouve en fin de journée ? nađemo se navečer? [nadjèmossè navètchère?]

flash bljeskalica [blyèscalitssa]
- on peut faire des photos avec flash ici ? smijemo li ovdje koristiti bljeskalicu? [smiyèmoli ovdyè coristiti blyèscalitssou?]

fois put [poute]
- je suis déjà venu une fois već sam bio jedanput [vètchsame bi-o yèdannpoute]
- j'en ai fait une ou deux fois, mais il y a longtemps probao sam to jednom ili dvaput, ali davno [probaossammto yèdnom ili dvapoute, ali davno]
- une autre fois, peut-être ? možda drugi put? [mojda drouguipoute?]

foncé taman [tamane]
- le bleu foncé est ma couleur préférée tamnoplava mi je omiljena boja [tamnoplavamiyè omilyèna boïa]

fond *(d'une salle)* pozadina [pozadina]
- fond de teint tekući puder [tècoutchi poudère]
- je préfère m'asseoir au fond draže mi je sjediti otraga [drajèmiyè syèditi otraga]

foot nogomet [nogomète]
- on se fait un petit foot ? hoćemo li zaigrati nogomet? [Hotchèmoli za-igrati nogomète?]

footing trčanje [teurtchanyè]
- on fait un footing demain matin ? hoćemo li trčati sutra ujutro? [Hotchèmoli teurtchati soutra ouyoutro?]

forfait pretplata [prètplata]
- avez-vous des forfaits week-end ? imate li pretplatu za vikend? [imatèli prètplatou zavikènnde?]
- je n'ai plus de forfait nemam više pretplatu [nèmame vichè prètplatou]

forme *(santé)* zdravlje [zdravlyè] ; *(rondeur)* oblina [oblina]
- tu as l'air en pleine forme ! jako dobro izgledaš! [yaco dobro izglèdache!]
- j'aime bien les filles qui ont des formes sviđaju mi se djevojke koje imaju obline [ssvidjayoumissè dyèvoïkè coïè imaïou oblinè]

formidable sjajan [syaïane]

▶ c'est formidable ! to je sjajno! [toïè syaïno!]

formulaire formular [formoulare]

▶ pouvez-vous me donner le formulaire à remplir ? možete li mi dati da popunim formular? [mojètèlimi dati dapopounime formoulare?]

fort jak [yak]

▶ pouvez-vous parler plus fort ? možete li govoriti glasnije? [mojètèli govoriti glasniyè?]

fouler (se) iščašiti [ichtchachiti]

▶ je me suis foulé la cheville iščašio sam gležanj [ichtchachi-ossame glèjagne]

fourchette vilica [vilitssa]

▶ pourriez-vous m'apporter une fourchette ? možete li mi donijeti vilicu? [mojètèlimi donyèti vilitssou?]

fourrière kafilerija [cafilèriya]

▶ où est la fourrière ? gdje je kafilerija? [gdyèyè cafilièriya?]

fracture prijelom [pryèlome]

▶ je pense que j'ai une fracture mislim da imam prijelom [mislime da-imame pryèlome]

frais svjež [ssvyèje]

▶ il fait frais ce soir večeras je svježe [vètchèrassyè ssvyèjè]

▶ ce vin n'est pas assez frais ovo vino nije dobro rashlađeno [ovo vino niyè dobro rasHladjèno]

français francuski [franntssouski]

▶ je suis Française ja sam Francuskinja [yassame franntssouskinya]

▶ est-ce que vous parlez français ? govorite li francuski? [govoritèli franntssouski?]

▶ y a-t-il une visite en français ? ima li razgledavanje na francuskom? [imali razglèdavanyè nafranntssouskome?]

▶ je suis avec le groupe de Français ja sam s grupom Francuza [yassame sgroupome franntssouza]

France Francuska [franntssouska]

▶ j'habite en France živim u Francuskoj [jivime oufranntssouskoï]

▶ êtes-vous déjà allé en France ? jeste li već bili u Francuskoj? [yèstèlivètche bili oufranntssouskoï?]

frein kočnica [cotchnitssa]

▶ frein à main ručna kočnica [routchna cotchnitssa]

▶ les freins ne marchent pas bien kočnice ne rade dobro [cotchnitssè nèradè dobro]

fréquence učestalost [outchèstaloste]

▶ quelle est la fréquence des navettes ? koliko je česta brodska veza? [colicoïè tchèsta brodska vèza?]

frère brat [brate]

▶ tu as des frères et sœurs ? imaš li braće i sestara? [imachli bratchè issèstara?]

▶ c'est ton petit frère ? je li to tvoj mlađi brat? [yèlito tvoïmladjibrate?]

froid hladan [Hladane]

▶ j'ai très froid jako mi je hladno [yacomiyè Hladno]

▶ mon plat est froid moje jelo je hladno [moïè yèloïè Hladno]

fromage sir [sire]

▶ auriez-vous du fromage ? imate li sira? [imatèli sira]

fuite *(d'eau, d'huile)* curenje [tssourènyè]

▶ il y a une fuite dans le réservoir spremnik curi [sprèmnik tssouri]

fumée dim [dime]

▶ je ne supporte pas la fumée ne podnosim dim [nèpodnossime dime]

▶ la fumée ne me dérange pas dim mi ne smeta [dimmi nèsmèta]

fumer *(tabac)* pušiti [pouchiti]

▶ est-ce que ça vous dérange si je fume ? smeta li vam ako pušim? [smètalivame aco pouchime?]

▶ non merci, je ne fume pas ne hvala, ne pušim [nèHvala, nèpouchime]

fumeur pušač [pouchatche]

▶ y a-t-il un compartiment fumeurs dans ce train ? postoji li u ovom vlaku kupe za pušače? [postoïili ou-ovome vlacou coupè zapouchatchè?]

ZOOM

comment mange-t-on le fromage en Croatie ?

Contrairement à ce qui se passe en France, en Croatie, le fromage est plutôt servi en entrée, accompagné de jambon et/ou de charcuterie. Le type même des fromages est différent, car les Croates apprécient surtout le fromage frais (svježi sir [ssvyèjissire]*), souvent accompagné de vrhnje* [veurHnyè]*, une sorte de crème préparée à l'ancienne. Vous trouverez ce genre de produits sur les marchés. L'autre grande famille de fromages est celle des fromages fumés (dimljeni sir* [dimmlyènissire]*), qu'il s'agisse de fromage de vache (kravlji sir* [cravlyissire]*), de chèvre (kozji sir* [cozyissire] *ou de brebis (ovčji sir* [ovtchyissire]*).*

G

gagner *(concours, course)* pobijediti [pobyèditi] ; *(argent)* zarađivati [zaradjivati]

▸ qui est-ce qui gagne ? tko pobjeđuje? [tkopobyèdjouyè?]

▸ je gagne bien ma vie dobro zarađujem [dobro zaradjouyème]

galère *(mésaventure)* muka [mouca]

▸ quelle galère ! koja koma! [coïa coma!]

gant rukavica [roucavitssa]

▸ c'est dans la boîte à gants to je u pretincu za rukavice [toïè ouprètinntssou zaroucavitssè]

garage *(de réparation)* vulkanizer [voulkanizère]

▸ est-ce qu'il y a un garage par ici ? da li ima vulkanizer u blizini? [daliyima voulkanizère oublizini?]

▸ pourriez-vous me remorquer jusqu'à un garage ? možete li me šlepati do vulkanizera? [mojètèlimè chlèpati do voulkanizèra?]

garagiste automehaničar [aoutomèHanitchare]

▸ savez-vous où je peux trouver un garagiste ? znate li gdje mogu naći automehaničara? [znatèli gdyèmogou natchi aoutomèHanitchara?]

garantie garancija [garanntssiya]

▸ combien de temps dure la garantie ? koliko dugo traje garancija? [colico dougo traïè garanntssiya?]

garçon *(homme)* dečko [dètchko]

▸ garçon de café konobar [conobare]

▸ elle a deux garçons ona ima dva dečka [ona ima dvadètchka]

garde *(permanence)* dežurstvo [dèjourstvo]

▸ je veux voir le médecin de garde trebam dežurnog liječnika [trèbame dèjournogue lyètchnica]

▸ savez-vous où se trouve la pharmacie de garde ? znate li gdje je dežurna ljekarna? [znatèli gdyèyè dèjourna lyècarna?]

garder *(surveiller)* (pri)paziti [(pri)paziti] ; *(conserver)* zadržati [zadeurjati]

▸ pouvez-vous garder mon sac quelques instants ? možete li mi malo pripaziti torbu? [mojètèli mi malo pripaziti torbou?]

▸ gardez la monnaie ! zadržite sitniš! [zadeurjitè sitniche!]

gare kolodvor [colodvore]
- gare routière autobusni kolodvor [aoutobousni colodvore]
- où est la gare ? gdje je kolodvor? [gdyèyè colodvore?]
- à la gare, s'il vous plaît ! na kolodvor, molim vas! [nacolodvor, molimmvasse!]

garer parkirati [parkirati]
- où puis-je garer ma voiture ? gdje mogu parkirati auto? [gdyèmogou parkirati aouto?]
- est-il possible de se garer près de l'hôtel ? može li se parkirati u blizini hotela? [mojèlissè parkirati oublizini Hotèla?]

gâteau kolač [colatche]
- une part de gâteau au chocolat, s'il vous plaît komad kolača od čokolade, molim vas [comade colatcha otchocoladè, molimmvasse]

gauche lijevo [lyèvo]
- la voiture venait de la gauche auto je dolazio s lijeve strane [aoutoïè dolazi-o slyèvè stranè]
- c'est la deuxième à gauche to je druga ulica lijevo [toïè drouga oulitssa lyèvo]

gaz plin [pline]
- la bonbonne de gaz est vide plinska boca je prazna [plinnska botssaïè prazna]

gêner *(déranger)* smetati [smètati]
- ça vous gêne si je m'assieds ici ? da li vam smeta ako sjednem ovdje? [dalivame smèta aco syèdnème ovdyè?]
- est-ce que la fumée te gêne ? da li ti smeta dim? [daliti smètadim?]

génial genijalan [guènyalane]
- c'était génial ! bilo je genijalno! [biloïè guènyalno!]

gentil ljubazan [lyoubazane]
- merci, c'est très gentil hvala, to je jako ljubazno [Hvala, toïè yaco lyoubazno]

gilet de sauvetage prsluk za spašavanje [peurslouk zaspachavanyè]
- est-ce qu'il y a des gilets de sauvetage ? ima li prsluka za spašavanje? [imali peurslouca zaspachavanyè?]

INFO
les glaces

En Croatie, les nombreuses pâtisseries (slastičarnica [slastitcharnitssa]*) vendent des glaces et des gâteaux (kolači* [colatchi]*). Vous pouvez les déguster sur place (za ovdje* [zaovdyè]*), ou bien les emporter (za van* [zavane]*). Les glaces se commandent par boules : une boule de glace se dit kuglica sladoleda* [couglitssa sladolèda]*, deux boules de glace dvije kuglice sladoleda* [dyècouglitssè sladolèda]*, etc. Parmi les grandes pâtisseries de Zagreb, citons Vincek* [vinntssèk] *et Millenium* [milènyome]*, toutes deux situées dans le centre-ville.*

gîte prenoćište [prènotchichtè]
▶ nous cherchons un gîte pour la nuit tražimo prenoćište za jednu noć [trajimo prènotchichtè zaïèdnounotche]

glace *(crème glacée)* sladoled [sladolède]
▶ où peut-on manger une bonne glace ? gdje možemo jesti dobar sladoled? [gdyèmojèmo yèsti dobare sladolède?]

glacière hladionik [Hladi-onik]
▶ vous pouvez utiliser notre glacière, si vous voulez možete koristiti naš hladionik, ako želite [mojètè coristiti nachHladi-onik, aco jèlitè]

glaçon led [lède]
▶ avec des glaçons, s'il vous plaît s ledom, molim vas [slèdome, molimmvasse]

gorge grlo [gueurlo]
▶ j'ai mal à la gorge boli me grlo [bolimè gueurlo]
▶ je voudrais des pastilles pour la gorge želim pastile za grlo [jèlime pastile zagueurlo]

goût okus [ocousse]
▶ ça a très bon goût ! ovo je jako ukusno! [ovoïè yaco oucousno!]

goûter kušati [couchati]
▶ j'aimerais goûter les spécialités locales volio bih kušati lokalne specijalitete [voli-obiH couchati localnè spètssyalitètè]

gouttes *(médicament)* kapi [capi]
▶ avez-vous des gouttes pour le nez ? imate li kapi za nos? [imatèli capi zanosse?]

gouvernail *(voile)* kormilo [cormilo]
▶ je ne sais pas me servir du gouvernail ne znam se služiti kormilom [nèznammssè sloujiti cormilome]

grand velik [vèlik]
▶ avez-vous une plus grande taille ? imate li veći broj? [imatèli vètchibroï?]

gratuit besplatan [bèsplatane]
▶ l'entrée est-elle gratuite ? da li je ulaz besplatan? [daliyè oulaze bèsplatane?]

grave *(maladie)* ozbiljan [ozbilyane] ; *(accident)* strašan [strachane]
▶ c'est grave ? to je ozbiljno? [toïè ozbiljno?]
▶ ce n'est pas grave, ça peut arriver à tout le monde ništa strašno, to se svakom može dogoditi [nichta strachno, tossè ssvacome mojè dogoditi]

grippe gripa [gripa]

- je voudrais quelque chose contre la grippe htio bih nešto protiv gripe [HtiobiH nèchto protive gripè]

gris siv [sive]

- le ciel est gris nebo je sivo [nèboïè sivo]

gros debeo [dèbèo]

- pouvez-vous écrire plus gros ? možete li napisati većim slovima? [mojètèli napissati vétchime slovima?]
- je le trouve un peu trop gros mislim da je predebeo [mislime daïè prèdèbèo]

groupe grupa [groupa]

- mon groupe sanguin est A+ moja krvna grupa je A+ [moïa keurvna groupaïè aplousse]
- y a-t-il des réductions pour les groupes ? postoje li popusti za grupe? [postoïèli popousti zagroupè?]

guichet blagajna [blagaïna]

- à quel guichet dois-je m'adresser ? na koju blagajnu se moram obratiti? [nacoïou blagaïnoussè morame obratiti?]
- où se trouve le guichet pour acheter les billets ? gdje je blagajna za kupnju karata? [gdyèyè blagaïna zacoupnyou carata?]

guide vodič [voditche]

- auriez-vous un guide en français ? imate li vodič na francuskom? [imatèli voditche nafranntssouscome?]
- le guide parle-t-il français ? govori li vodič francuski? [govorili voditche franntssouski?]

H

habiter stanovati [stanovati]

- tu habites le quartier ? stanuješ u kvartu? [stanouyèche oukvartou?]
- j'habite à Lille stanujem u Lilleu [stanouyème oulilou]

handicapé invalidna osoba [innvalidna osoba]

- êtes-vous équipés pour les handicapés ? jeste li opremljeni za invalidne osobe? [yèstèli oprèmlyèni za-innvalidnè ossobè?]

hasard slučaj [sloutchaï]

- au hasard nasumce [nassoumtssè]

▶ quelqu'un aurait-il une aspirine, par hasard ? ima li netko slučajno aspirin? [imali nètko sloutchaïno aspirine?]

heure sat [sate]

▶ à quelle heure est le prochain train pour... ? u koliko sati ide drugi vlak do...? [oucolico sati idè drouguivlak do...?]

▶ quelle heure est-il ? koliko je sati? [colicoïè sati?]

▶ à quelle heure fermez-vous ? u koliko sati zatvarate? [oucolico sati zatvaratè?]

▶ on pourrait se retrouver vers trois heures mogli bi se naći oko tri sata [moglibissè natchi oco trisata]

▶ à tout à l'heure vidimo se uskoro [vidimossè ouscoro]

hier jučer [youtchère]

▶ je voulais arriver hier htio sam doći jučer [Hti-ossame dotchi youtchère]

homme čovjek [tchovyèk]

▶ c'est un très bel homme ! to je jako lijep muškarac! [toïè yacolyèpe mouchkaratsse!]

hôpital bolnica [bolnitssa]

▶ où est l'hôpital le plus proche ? gdje je najbliža bolnica? [gdyèyè naïblija bolnitssa?]

horaire satnica [satnitssa]

▶ avez-vous les horaires des bus ? imate li red vožnje autobusa? [imatèlirède vojnyè aoutoboussa?]

▶ quels sont les horaires d'ouverture du musée ? koje je radno vrijeme muzeja? [coïèyè radno vriyèmè mouzèya?]

hôtel hotel [Hotèle]

▶ nous cherchons un hôtel tražimo hotel [trajimo Hotèle]

▶ y a-t-il des hôtels pas trop chers par ici ? ima li hotela koji nisu jako skupi u blizini? [imali Hotèla coïi nissou yacoscoupe oublizini?]

huile ulje [oulyè]

▶ huile d'olive maslinovo ulje [maslinovo oulyè]

▶ il y a une fuite d'huile ulje curi [oulyè tssouri]

▶ pouvez-vous vérifier le niveau d'huile ? možete li provjeriti razinu ulja? [mojètèli provyèriti razinou oulya?]

humide vlažan [vlajane]

▶ il fait humide vrijeme je vlažno [vriyèmèyè vlajno]

humour duhovitost [douHovitoste]

▶ il a beaucoup d'humour jako je duhovit [yacoïè douHovite]

hygiénique toaletni [toalètni]
▶ il n'y a pas de papier hygiénique nema toaletnog papira [nèma toalètnogue papira]

I

ici ovdje [ovdyè]
▶ tu es d'ici ? odavde si? [odavdèssi?]
▶ je ne suis pas d'ici non plus niti ja nisam odavde [niti yanissame odavdè]

idée ideja [idèya]
▶ j'ai une idée ! imam ideju! [imame idèyou!]
▶ c'est une bonne idée, pourquoi pas ? to je dobra ideja, zašto ne? [toïè dobra idèya, zachtonè?]

il on [one]
▶ il est très fort on je vrlo jak [onyè veurloïak]

île otok [otok]
▶ ce bateau va-t-il sur l'île de Hvar ? da li ovaj brod ide na otok Hvar? [dali ovaï brode idè naotok Hvare?]

ils oni [oni]
▶ ils sont arrivés hier soir stigli su sinoć [stiglissou sinotche]

il y a ima [ima]
▶ il y a un problème postoji problem [postoïi problème]
▶ y a-t-il des toilettes dans ce coin ? postoji li WC u blizini? [postoïili vètssè oublizini?]

à l'hôtel **INFO**

▶ nous voudrions une chambre double želimo dvokrevetnu sobu [jèlimo dvocrèvètnou sobou]
▶ j'ai réservé une chambre au nom de Picard rezervirao sam sobu na ime Picard [rèzèrviraossame sobou na-imè picare]
▶ à quelle heure est le petit déjeuner ? u koliko sati je doručak? [oucolico satiyè doroutchak?]
▶ pourriez-vous me réveiller à sept heures ? možete li me probuditi u sedam sati? [mojètèlimè probouditi oussèdame sati?]

INFO

les indicatifs pour la France et la Croatie

Pour appeler en France à partir de la Croatie, il faut composer l'indicatif 0033 suivi du numéro indicatif de la zone, mais en omettant le zéro : par exemple, pour téléphoner à Paris, il faut faire le 00331, étant donné que l'indicatif pour Paris est le 01. De même, pour appeler en Croatie à partir de la France, composez le 00385 suivi du numéro indicatif de la ville (toujours en omettant le zéro). Par exemple, pour téléphoner à Zagreb, il faut faire le 003851, puisque le numéro indicatif de Zagreb est le 01.

▸ qu'est-ce qu'il y a ? što je bilo? [chtoïè bilo?]

immatriculation registracijske pločice [règuistratssiyskè plotchitssè]

▸ quel est son numéro d'immatriculation ? koji je njegov broj registracije? [coïiyè nyègovbroï règuistratssiyè?]

incendie požar [pojare]

▸ il y a un incendie dans la cour požar je u dvorištu [pojaryè oudvorichtou]

inclus *(compris)* uračunat [ouratchounate]

▸ le petit déjeuner est-il inclus dans le prix ? je li doručak uračunat u cijenu? [yèli doroutchak ouratchounate outssyènou?]

indicatif *(téléphonique)* pozivni broj [pozivnibroï]

▸ quel est l'indicatif pour la France ? koji je pozivni broj za Francusku? [coïiyè pozivnibroï zafranntssouscou?]

indiquer pokazati [pocazati]

▸ pourriez-vous m'indiquer la direction de l'autoroute ? možete li mi pokazati u kojem smjeru je autocesta? [mojètèlimi pocazati oucoïème smyèrouyè aoutotssèsta?]

infection upala [oupala]

▸ j'ai une infection urinaire imam upalu mokraćnih puteva [imame oupalou mocratchniH poutèva]

information *(renseignement)* obavijest [obavyèste] ; *(à la radio, à la télé)* vijest [viyèste]

▸ je voudrais des informations sur... htio bih obavijesti o... [Hti-obiH obavyèsti o...]

▸ j'aimerais bien regarder les informations volio bih gledati vijesti [voli-obiH glèdati viyèsti]

infusion biljni čaj [bilynitchaï]

▸ je voudrais une infusion htio bih popiti biljni čaj [Hti-obiH popiti bilynitchaï]

installer *(monter)* podići [poditchi]

▸ pouvons-nous installer notre tente ici ? možemo li ovdje podići svoj šator? [mojèmoli ovdyè poditchi ssvoïchatore?]

instrument de musique instrument [innestroumènt]
- jouez-vous d'un instrument de musique ? svirate li neki instrument? [ssviratèli nèqui innestroumènt?]

intention namjera [namyèra]
- j'ai l'intention de... imam namjeru... [imame namyèrou...]
- ça fait longtemps que j'avais l'intention de t'appeler već dugo te namjeravam nazvati [vètchdougotè namyèravame nazvati]

interdit zabranjen [zabranyène]
- est-il interdit de fumer ici ? je li ovdje zabranjeno pušenje? [yèli ovdyè zabranyèno pouchènyè?]

intéressant zanimljiv [zanimlyive]
- qu'y a-t-il d'intéressant à voir dans cette ville ? što je zanimljivo za pogledati u ovom gradu? [chtoïè zanimlyivo zapoglèdati ou-ovome gradou?]

intérieur unutra [ounoutra]
- à l'intérieur de... u... [ou...]
- j'ai fermé la porte en laissant les clés à l'intérieur zatvorio sam vrata i ostavio ključeve unutra [zatvori-ossame vrata iostavi-o klyoutchèvè ounoutra]

Internet Internet [inntèrnète]
- avez-vous Internet ? imate li Internet? [imatèli inntèrnète?]

interrupteur prekidač [prèkidatche]
- l'interrupteur ne marche pas prekidač ne radi [prèkidatche nèradi]

intestinal probavni [probavni]
- j'ai un dérangement intestinal imam probavne smetnje [imame probavnè smètnyè]

interdiction — INFO

- je n'ai pas le droit de boire de l'alcool ne smijem piti alkohol [nèsmiyème piti alcoHole]
- il est interdit de fumer ici pušenje je ovdje zabranjeno [pouchènyèyè ovdyè zabranyèno]
- vous n'avez pas à lui parler sur ce ton ne možete s njim tako razgovarati [nèmojètèsnyime taco razgovarati]
- pas question que ce soit toi qui paies ! ne dolazi u obzir da ti platiš! [nèdolazi ou-obzir dati platiche!]

inviter pozvati [pozvati]

▸ j'aimerais beaucoup vous inviter à dîner demain soir jako bih vas volio pozvati na večeru sutra [yacobiHvasse voli-o pozvati navètchèrou soutra]

itinéraire itinerarij [itinèrariy]

▸ est-il possible de modifier l'itinéraire prévu dans ce circuit ? da li je moguće promijeniti itinerarij koji je predviđen ovim obilaskom? [daliyè mogoutchè promyèniti itinèrariy coïiyè prèvidjène ovime obilaskome?]

J

jamais nikada [nicada]

▸ je n'en ai jamais fait nikada se time nisam bavio [nicadassè timè nissame bavi-o]

jambe noga [noga]

▸ j'ai mal à la jambe boli me noga [bolimè noga]

▸ cette fille a des jambes magnifiques ! ova cura ima prekrasne noge! [ova tssoura ima prècrasnè noguè!]

jambon šunka [chounca]

▸ je voudrais cinq tranches de jambon želim pet šnita šunke [jèlime pètchnita chounkè]

jaune *adj* žut [joute]

m žuta boja [jouta boïa]

▸ jaune d'œuf žutanjak [joutanyak]

▸ c'est une maison jaune to je žuta kuća [toïé jouta coutcha]

je ja [ya]

▸ je m'appelle Jean zovem se Jean [zovèmmssè janne]

jetable za jednokratnu uporabu [zaïèdnocratnou ouporabou]

▸ je voudrais acheter un rasoir jetable želim kupiti britvicu za jednokratnu uporabu [jèlime coupiti britvitssou zaïèdnocratnou ouporabou]

jeter baciti [batssiti]

▸ je jette juste un coup d'œil samo ću baciti pogled [samotchou batssiti poglède]

▸ où puis-je jeter ces papiers ? gdje mogu baciti ove papire? [gdyèmogou batssiti papirè?]

Jet Ski skijanje na vodi [skiyanyè navodi]

- combien coûte une heure de Jet Ski ? koliko košta sat skijanja na vodi? [colico cochtassate skiyanya navodi?]

jeu igra [igra]

- les Jeux olympiques olimpijske igre [olimmpiyskè igrè]
- jeu de société društvena igra [drouchtvèna igra]
- est-ce qu'il y a une salle de jeu pour les enfants ici ? postoji li ovdje igraonica za djecu? [postoïili ovdyè igraonitssa zadyètssou?]

jeune *(personne)* mlad [mlade]

- y a-t-il des réductions pour les jeunes ? imaju li mladi popust? [imaïouli mladi popoust?]

joindre (se) pridružiti (se) [pridroujiti (sè)]

- voulez-vous vous joindre à nous ? želite li nam se pridružiti? [jèlitèli nammssè pridroujiti?]

joli *(beau)* lijep [lyèpe]

- je te trouve très jolie jako si mi lijepa [yacossimi lyèpa]
- quel joli village ! koje lijepo selo! [coïè lyèpo sèlo!]

jouer (SPORT) igrati [igrati] ; (MUS) svirati [ssvirati] ; *(jeu)* kartati [cartati]

- tu joues super bien au tennis ! super igraš tenis! [soupère igrache tènisse!]
- tu sais jouer d'un instrument ? znaš li svirati neki instrument? [znachli ssvirati nèki innstroumènnte?]
- on joue aux cartes ? hoćemo kartati? [Hotchèmo cartati?]

jour dan [dane]

- jour de l'An Nova godina [nova godina]
- jour férié praznik [praznik]
- jour ouvrable radni dan [radnidane]
- c'est combien par jour ? koliko je to dnevno? [colicoïèto dnèvno?]
- quel est le plat du jour ? što je dnevni meni? [chtoïè dnèvni mèni?]
- à un de ces jours ! vidimo se ovih dana! [vidimossè oviH dana!]

journal novine [novinè]

- avez-vous des journaux français ? imate li francuske novine? [imatèli franntssouskè novinè?]

journée dan [dane]

- quelle belle journée ! koji lijepi dan! [coïi lyèpidane!]
- je voudrais faire l'aller-retour dans la journée htio bih otići i vratiti se u istom danu [Hti-obiH otitchi ivratitissè ou-istome danou]

jumeau *(double)* dvostruk [dvostrouk] ; *(filiation)* blizanac [blizanatsse]
- je voudrais une chambre avec des lits jumeaux htio bih sobu s bračnim krevetima [Hti-obiH sobou sbratchnime crèvètima]
- j'ai un frère jumeau imam brata blizanca [imame brata blizanntssa]
- ce sont des jumelles to su blizanke [tossou blizannkè]

jumelles *(longue vue)* dalekozor [dalècozore]
- tu peux me prêter tes jumelles? možeš li mi posuditi dalekozor? [mojèchlimi possouditi dalècozore?]

jupe suknja [souknya]
- où puis-je faire nettoyer cette jupe ? gdje mogu dati na čišćenje ovu suknju? [gdyèmogou dati natchichtchènyè ovou souknyou?]

jus đus [djousse]
- un jus d'orange, s'il vous plaît ! jedan đus, molim vas! [yèdanedjousse, molimmvasse!]

jusqu'à do [do]
- jusqu'à présent do sad [dossade]
- je reste jusqu'à dimanche ostajem do nedjelje [ostaïème donèdyèlyè]

juste *(correct)* točan [totchane] ; *(vêtement)* tijesan [tyèssane]
- c'est tout à fait juste to je posve točno [toïè possvè totchno]
- c'est trop juste, auriez-vous la taille au-dessus ? to je pretijesno, imate li veći broj? [toïè prètyèsno, imatèli vètchibroï?]

K

kayak kajak [kaïak]
- c'est combien pour une heure de kayak ? koliko košta sat kajaka? [colico cochtassate kaïaka?]

kilométrage *(distance)* kilometraža [kilomètraja]
- le kilométrage est-il illimité ? je li kilometraža neograničena? [yèli kilomètraja nèogranitchèna?]

kilomètre kilometar [kilomètare]
- y a-t-il un tarif au kilomètre ? naplaćuje li se po kilometru? [naplatchouyèlissè pokilomètrou?]

L

là ovdje [ovdyè]
- je suis là depuis deux jours ovdje sam već dva dana [ovdyèssame vètchdva-dana]

là-bas tamo [tamo]
- il est là-bas on je tamo [onyè tamo]

lac jezero [yèzèro]
- y a-t-il un lac dans la région ? ima li jezero u ovom kraju? [imali yèzèro ou-ovome craïou?]

laisser *(déposer)* ostaviti [ostaviti]
- est-ce que je peux laisser mon sac à dos à la réception ? mogu li ostaviti ruksak na recepciji? [mogouli ostaviti rouxak narètssèptssiyi?]

lait mlijeko [mlyèco]
- lait démaquillant mlijeko za skidanje šminke [mlyèco zaskidanyè chminnkè]
- pourriez-vous m'apporter un peu de lait ? možete li mi donijeti malo mlijeka? [mojètèlimi donyèti malo mlyèca?]

lampe lampa [lammpa]
- lampe de poche baterija [batèriya]
- la lampe de chevet ne marche pas lampa na noćnom ormariću ne radi [lammpa nanotchnome ormaritchou nèradi]

langer previjati (pelene) [prèviyati (pèlènè)]
- y a-t-il une table à langer ? ima li stolić za previjanje beba? [imali stolitche zaprèviyanyè bèba?]

langue jezik [yèzik]
- je me suis mordu la langue ugrizao sam se za jezik [ougrizaossammssè zaïè-zik]
- je l'ai sur le bout de la langue na vrhu mi je jezika [naveurHou miyè yèzika]

large širok [chirok]
- cette robe est trop large pour moi ova haljina je preširoka za mene [ova Halyinaïè prèchiroka zamènè]

lavable periv [pèrive]
- est-ce lavable en machine ? smije li se to prati u perilici? [smiyèlissèto prati oupèrilitssou?]

lavabo umivaonik [oumivaonik]
- le lavabo est bouché umivaonik je začepljen [oumivaonikyè zatchèplyène]

lave-linge perilica [pèrilitssa]
- y a-t-il un lave-linge ? postoji li perilica? [postoïili pèrilitssa?]

laver (se) oprati (se) [oprati (sè)]
- où puis-je me laver les mains ? gdje mogu oprati ruke? [gdyèmogou oprati roukè?]

laverie praonica (rublja) [praonitssa]
- y a-t-il une laverie automatique près d'ici ? ima li u blizini praonica rublja? [imali oublizini praonitssa roublya?]

lave-vaisselle perilica za suđe [pèrilitssa zassoudjè]
- y a-t-il un lave-vaisselle ? postoji li perilica za suđe? [postoïili pèrilitssa zassoudjè?]

légume povrće [poveurtchè]
- est-ce servi avec des légumes ? da li je povrće prilog? [daliyè poveurtchè prilogue?]

lendemain sutradan [soutradane]
- le lendemain de notre arrivée, il a plu sutradan po našem dolasku, pala je kiša [soutradane ponachème dolascou, palaïè kicha]

lentement sporo [sporo]
- pourriez-vous parler plus lentement, s'il vous plaît ? možete li govoriti sporije, molim vas? [mojètèli govoriti sporiyè, molimmvasse?]

lentille *(verre de contact)* leća [lètcha]
- j'ai perdu une lentille izgubio sam leću [izgoubi-ossame lètchou]
- je voudrais une solution de rinçage pour lentilles htio bih otopinu za ispiranje leća [Hti-obiH otopinou za-ispiranyè lètcha]

lessive *(lavage)* pranje rublja [pranyè roublya] ; *(produit)* deterdžent [dètèrdjènnte]
- il faut absolument que je fasse une lessive obavezno moram oprati rublje [obavèzno morame oprati roublyè]
- je dois acheter de la lessive moram kupiti deterdžent [morame coupiti dètèrdjènnte]

lettre *(courrier)* pismo [pismo] ; *(littérature)* književnost [knyijèvnoste]
- lettre recommandée preporučeno pismo [prèporoutchèno pismo]
- je voudrais envoyer cette lettre en France želim poslati ovo pismo u Francusku [jèlime poslati ovo pismo oufranntssouscou]

▶ je fais des études de lettres studiram književnost [stoudirame knyijènoste]

lever (se) dići (se) [ditchi (sè)]

▶ à quelle heure vous levez-vous ? u koliko sati se dižete? [oucolico satissè dijètè?]

▶ je me suis levé très tôt dignuo sam se jako rano [dig-nuossammssè yaco rano]

lèvres usne [ousnè]

▶ stick à lèvres ruž za usne [rouje zaousnè]

▶ j'ai les lèvres gercées ispucale su mi usne [ispoutssalè soumi ousnè]

librairie knjižara [knyijara]

▶ y a-t-il une librairie internationale ? postoji li internacionalna knjižara? [postoïili inntèrnatssyonalna knyijara?]

libre slobodan [slobodane]

▶ avez-vous des chambres libres ? imate li slobodnih soba? [imatèli slobodniH soba?]

ligne *(TRANSP)* linija [linya] ; *(communication)* veza [vèza]

▶ quelle ligne dois-je prendre pour... ? na koju liniju moram ići za...? [nacoïou linyou morame itchi za...?]

▶ je t'entends mal, la ligne est mauvaise čujem te slabo, veza je loša [tchouyèmmtè slabo, vèzaïè locha]

limitation ograničenje [ogranitchènyè]

▶ quelle est la limitation de vitesse sur cette route ? koja je ograničena brzina na ovoj cesti? [coïaïè ogranitchèna beurzina naovoï tssèsti?]

linge rublje [roublyè]

▶ y a-t-il un endroit pour laver et faire sécher le linge ? ima li mjesto gdje se može oprati i osušiti rublje? [imali myèsto gdyèssè mojè oprati iossouchiti roublyè?]

liquide gotovina [gotovina]

▶ je vais payer en liquide platit ću u gotovini [platitchou ougotovini]

lit krevet [crèvète]

▶ lit de camp poljski krevet [polyski crèvète]

▶ lits superposés kreveti na kat [crèvèti nacate]

▶ la chambre a-t-elle un grand lit ? da li soba ima veliki krevet? [dali soba ima vèliki crèvète?]

▶ nous préférerions deux lits simples mi bi radije dva obična kreveta [mibi radiyè dvaobitchna crèvèta]

▸ avez-vous un lit pour enfant ? imate li dječji krevet? [imatèli dyètchyi crèvète?]

▸ est-il possible d'ajouter un lit dans la chambre ? da li se može dodati krevet u sobu? [dalissè mojè dodati crèvète oussobou?]

litre litra [litra]

▸ un litre de lait, s'il vous plaît litru mlijeka, molim vas [litrou mlyèca, molimmvasse]

livre knjiga [knyiga]

▸ pourriez-vous me prêter un livre ? možete li mi posuditi knjigu? [mojètèlimi possouditi knyigou?]

location iznajmljivanje [iznaïmlyivanyè]

▸ quel est le prix de la location à la semaine ? koliko košta tjedno iznajmljivanje? [colico cochta tyèdno iznaïmlyivanyè?]

loger *(habiter)* boraviti [boraviti] ; *(héberger)* primiti na stan [primiti nastane]

▸ où logez-vous ? gdje boravite? [gdyèboravitè?]

▸ je pourrai vous loger pendant votre séjour à Paris mogao bih vas primiti na stan za vrijeme vašeg boravka u Parizu [mogaobiHvasse primiti nastane zavriyèmè vachègue boravka ouparizou]

loin daleko [dalèco]

▸ est-ce que c'est loin à pied ? da li je to daleko pješice? [daliyèto dalèco pyèchitssè?]

long dugačak [dougatchak]

▸ ce pantalon est trop long ove hlače su predugačke [ovè Hlatchèssou prèdougatchkè]

longtemps dugo [dougo]

▸ ça fait longtemps qu'on ne s'est pas vus ! dugo se nismo vidjeli! [dougossè nismo vidyèli!]

▸ tu ne m'as pas attendu trop longtemps ? nisi me čekao jako dugo? [nissimè tchècao yaco dougo?]

louer iznajmiti [iznaïmiti]

▸ je voudrais louer une voiture pour une semaine htio bih iznajmiti auto na tjedan dana [Hti-obiH iznaïmiti aouto natyèdane dana]

lourd težak [tèjak]

▸ pouvez-vous m'aider, ma valise est très lourde možete li mi pomoći, kovčeg mi je jako težak [mojètèlimi pomotchi covtchègmiye yaco tèjak]

▸ il fait lourd vrijeme je teško [vriyèmèyè tèchko]

▸ il est gentil, mais un peu lourd on je dobar, ali je malo težak [onïè dobare, aliyè malo tèjak]

lui on [one]

▸ lui ? il préfère la rando on? on više voli pješačenje [one? onnvichè voli pyèchatchènyè]

lumière svjetlo [ssvyètlo]

▸ où allume-t-on la lumière ? gdje se pali svjetlo? [gdyèssè pali ssvyètlo?]

▸ la lumière ne fonctionne pas svjetlo ne radi [ssvyètlo nèradi]

lunettes naočale [naotchalè]

▸ lunettes de soleil sunčane naočale [sountchanè naotchalè]

▸ j'ai cassé mes lunettes potrgao sam naočale [poteurgaossame naotchalè]

M

machine *(à laver)* perilica [pèrilitssa]

▸ il faut absolument que je fasse une machine obvezno moram oprati rublje [obvèzno morame oprati roublyè]

magasin prodavaonica [prodavaonitssa]

▸ je cherche un magasin de... tražim prodavaonicu... [trajime prodavaonitssou...]

▸ à quelle heure ferment les magasins ? u koliko sati se zatvaraju prodavaonice? [oucolico satissè zatvaraïou prodavaonitssè?]

magnifique prekrasan [prècrassane]

▸ c'est magnifique ! prekrasno je! [prècrasno yé!]

▸ tu as des yeux magnifiques imaš prekrasne oči [imache prècrasnè otchi]

maigre mršav [meurchave]

▸ tu ne me trouves pas trop maigre ? ne misliš da sam previše mršav(a)? [nèmisliche dassame prèvichè meurchav(a)?]

maillot de bain kupaći kostim [coupatchi costime]

▸ j'ai oublié mon maillot de bain zaboravila sam kupaći kostim [zaboravilassame coupatchi costime]

▸ il faut que j'achète un maillot de bain moram kupiti kupaći kostim [morame coupiti coupatchi costime]

INFO
où manger en Croatie

Si vous mangez au restaurant (restoran [rèstorane]), mieux vaut prévoir de payer en espèces, car il est assez rare que les restaurants croates acceptent les cartes bancaires. Les sorties au restaurant constituent encore un luxe pour nombre de Croates, mais les clients français trouveront les prix plutôt abordables, même dans les endroits très touristiques. Il est également possible de manger sur le pouce, car de nombreux petits commerces vendent des saucisses (kobasice [cobassitssè]), et des sandwichs à emporter.

main ruka [rouca]
▶ où puis-je me laver les mains ? gdje mogu oprati ruke? [gdyèmogou oprati roukè?]
▶ est-ce que c'est fait à la main ? da li je to ručna izrada? [daliyèto routchna izrada?]

maintenant sada [sada]
▶ vous faites quelque chose maintenant ? da li sada nešto radite? [dali sada nèchto raditè?]

mairie općina [optchina]
▶ où se trouve la mairie ? gdje je općina? [gdyèyè optchina?]

mais ali [ali]
▶ aujourd'hui je ne peux pas, mais demain si tu veux danas ne mogu, ali mogu sutra ako hoćeš [danasse nèmogou, ali mogou soutra aco Hotchèche]

maison kuća [coutcha]
▶ c'est fait maison ? da li je to domaći proizvod? [daliyèto domatchi pro-izvode?]

mal bol [bole]
▶ mal de mer morska bolest [morska bolèste]
▶ ça fait mal to boli [toboli]
▶ je me suis fait mal ozlijedio sam se [ozlyèdi-o sammssè]
▶ j'ai mal à la tête boli me glava [bolimè glava]
▶ j'ai mal là boli me tu [bolimètou]

malade bolestan [bolèstane]
▶ mon fils est malade moj sin je bolestan [moïssinyè bolèstane]

manger jesti [yèsti]
▶ où pouvons-nous manger ? gdje možemo jesti? [gdyèmojèmo yèsti?]

manifestation *(culturelle)* događanje [dogadjanyè]
▶ quelles sont les manifestations intéressantes en ce moment ? koja su zanimljiva događanja u ovom trenutku? [coïassou zanimlyiva dogadjanya ou-ovome trènoutcou?]

manquer nedostajati [nèdostaïati]
▶ il me manque une valise nedostaje mi torba [nèdostaïèmi torba]

▸ tu m'as manqué nedostajao si mi [nèdostaïao simi]

marche *(d'escalier)* stepenica [stèpènitssa] ; *(SPORT)* pješačenje [pyèchatchènyè]

▸ j'ai glissé sur une marche poskliznuo sam se na stepenici [poscliznouo sammssè nastèpènitssi]

▸ j'adore la marche à pied obožavam pješačenje [obojavame pyèchatchènyè]

marché tržnica [teurjnitssa]

▸ bon marché jeftino [yèftino]

▸ y a-t-il un marché sympa dans le quartier ? ima li dobra tržnica u kvartu? [imali dobra teurjnitssa oukvartou?]

marcher *(fonctionner)* raditi [raditi]

▸ le chauffage ne marche pas grijanje ne radi [griyanyè nèradi]

▸ comment marche la douche ? kako radi tuš? [caco raditouche?]

marié *adj* oženjen [ojènyène]

nom mladenac [mladènatse]

▸ es-tu mariée ? jesi li udana? [yèstèli oudana?]

▸ vive les mariés ! živjeli mladenci! [jivyèli mladèntssi!]

marron smeđi [smèdji]

▸ je ne trouve plus mon pull marron više ne znam gdje je moj smeđi pulover [vichè nèzname gdyèyè moïsmèdji poulovère]

masque *(pour plonger)* maska [maska]

▸ je voudrais louer un masque et un tuba htio bih iznajmiti masku i disalicu [Hti-obiH iznaïmiti mascou idissalitssou]

mât *(de planche à voile, de bâteau)* jarbol [yarbole]

▸ ce n'est pas le bon mât to nije pravi jarbol [toniyè pravi yarbole]

matelas madrac [madratsse]

▸ mon matelas est défoncé moj madrac je probušen [moïmadratssyè probouchène]

matériel oprema [oprèma]

▸ fournissez-vous le matériel ? dostavljate li opremu? [dostavlyatèli oprèmou?]

matière *(matériau)* materijal [matèriyale]

▸ c'est en quelle matière ? od kakvog je to materijala? [odcacvogue yèto matèryala?]

matin jutro [youtro]

▶ le musée est-il ouvert le matin ? je li muzej otvoren ujutro? [yèli mouzèï otvorène ouyoutro?]

mec frajer [frayère]

▶ c'est vraiment un beau mec to je stvarno zgodan frajer [toïè stvarno zgodane fraïère]

médecin liječnik [lyètchnik]

▶ je dois absolument voir un médecin obavezno moram otići liječniku [obavèzno morame otitchi lyètchnicou]

▶ pouvez-vous appeler un médecin, s'il vous plaît ? možete li pozvati liječnika, molim vas? [mojètèli pozvati lyètchnica, molimmvasse?]

▶ pouvez-vous me donner le numéro du médecin de garde ? možete li mi dati broj dežurnog liječnika? [mojètèlimi datibroï dèjournogue lyètchnica?]

médicament lijek [lyèk]

▶ auriez-vous un médicament contre... imate li lijek protiv... [imatèlilyèk protive...]

▶ j'ai oublié mes médicaments zaboravio sam svoje lijekove [zaboravi-ossame ssvoïè lyècovè]

▶ je ne prends pas d'autres médicaments en ce moment trenutno ne uzimam druge lijekove [trènoutno nèouzimame drouguè lyècovè]

méduse meduza [mèdouza]

▶ est-ce qu'il y a des méduses sur cette plage ? da li ima meduza na ovoj plaži? [dali ima mèdouza naovoï plaji?]

meilleur *(comparatif)* bolji [bolyi] ; *(superlatif)* najbolji [naïbolyi]

▶ il est meilleur que moi aux échecs on je bolji šahist od mene [onyè bolyi chaHiste odmènè]

▶ il n'y a rien de meilleur qu'un bon thé ! nema ničeg boljeg od dobrog čaja! [nèma nitchègue bolyègue od-dobrogue tchaïa!]

melon dinja [dinya]

▶ deux melons bien mûrs, s'il vous plaît dvije zrele dinje, molim vas [dvyèzrèlè dinyè, molimmvasse]

membre *(adhérent)* član [tchlane]

▶ doit-on être membre pour entrer ? moram li biti član da bih ušao? [morammli bititchlane dabih ouchao?]

▶ j'ai une carte de membre des auberges de jeunesse imam člansku iskaznicu omladinskih hotela [imame tchlannskou iskaznitssou omladinnskiH Hotèla]

même *(identique)* isti [isti] ; *(pour renforcer)* čak i [tchaki]

- la même chose pour moi isto za mene [isto zamènè]
- bon appétit ! – vous de même dobar tek! – i vama [dobartèk! – ivama]
- je participerai à l'excursion même s'il ne fait pas beau ići ću na izlet čak i ako ne bude lijepo vrijeme [itchitchou na-izlète tchaki aco nèboudè lyèpo vriyèmè]

ménage *(nettoyage)* pospremanje [posprèmanyè]

- est-ce qu'il y a un service de ménage ? postoji li služba za pospremanje? [postoïili sloujba zaposprèmanyè?]
- faut-il faire le ménage avant de partir ? treba li pospremiti prije odlaska? [trèbali posprèmiti priyè odlasca?]

mener *(aller)* voditi [voditi] ; *(fig)* vući [voutchi]

- cette route mène bien à la gare ? vodi li ova cesta na kolodvor? [vodili ova tssèsta nacolodvore?]
- elle le mène par le bout du nez ! ona ga vuče za nos! [onaga voutchè za-nosse!]

menu *(carte)* jelovnik [yèlovnik] ; *(plat)* meni [mèni]

- avez-vous un menu en français ? imate li jelovnik na francuskom? [ima-tèli yèlovnik nafranntssouskome?]
- vous avez un menu enfant ? imate li dječji meni? [imatèli dyètchyi mèni?]
- nous prendrons le menu uzet ćemo meni [ouzètchèmo mèni]

mer more [morè]

- la mer Adriatique Jadransko more [yadrannsko morè]
- la mer Méditerranée Mediteransko more [mèditèrannsko morè]
- la mer est à combien de temps à pied ? koliko treba pješačiti do mora? [colico trèba pyèchatchiti domora?]
- la mer est bonne ? je li more toplo? [yèli morè toplo?]
- la mer est agitée more je uzburkano [morèyè ouzbourcano]

merci hvala [Hvala]

- merci beaucoup ! hvala lijepa! [Hvala lyèpa!]
- merci pour tout ! hvala za sve! [Hvala zassvè!]

message poruka [porouca]

- vous pourrez lui transmettre mon message ? možete li mu prenijeti moju poruku? [mojètèlimou prènyèti moïou poroucou?]
- tu as eu mon message ? jesi li primio moju poruku? [yèlissi primi-o moïou poroucou?]

messe misa [missa]
- à quelle heure est la messe ? u koliko sati je misa? [oucolico satiyè missa?]

météo meteorološka prognoza [mètèorolochka prog-noza]
- (bulletin) météo meteorološko izvješće [mètèorolochko izvyèchtchè]
- météo marine pomorska prognoza [pomorska prog-noza]
- quelles sont les prévisions météo pour demain ? kakva je meteorološka prognoza za sutra? [cacvaïè mètèorolochka prog-noza zassoutra?]

mètre metar [mètare]
- je mesure 1 mètre 75 visok(a) sam metar i sedamdeset pet centimetara [vissok(a)ssame mètare issèdammdèssète pète tssènntimètara]

mettre *(placer, poser)* staviti [staviti] ; *(vêtement)* odjenuti [odyènouti] ; *(temps)* trebati [trèbati]
- je peux mettre mes bagages quelque part ? mogu li negdje staviti svoju prtljagu? [mogouli nègdyè staviti ssvoïou peurtlyagou?]
- je n'ai vraiment rien à me mettre ! stvarno nemam ništa za odjenuti! [stvarno nèmame nichta zaodyènouti!]
- combien de temps met-on pour aller à Zadar ? koliko traje put do Zadra? [colico traïèpoute dozadra?]

midi podne [podnè]
- il est midi vingt podne i dvadeset je [podnè idvadèssètyè]

mieux bolje [bolyè]
- il vaut mieux... bolje je... [bolyèyè...]
- quel est le mieux situé des deux hôtels ? koji od ova dva hotela je bolje smješten? [coïi odovadva Hotèlaïè bolyè smyèchtène?]
- est-ce que tu te sens mieux ? da li se osjećaš bolje? [dalissè ossyètchache bolyè?]

remerciements **INFO**
- je vous remercie zahvaljujem vam [zaHvalyouyèmmvame]
- merci, c'est très gentil à vous hvala, jako ste ljubazni [Hvala, yacostè lyoubazni]
- je ne sais comment vous remercier ne znam kako vam zahvaliti [nèzname cacovame zaHvaliti]
- je vous remercie de votre aide zahvaljujem vam na pomoći [zaHvalyouyèmmvame napomotchi]

mince *(personne)* vitak [vitak]
▶ elle est très mince ona je jako vitka [onaïè yaco vitka]

minuit ponoć [ponotche]
▶ il est minuit ponoć je [ponotchyè]

minute minuta [minouta]
▶ le train part dans dix minutes vlak kreće za deset minuta [vlak crètchè zadèssète minouta]

mi-temps poluvrijeme [polouvriyèmè]
▶ la mi-temps a-t-elle déjà eu lieu ? je li već bilo poluvrijeme? [yèlivètche bilo polouvriyèmè?]

mobylette motocikl [mototssicle]
▶ je voudrais louer une mobylette želim unajmiti motocikl [jèlime unaïmiti mototssicle]

moi ja [ya]
▶ bonjour, moi c'est Olivier dobar dan, ja sam Olivier [dobardane, yassame olivièl]
▶ c'est pour moi ? to je za mene? [toïè zamènè?]
▶ moi aussi ja također [yatacodjère]
▶ moi non plus niti ja [nitiya]

moins manje [manyè]
▶ il est neuf heures moins vingt sada je dvadeset do devet [sadaïè dvadèssète dodèvète]
▶ il fait moins deux temperatura je minus dva [tèmmpèratouraïè minoussdva]
▶ il y a au moins trois heures de route ima najmanje tri sata vožnje [ima naïmanyè trissata vojnyè]
▶ elle a deux ans de moins que moi ona je dvije godine mlađa od mene [onaïè dvyègodinè mladja odmènè]

mois mjesec [myèssètsse]
▶ au mois de... u mjesecu... [oumyèssètssou...]
▶ je repars dans un mois odlazim za mjesec dana [odlazime zamyèssètsse dana]

moment trenutak [trènoutak]
▶ pour le moment... zasad... [zassade...]
▶ il paraît qu'il y a une très bonne expo en ce moment čini se da u ovom trenutku ima jako dobra izložba [tchinissè daou-ovome trènoutkou ima dobra izlojba]

monde svijet [ssvyète]

▶ il y a beaucoup de monde ima puno ljudi [ima pouno lyoudi]

moniteur instruktor [innstrouctore]

▶ il y a un moniteur par niveau ? postoji li instruktor za svaki stupanj obuke? [postoïli innstrouctore zassvaki stoupagne obouké?]

monnaie *(pièces)* sitniš [sitniche]

▶ pourriez-vous me faire de la monnaie ? da li mi možete usitniti novac? [dalimi mojètè oussitniti novatsse?]

▶ gardez la monnaie zadržite sitniš [zadeurjitè sitniche]

▶ je crois que vous vous êtes trompé en me rendant la monnaie čini mi se da ste mi pogrešno uzvratili sitniš [tchinimissè dastèmi pogrèchno ouzvratili sitniche]

montagne planina [planina]

▶ nous allons passer quelques jours à la montagne provest ćemo nekoliko dana u planini [provèstchèmo nècolico dana ouplanini]

monter *(route)* penjati se [pènyatissè] ; *(dans un véhicule, une embarcation)* ukrcati se [oukeurtssatissè] ; *(une tente)* podići [poditchi] ; *(équitation)* uzjašiti [ouzyachiti] ; *(chauffage)* pojačati [poïatchati]

▶ est-ce que ça monte beaucoup ? da li je uspon velik? [daliyè ouspone vèlik?]

▶ combien de personnes peuvent monter dans un bateau ? koliko osoba može stati na brod? [colico ossoba mojè stati nabrode?]

▶ tu crois qu'ils sont déjà montés à bord ? misliš li da su se već ukrcali na brod? [mislichli dassoussèvètche oukeurtssali nabrode?]

▶ pouvons-nous monter notre tente ici ? možemo li ovdje podići šator? [mojèmoli ovdyè poditchi chatore?]

▶ tu sais monter à cheval ? znaš li uzjašiti? [znachli ouzyachiti?]

▶ tu peux monter le chauffage ? možeš li pojačati grijanje? [mojèchli poïatchati griyanyè?]

montre sat [sate]

▶ on m'a volé ma montre ukraden mi je sat [oucradènnmiyè sate]

montrer pokazati [pocazati]

▶ pourriez-vous me montrer où ça se trouve sur la carte ? možete li mi na planu pokazati gdje je to? [mojètèlimi naplanou pocazati gdyèyèto?]

monument spomenik [spomènik]

▶ quels sont les monuments à voir absolument ? koje spomenike ne smijemo propustiti vidjeti? [coïè spomènikè nèsmiyèmo propoustiti vidyèti?]

morceau *(part)* komad [comade] ; *(en-cas, collation)* zakuska [zacouska]
- je vais en reprendre un morceau uzet ću još komad [ouzètchou yochkomade]
- on va manger un morceau ? idemo nešto prigristi? [idèmo nèchto prigristi?]

mordre ugristi [ougristi]
- je me suis fait mordre par un chien ugrizao me je pas [ougrizaomeyè passe]

mort *(épuisé)* crknut [tsseurknoute]
- la batterie est morte baterija je crkla [bateriyaïè tsseurcla]
- je suis mort/morte de fatigue ja sam mrtav umoran / mrtva umorna [yassame meurtave oumorane/meurtva oumorna]

mosquée džamija [djamya]
- où est la mosquée la plus proche ? gdje je najbliža džamija? [gdyèyè naïblija djamya?]

mot riječ [ryètche]
- je ne sais pas quel est le mot en croate ne znam tu riječ na hrvatskom [nèzname touryètche naHrvatskome]

moteur motor [motore]
- le moteur fume motor se puši [motorssè pouchi]
- le moteur fait un drôle de bruit motor ispušta čudan zvuk [motore ispouchta tchoudane zvouk]

moto motor [motore]
- je voudrais louer une moto želim unajmiti motor [jèlime ounaïmiti motore]

mouchoir maramica [maramitssa]
- auriez-vous un mouchoir en papier ? imate li papirnatu maramicu? [imatèli papirnatou maramitssou?]

moustiquaire mreža protiv komaraca [mrèja protive comaratssa]
- la moustiquaire est déchirée mreža protiv komaraca je poderana [mrèja protive comaratssaïè podèrana]

moutarde senf [sènnfe]
- avec de la moutarde, s'il vous plaît sa senfom, molim vas [sassènnfome, molimmvasse]

moyen *(acceptable, passable)* osrednji [osrèdnyi] ; *(TRANSP)* sredstvo [srèdstvo]
- le restaurant était moyen restoran je osrednji [rèstoranyè osrèdnyi]

- quel est le moyen le plus rapide pour se rendre en ville ? kojim se prijevoznim sredstvom može najbrže doći do grada? [coïimmssè pryèvoznime srèdstvome mojè naïbeurjè dotchi dograda?]

musée muzej [mouzèï]
- à quelle heure ouvre le musée ? u koliko sati se otvara muzej? [oucolico satissè otvara mouzèï?]
- où se trouve le musée d'art contemporain ? gdje je muzej suvremene umjetnosti? [gdyèyè mouzèï souvrèmènè oumyètnosti?]

musique glazba [glazba]
- on passe quel genre de musique dans cette boîte ? kakvu glazbu puštaju u toj diskoteci? [cacvou glazbou pouchtaïou outoïdiscotètssi?]

N

nager plivati [plivati]
- mon fils ne sait pas nager moj sin ne zna plivati [moïssine nèzna plivati]
- peut-on nager dans la rivière ? možemo li plivati u rijeci? [mojèmoli plivati ouryètssi?]

naître roditi se [roditissè]
- je suis né/née le 2 août 1974 ja sam rođen/rođena 2. kolovoza 1974. [yassame rodjène/rodjèna drougogue colovoza tissoutchou dèvètsto sèdammdèssète tchètveurtè]

nana cura [tssoura]
- ça manque un peu de nanas ! fale nam komadi! [falèname comadi!]

nase *(fatigué)* krepan [crèpane]
- je suis complètement nase skroz sam krepan [scrozssame crèpane]

nature *(gén)* priroda [priroda] ; *(alimentation)* običan [obitchane]
- vous aimez la nature ? volite li prirodu? [volitèli prirodou?]
- un thé nature, s'il vous plaît obični čaj, molim vas [obitchanntchaï, molimmvasse]
- avez-vous des yaourts nature ? imate li obične jogurte? [imatèli obitchnè yogourtè?]

nausée mučnina [moutchnina]
- j'ai des nausées imam mučnine [imame moutchninè]

navette *(à l'aéroport)* aerodromski autobus [aèrodrommski aoutobousse]
- y a-t-il une navette pour aller à l'aéroport ? postoji li autobus koji vozi na aerodrom? [postoïili aoutobousse coïi vozi na-aèrodrome?]

neiger snijeziti [snyèjiti]
- il neige pada snijeg [padasnyègue]

nettoyer očistiti [otchistiti]
- est-ce qu'il faut nettoyer l'appartement avant de partir ? da li treba očistiti stan prije odlaska? [dali trèba otchistiti stane priyè odlasca?]
- pourriez-vous nettoyer le pare-brise ? možete li očistiti prednje staklo? [mojètèli otchistiti prèdnyè staclo?]

neuf *(nouveau)* novi [novi]
- quoi de neuf ? što ima novo? [chto-ima novo?]

nez nos [nosse]
- tu as un coup de soleil sur le nez nos ti je pocrvenio na suncu [nostiyè potsseurvèni-o nassountssou]

niveau *(compétences)* nivo [nivo] ; (AUTO) razina [razina]
- j'ai un assez bon niveau en planche à voile u jedrenju na dasci sam postigao dobar nivo [ouyèdrènyou nadastssissame postigao dobar nivo]
- pouvez-vous vérifier le niveau d'huile ? možete li provjeriti razinu ulja? [mojètèli provyèriti razinou oulya?]

Noël Božić [bojitche]
- joyeux Noël ! čestit Božić! [tchèstite bojitche!]

noir crni [tsseurni]
- je voudrais une pellicule noir et blanc želim crno-bijeli film [jèlime tsseurnobyèli film]

nom ime [imè]
- nom de famille prezime [prèzimè]
- j'ai réservé une chambre au nom de Salet rezervirao sam sobu na prezime Salet [rèzèrviraossame sobou naprèzimè salè]

non ne [nè]
- non, merci ! ne, hvala! [nè, Hvala!]
- je crois que non mislim da ne [mislimmdanè]

non-fumeur nepušač [nèpouchatche]
- y a-t-il une zone non-fumeur ? postoji li prostor za nepušače? [postoïili prostore zanèpouchatchè?]

INFO
numéros d'urgence

En cas de problème, vous devrez composer le 92 pour joindre la police, le 93 pour les pompiers (vatrogasci [vatrogastssi]) et le 94 pour les urgences (hitna pomoć [Hitna pomotche]).

note *(facture)* račun [ratchoune]
- mettez ça sur ma note stavite mi to na račun [stavitèmito naratchoune]
- vous pouvez préparer ma note, s'il vous plaît ? možete li pripremiti račun, molim vas? [mojètèli priprèmiti ratchoune, molimmvasse?]

nouvelle *(information)* novost [novoste]
- quelle bonne nouvelle ! koja dobra novost! [coïa dobra novoste!]
- tu as des nouvelles de Marie ? imaš li vijesti o Mariji? [imachli viyèsti o Mariyi?]

noyer (se) utopiti (se) [outopiti (sè)]
- il est en train de se noyer, il faut appeler de l'aide ! on se utapa, treba pozvati pomoć! [onnssè outapa, trèba pozvati pomotche!]

nuit noć [notche]
- il fait nuit noć je [notchyè]
- bonne nuit ! laku noć! [lacounotche!]
- je voudrais rester une nuit supplémentaire želio bih ostati još jednu noć [jèli-obiH ostati yochyèdnounotche]
- y a-t-il des bus de nuit ? postoje li noćni autobusi? [postoïèli notchni aoutoboussi?]

nul *(mauvais)* nikakav [nicacave]
- je suis nul/nulle en cuisine ja sam nikakav kuhar [yassame nicacave couHare]
- ce film est vraiment nul ovaj film je stvarno bez veze [ovaï filmyè stvarno bèzvèzè]

numéro *(de téléphone)* broj [broï]
- quel est le numéro des pompiers ? koji je broj vatrogasaca? [coïiyè broï vatrogassatssa?]
- je te laisse mon numéro ? da ti ostavim svoj broj? [dati ostavime ssvoïbroï?]
- tu as un numéro de portable ? imaš li broj mobitela? [imachlibroï mobitèla?]

O

objet stvar [stvare]

▶ où se trouve le bureau des objets trouvés ? gdje je ured za izgubljene i nađene stvari? [gdyèyè ourède za-izgoublyènè inadjènè stvari?]

obligatoire obvezan [obavèzane]

▶ la visite est-elle obligatoire ? je li posjet obvezan? [yèli possyète obvèzane?]

occupé zauzet [zaouzète]

▶ cette place est-elle occupée ? je li ovo mjesto zauzeto? [yèli ovo myèsto zaouzèto?]

▶ ça sonne occupé zvoni zauzeto [zvoni zaouzéto]

ZOOM

le pronom personnel « on »

En français, le pronom « on » indique la plupart du temps la première personne du pluriel. En croate, ce pronom n'existe pas et se traduit donc par mi [mi] (nous), bien qu'il soit fréquemment omis lorsque l'on parle : « on y va ? » se traduit donc par (mi) idemo? [(mi) idèmo?]. On peut également traduire le pronom « on » par « ils » (oni [oni]), comme dans l'exemple suivant : « on l'a vu » = vidjeli su ga (oni su ga vidjeli) [vidyèlissouga (onissuga vidyèli)].

occuper (s') *(se charger de)* pobrinuti (se) [pobrinouti (sè)]

▶ pourriez-vous vous occuper de mes bagages ? možete li se pobrinuti o mojoj prtljazi? [mojètèlissè pobrinouti omoïoï peurtlyazi?]

▶ on s'occupe de moi, merci netko me poslužuje, hvala [nètcomé poslou-jouyé, Hvala]

œil oko [oco]

▶ il a de très beaux yeux verts on ima jako lijepe zelene oči [onima yaco lyèpè zèlènè otchi]

▶ mon œil ! ne vjerujem ti! [nèvyèrouyèmmti!]

œuf jaje [yaïè]

▶ je n'aime pas les œufs ne volim jaja [nèvolime yaïa]

office du tourisme turistički ured [touristitchki ourède]

▶ où se trouve l'office du tourisme ? gdje je turistički ured? [gdyèyè touristitchki ourède?]

offrir ponuditi [ponouditi]

▶ je t'offre un verre častim te pićem [tchastimmtè pitchème]

▶ je peux vous offrir une cigarette ? mogu li vam ponuditi cigaretu? [mogoulivame ponouditi tssigarètou?]

ombre hladovina [Hladovina]

▶ je préférerais me mettre à l'ombre radije bih bio u hladovini [radiyèbiH bi-o ouHladovini]

on mi [mi]

▶ on y va ? idemo? [idèmo?]

opinion mišljenje [michlyènyè]

▶ je ne partage pas votre opinion ne dijelim vaše mišljenje [nèdyèlime vachè michlyènyè]

orage nevrijeme [nèvriyèmè]

▶ vous croyez vraiment qu'il va y avoir de l'orage ? stvarno mislite da će biti nevrijeme? [stvarno mislitè datchè biti nèvriyèmè?]

orange naranča [naranntcha]

▶ un jus d'orange, s'il vous plaît jedan đus, molim vas [yèdanndjousse, molimmvasse]

▶ je voudrais une orange pressée želim iscijeđenu naranču [jèlime istssyèdjènou naranntchou]

ordinateur računalo [ratchounalo]

▶ où pourrais-je trouver un ordinateur pour consulter mes mails ? gdje bih mogao naći računalo da pogledam mailove? [gdyèbiH mogao natchi ratchounalo dapoglèdame mèïlovè?]

ordonnance *(médicale)* recept [rètssèpte]

▶ délivrez-vous ce médicament sans ordonnance ? dajete li ovaj lijek bez recepta? [daïètèli ovaïlyèk bèzrètssèpta?]

oreille uho [ouHo]

▶ j'ai mal aux oreilles bole me uši [bolèmè ouchi]

oreiller jastuk [yastouk]

▶ pourrais-je avoir un autre oreiller ? mogu li dobiti još jedan jastuk? [mogouli dobiti yochyèdane yastouk?]

opinions **INFO**

▶ je pense qu'il a raison mislim da ima pravo [mislime da-ima pravo]

▶ à mon avis, il ment po mom mišljenju, on laže [pomome michlyènyou onnlajè]

▶ je ne sais pas trop ne znam baš [nèznammbache]

▶ aucune idée ! nemam pojma! [nèmame poïma!]

organiser organizirati [organizirati]

▶ y a-t-il des visites organisées ? ima li organiziranih posjeta? [imali organiziraniH possyèta?]

otite upala uha [oupala ouHa]

▶ j'ai une otite imam upalu uha [imame oupalou ouHa]

où gdje [gdyè]

▶ excusez-moi, où se trouve la gare, s'il vous plaît ? oprostite, gdje se nalazi kolodvor, molim vas? [oprostitè, gdyèssè nalazi colodvore, molimmvasse?]

▶ où habitez-vous ? gdje živite? [gdyèjivitè?]

oublier *(laisser quelque part)* ostaviti [ostaviti] ; *(ne pas se souvenir)* zaboraviti [zaboraviti]

▶ j'ai oublié mon passeport ostavio sam putovnicu [ostavi-ossame poutovnitssou]

▶ j'ai oublié quelque chose dans l'avion zaboravio sam nešto u avionu [zaboravi-ossame nèchto ou-avionou]

▶ n'oublie pas notre rendez-vous ! nemoj zaboraviti na naš sastanak! [nèmoï zaboraviti nanache sastanak!]

oursin ježinac [yèjinatsse]

▶ attention, il a des oursins ! pazi, ima ježinaca! [pazi, ima yéjinatssa!]

ouvert otvoren [otvorène]

▶ le musée est-il ouvert toute la journée ? je li muzej otvoren cijelog dana? [yèli mouzèï otvorène tssyèlogue dana?]

▶ est-ce que c'est ouvert le dimanche ? je li otvoreno nedjeljom? [yèli otvorèno nèdyèlyome?]

ouvrir otvoriti [otvoriti]

▶ puis-je ouvrir la fenêtre ? mogu li otvoriti prozor? [mogouli otvoriti prozore?]

▶ à quelle heure ouvrez-vous ? u koliko sati otvarate? [oucolico sati otvaratè?]

P

Pages Jaunes® Žute stranice® [joutè stranitssè]

▶ il faut regarder dans les Pages Jaunes® treba pogledati u Žutim stranicama® [trèba poglèdati oujoutime stranitssama]

pain kruh [crouH]

▶ où peut-on trouver du pain ? gdje možemo naći kruha? [gdyèmojèmo natchi crouHa?]

▸ je peux avoir encore du pain ? mogu li dobiti još kruha? [mogouli dobiti yochcrouHa?]

palmes peraje [pèraïè]

▸ combien coûte la location de palmes ? koliki je najam peraja? [colikiyè naïame pèraïa?]

panne kvar [kvare]

▸ panne de courant prekid struje [prèkide]

▸ je suis en panne d'essence nemam više goriva [némame vichè goriva]

▸ ma voiture est en panne auto mi je u kvaru [aoutomiyè oukvarou]

pansement flaster [flastère]

▸ je voudrais des pansements pour mes ampoules htio bih flastere za žuljeve [Hti-obiH flastèrè zajoulyèvè]

papier *(document)* isprava [isprava] ; *(feuille)* list [liste]

▸ papier cadeau papir za zamatanje [papir zazamatanyè]

▸ papiers d'identité osobne isprave [ossobnè ispravè]

▸ papier toilettes toalet papir [toalète papir]

▸ avez-vous du papier et un crayon ? imate li papira i olovku? [imatèli papira iolovcou?]

papillon *(natation)* leptir [lèptire]

▸ tu sais nager le papillon ? znaš li plivati leptir? [znachli plivati lèptire?]

Pâques Uskrs [ouskeurse]

▸ joyeuses Pâques ! sretan Uskrs! [srètane ouskeurse!]

paquet *(colis)* paket [pakète] ; *(emballage)* zamotak [zamotak]

▸ paquet de cigarettes kutija cigareta [coutiya tssigarèta]

▸ je voudrais envoyer ce paquet en France želim poslati ovaj paket u Francusku [jèlime poslati ovaï pakète oufranntssouskou]

▸ pourriez-vous me faire un paquet-cadeau ? možete li mi zamotati poklon? [mojètèlimi zamotati poclone?]

paracétamol paracetamol [paratssètamole]

▸ je voudrais un médicament avec du paracétamol želim lijek koji sadrži paracetamol [jèlime lyèk coïi sadeurji paratssètamole]

parapluie kišobran [kichobrane]

▸ pourriez-vous me prêter un parapluie ? možete li mi posuditi kišobran? [mojètèlimi possouditi kichobrane?]

parasol suncobran [sountssobrane]
▸ est-il possible de louer un parasol ? može li se unajmiti suncobran? [mojèlissè unaïmiti sountssobrane?]

pardon *(pour s'excuser)* oprostite [oprostitè] ; *(pour faire répéter)* molim [molime]
▸ pardon ! oprostite! [oprostitè!]
▸ pardon ? ! molim?! [molime?!]

pardonner oprostiti [oprostiti]
▸ pardonnez mon mauvais croate oprostite mi zbog lošeg hrvatskog [oprostitèmi zboglochègue Hrvatscogue]

pare-brise prednje staklo [prèdnyè staclo]
▸ pourriez-vous nettoyer le pare-brise ? možete li očistiti prednje staklo? [mojètèli otchistiti prèdnyè staclo?]

parfum *(pour femme)* ženski parfem [jènski parfème] ; *(pour homme)* muški parfem [mouchki parfème] ; *(goût)* okus [ocousse]
▸ j'adore ton parfum obožavam tvoj parfem [obojavame tvoïparfème]
▸ j'aimerais une glace avec trois parfums htio bih sladoled s tri okusa [HtiobiH sladolède striocoussa]

parking parkiralište [parkiralichtè]
▸ le parking est-il payant ? plaća li se parking? [platchalissè parkinngue?]

parler govoriti [govoriti]
▸ allô, bonjour, je voudrais parler à M. Lebras, s'il vous plaît halo, dobar dan, želio bih razgovarati s gospodinom Lebrasom, molim vas [Halo, dobardane, jèli-obiH razgovarati ssgospodinome leubraome, molimmvasse]
▸ pourriez-vous parler plus lentement ? možete li govoriti malo sporije? [mojètèli govoriti malo sporyè?]
▸ y a-t-il quelqu'un qui parle français ? da li netko govori francuski? [dali nètko govori franntssouski?]
▸ vous parlez très bien français jako dobro govorite francuski [yaco dobro govoritè franntssouski]

part *(au téléphone)* od (strane) [od (stranè)] ; *(portion)* komad [comade]
▸ c'est de la part de qui ? od koga? [odkoga?]
▸ une part de gâteau, s'il vous plaît komad kolača, molim vas [comade colatcha, molimmvasse]

partager podijeliti [podyèliti]

▶ on va partager, pouvez-vous nous apporter 2 assiettes ? podijelit ćemo, možete li nam donijeti 2 tanjura? [podyèlitchèmo, mojètèliname donyèti dvatanyoura?]

partie utakmica [outakmitssa]

▶ qui veut faire une partie de foot ? tko hoće igrati nogometnu utakmicu? [tkoHotchè igrati nogomètnou outakmitssou?]

▶ on se fait une autre partie ? hoćemo odigrati još jednu utakmicu? [Hotchèmo odigrati yochyèdnou outakmitssou?]

partir krenuti [crènouti]

▶ de quel quai part le train pour... ? s kojeg perona kreće vlak do...? [skoïègue pèrona crètchèvlak do...?]

▶ quand part le prochain train pour... ? kada kreće drugi vlak do...? [cada crètchè drouguivlak do...?]

▶ je partirai demain matin vers 9 heures krenut ću sutra ujutro oko 9 sati [crènoutchou soutra ouyoutro oco dèvète sati]

▶ excuse-moi, je dois partir oprosti, moram ići [oprosti, morame itchi]

pas ▶ je n'aime pas les épinards ne volim špinat [nèvolime chpinate]

▶ ça ne me plaît pas du tout to mi se uopće ne sviđa [tomissè ou-optchè nèssvidja]

▶ tu viens ou pas ? ideš ili ne ideš? [idèche ili nè-idèche?]

passage *(chemin)* prijelaz [pryèlaze] ; *(court séjour)* prolazak [prolazak]

▶ passage clouté pješački prijelaz [pyèchachki pryèlaze]

▶ je suis seulement de passage ici ovdje sam samo u prolazu [ovdyèssame samo ouprolazou]

passager putnik [poutnik]

▶ c'est bien ici qu'arrivent les passagers du vol en provenance de Paris ? da li ovdje stižu putnici koji su doletjeli avionom iz Pariza? [dali ovdyè stijou poutnitssi coïissou dolètyèli avionome ispariza?]

passeport putovnica [poutovnitssa]

▶ j'ai perdu mon passeport izgubio sam putovnicu [izgoubi-ossame poutovnitssou]

▶ on m'a volé mon passeport ukrali su mi putovnicu [oucralissoumi poutovnitssou]

passer (TRANSP) ići [itchi] ; *(temps, vacances)* provesti [provèsti] ; *(au téléphone)* dati [dati] ; *(donner)* dodati [dodati]

- à quelle heure passe le bus ? u koliko sati ide autobus? [oucolico sati idè aoutobousse?]
- j'ai déjà passé une semaine ici il y a quelques années već sam proveo jedan tjedan ovdje prije nekoliko godina [vètchssame provèo yèdane tyèdane ovdyè priyè nècolico godina]
- pouvez-vous me passer Madame Lamé ? možete li mi dati gospođu Lamé? [mojètèlimi dati gospodjou lamè?]
- tu peux me passer le sel ? možeš li mi dodati sol? [mojèchlimi dodatissole?]

passer (se) *(arriver)* dogoditi se [dogoditissè]

- que s'est-il passé ? što se dogodilo? [chtossè dogodilo?]
- ça se passe très bien sve je jako dobro [ssvèyè yaco dobro]

pâtes tijesto [tyèsto]

- on fait des pâtes ? hoćemo li skuhati tijesto? [Hotchèmoli skouHati tyèsto?]

pause stanka [stannka]

- on fait une pause ? hoćemo li napraviti stanku? [Hotchèmoli napraviti stannkou?]

payant plativ [plative]

- l'exposition est-elle payante ? da li se ulaz plaća? [dalissè oulaze platcha?]

payer platiti [platiti]

- est-ce que je peux payer avec ma Carte Bleue® ? da li mogu platiti karticom? [dali mogou platiti cartitssome?]
- on va payer séparément platit ćemo odvojeno [platitchèmo odvoïèno]

pays zemlja [zèmlya]

- tu es originaire de quel pays ? iz koje zemlje dolaziš? [iskoïè zèmlyè dolaziche?]

PCV poziv na račun nazvanog [pozive naratchoune nazvanogue]

- je voudrais appeler en PCV želim telefonirati na račun nazvanog [jèlime tèlèfonirati naratchoune nazvanogue]

péage *(taxe)* cestarina [tssèstarina]

- cette autoroute est-elle à péage ? da li je ovo autocesta s naplatom? [daliyè ovo aoutotssèsta snaplatome?]

peau *(épiderme)* koža [coja] ; *(fig)* život [jivote]

- j'ai la peau sensible imam osjetljivu kožu [imame ossyètlyivou cojou]
- elle a les nerfs à fleur de peau ona je tankih živaca [onaïè tannkiH jivatssa]

pêche ribolov [ribolove]
- quels sont les bons coins pour la pêche ? gdje su dobra mjesta za ribolov? [gdyèssou dobra myèsta zaribolove?]

pédalo pedalina [pèdalina]
- peut-on faire du pédalo ? ima li ovdje pedalina? [imali ovdyè pèdalina?]
- combien coûte une heure de pédalo ? koliko košta sat pedaline? [colico cochtassate pèdalinè?]

peine *(effort)* trud [troude] ; *(tristesse)* patnja [patnya]
- non, merci, ce n'est pas la peine, je vais me débrouiller ne, hvala, nema potrebe, snaći ću se [nè, Hvala, nèma potrèbè, snatchitchoussè]
- je ne voudrais pas lui faire de la peine ne želim mu nanijeti bol [nèjèlimmou nanyètibole]

pellicule film [film]
- avez-vous des pellicules noir et blanc ? imate li crno-bijeli film? [imatèli tsseurnobyèli film?]
- je voudrais faire développer cette pellicule htio bih razviti ovaj film [HtiobiH razviti ovaï film]

pendant tijekom [tyècome]
- j'ai rencontré pas mal de gens pendant mon séjour sreo sam dosta ljudi tijekom boravka [srèossame dosta lyoudi tyècome boravka]

pénicilline penicilin [pènitssiline]
- je suis allergique à la pénicilline alergičan sam na penicilin [alèrguitchannsame napènitssiline]

penser misliti [misliti]
- je pense rester ici quelques jours mislim ostati ovdje nekoliko dana [mislime ostati ovdyè nècolico dana]
- qu'est-ce que tu en penses ? što ti o tome misliš? [chtoti otomè misliche?]

pension *(hôtel)* pansion [pannssione]
- demi-pension polupansion [poloupannssione]
- pouvez-vous m'indiquer une petite pension pas trop chère ? možete li mi preporučiti ne tako skup privatni smještaj? [mojètèlimi prèporoutchiti nètacoscoupe privatni smyèchtaï?]

perdre izgubiti [izgoubiti]
- j'ai perdu mes bagages, à qui dois-je m'adresser ? izgubio sam prtljagu, kome se moram obratiti? [izgoubi-ossame peurtlyagou, komèssè morame obratiti?]

perdre (se) izgubiti se [izgoubitissè]

▶ pourriez-vous m'aider ? je crois que je me suis perdu možete li mi pomoći? mislim da sam se izgubio [mojètèlimi pomotchi? mislime dassammssè izgoubi-o]

périmé istekao [istècao]

▶ mon passeport est périmé mojoj putovnici je istekla valjanost [moïoï poutovnitssiyè istècla valyanoste]

permis de conduire vozačka dozvola [vozatchka dozvola]

▶ je n'ai pas mon permis de conduire sur moi nemam vozačku dozvolu pri sebi [nèmame vozatchkou dozvolou prissèbi]

personne *f* osoba [ossoba]

pron nitko [nitko]

▶ je voudrais réserver une chambre pour deux personnes želim rezervirati sobu za dvije osobe [jèlime rèzèrvirati sobou zadvyè ossobè]

▶ combien ça coûte par personne ? koliko to košta po osobi? [colicoto cochta po-ossobi?]

▶ il n'y a personne nema nikoga [nèma nicoga]

perte gubitak [goubitak]

▶ déclaration de perte prijava gubitka [priyava goubitka]

▶ je voudrais signaler la perte de ma carte de crédit želim prijaviti gubitak kreditne kartice [jèlime priyaviti goubitak crèditnè cartitssè]

pétanque boćanje [botchanyè]

▶ tu veux faire une partie de pétanque ? hoćeš li se boćati? [Hotchèchlissè botchati?]

petit mali [mali]

▶ c'est trop petit pour moi to je premalo za mene [toïè prèmalo zamènè]

peu malo [malo]

▶ puis-je avoir encore un peu de vin ? mogu li dobiti još malo vina? [mogouli dobiti yochmalo vina?]

▶ un peu plus, s'il vous plaît još malo , molim vas [yochmalo, molimmvasse]

▶ je suis un peu fatigué malo sam umoran [malossame oumorane]

peur strah [straH]

▶ j'ai horriblement peur des serpents jako me je strah zmija [yacomèyè straH zmiya]

peut-être možda [mojda]

▶ il s'est peut-être perdu on se možda izgubio [onnssè mojda izgoubi-o]

phares *(de voiture)* svjetla [ssvyètla]

▸ vous avez oublié d'éteindre vos phares zaboravili ste ugasiti svjetla [zaboravilistè ougassiti ssvyètla]

pharmacie ljekarna [lyècarna]

▸ pharmacie de garde dežurna ljekarna [dèjourna lyècarna]

▸ où se trouve la pharmacie la plus proche ? gdje je najbliža ljekarna? [gdyèyè naïblija lyècarna?]

photo fotografija [fotografiya]

▸ est-ce que je peux prendre des photos ici ? mogu li ovdje snimati? [mogouli ovdyè snimati?]

▸ pourriez-vous nous prendre en photo ? možete li nas fotografirati? [mojètèlinasse fotografirati?]

▸ quand les photos seront-elles prêtes ? kada će fotografije biti gotove? [cadatchè fotografiyè biti gotovè?]

pichet vrč [veurtche]

▸ un pichet de vin blanc, s'il vous plaît vrč bijelog vina, molim vas [veurtchbyèlogue vina, molimmvasse]

pièce *(spectacle)* predstava [prèdstava] ; *(MÉCAN)* dio [di-o] ; *(de monnaie)* kovanica [covanitssa]

▸ la pièce était vraiment géniale ! predstava je bila stvarno genijalna! [prèdstavaïè bila stvarno guènyalna!]

▸ savez-vous où je pourrais trouver une pièce de rechange ? znate li gdje bih mogao naći rezervni dio? [znatèli gdyèbiH mogao natchi rèzèrvni di-o?]

▸ je n'ai que des pièces imam samo kovanice [imame samo covanitssè]

à la pharmacie — INFO

▸ je voudrais un médicament contre le mal de gorge/les maux de tête želim lijek protiv grlobolje/glavobolje [jèlimmlyèk protive grlobolyè/glavobolyè]

▸ j'aurais besoin d'un sirop contre la toux trebao bi mi sirup protiv kašlja [trèbaobimi siroupe protive cachlya]

▸ je voudrais de l'aspirine želim aspirin [jèlime aspirine]

▸ je me suis fait piquer par une guêpe ubola me osa [oubolamè ossa]

▸ pourriez-vous me recommander un médecin ? možete li mi preporučiti liječnika? [mojètèlimi prèporoutchiti lyètchnica?]

pied noga [noga]

- ce n'est pas trop loin à pied ? to nije predaleko pješice? [toniyè prèdalèco pyèchitssè?]
- j'ai mal aux pieds bole me noge [bolèmè noguè]
- c'était vraiment le pied ! to je bio pravi užitak! [toïèbi-o pravi oujitak!]

pile baterija [batèriya]

- j'ai besoin d'une pile pour ma montre treba mi baterija za sat [trèbami batèriya zassate]

pilule pilula [piloula]

- pilule du lendemain pilula za dan poslije [piloula zadane poslyè]
- est-ce que tu prends la pilule ? piješ li pilule? [piyèchli piloulè?]
- je ne prends pas la pilule nisam na piluli [nissame napilouli]

pince pinceta [pinntssèta]

- j'ai besoin d'une pince à épiler treba mi pinceta [trèbami pinntssèta]

ping-pong stolni tenis [stolni tènisse]

- est-ce qu'il y a des tables de ping-pong ? ima li stolova za stolni tenis? [imali stolova zastolni tènisse?]
- la balle de ping-pong est cassée loptica za stolni tenis je slomljena [loptitssa zastolni tènissyè slommlyèna]

pique-nique piknik [piknik]

- et si on faisait un pique-nique ? a da idemo na piknik? [ada-idèmo napiknik?]

piquer *(insecte)* ubosti [oubosti] ; *(voler)* ukrasti [oucrasti]

- je me suis fait piquer par une guêpe ubola me osa [oubolamè ossa]
- on m'a piqué mon portefeuille ukrali su mi novčanik [oucralissoumi novtchanik]

piquet kočić za šator [cotchitche zachatore]

- il nous manque un piquet, vous en auriez ? fali nam kočić za šator, da li vi imate koji? [faliname cotchitche zachatore, dalivi imatè coïi?]

piqûre *(d'insecte)* ubod [oubode]

- auriez-vous une crème contre les piqûres de moustique ? da li imate kremu protiv uboda komaraca? [dali imatè crèmou protive ouboda comaratssa?]

piscine bazen [bazène]

- y a-t-il une piscine en plein air ? postoji li otvoreni bazen? [postoïili otvorèni bazène?]

▶ est-ce qu'il y a une piscine couverte ? postoji li zatvoreni bazen? [postoïili zatvorèni bazène?]
▶ la piscine est-elle chauffée ? grije li se voda u bazenu? [griyèlissè voda ou-bazènou?]

piste *(cyclable)* staza [staza] ; *(de ski)* staza [staza]
▶ piste cyclable biciklistička staza [bitssiclistitchka staza]
▶ combien y a-t-il de pistes dans cette station ? koliko staza ima u ovom zimovalištu? [colico staza ima ou-ovome zimovalichtou?]
▶ où sont les pistes bleues ? gdje su plave piste? [gdyèssou plavè pistè?]

place *(billet)* mjesto [myèsto] ; *(siège)* sjedalo [syèdalo] ; *(d'une ville)* trg [teurgue]
▶ je voudrais 3 places pour... želim 3 mjesta za... [jèlime trimyèsta za...]
▶ est-ce qu'il vous reste de la place ? ima li još mjesta? [imali yochmyèsta?]
▶ je voudrais une place côté fenêtre želim sjedalo pokraj prozora [jèlime syèdalo pocraï prozora]
▶ cette place est-elle prise ? je li ovo sjedalo zauzeto? [yèli ovo syèdalo zaouzèto?]
▶ excusez-moi, je crois que vous êtes assis à ma place oprostite, mislim da sjedite na mom mjestu [oprostitè, mislime dassyèditè namome myèstou]
▶ où se trouve la place principale ? gdje je glavni trg? [gdyèyè glavniteurgue?]

plage plaža [plaja]
▶ cette plage est-elle surveillée ? da li je ova plaža pod nadzorom? [daliyè ova plaja podnadzorome?]
▶ c'est une plage tranquille ? to je mirna plaža? [toïè mirna plaja?]

plainte tužba [toujba]
▶ je voudrais porter plainte pour vol želim prijaviti krađu [jèlime priyaviti cradjou]

plaintes INFO

▶ je voudrais voir le directeur, s'il vous plaît želim razgovarati s direktorom, molim vas [jèlime razgovarati sdirèctorome, molimmvasse]
▶ j'ai une réclamation à faire imam reklamaciju [imame rèclamatssiyou]
▶ je compte sur vous pour régler ce problème računam na vas da riješite taj problem [ratchouname navasse daryèchitè taïproblème]
▶ j'exige le remboursement intégral de mon billet zahtijevam potpuni povrat novca od moje karte [zaHtyèvame potpouni povrate novtssa odmoïè cartè]

plaire sviđati [ssvidjati]

- un verre de vin, s'il vous plaît čašu vina, molim vas [tchachou vina, molimmvasse]
- ça m'a beaucoup plu to mi se jako svidjelo [tomissè yaco ssvidyèlo]
- tu me plais énormément jako mi se sviđaš [yacomissè ssvidjache]

plaisanter šaliti se [chalitissè]

- tu plaisantes ? šališ se? [chalichssè?]

plaisir užitak [oujitak]

- avec plaisir ! s užitkom! [soujitkome!]
- ça me fait plaisir de vous revoir drago mi je da vas ponovno vidim [dragomiyè davasse ponovno vidime]

plan plan [plane]

- auriez-vous un plan de la ville ? imate li plan grada? [imatèli plane grada?]
- pouvez-vous me montrer sur le plan où nous sommes ? možete li mi pokazati na planu gdje smo? [mojètèlimi pocazati naplanou gdyèsmo?]

planche à voile jedrenje na dasci [yèdrènyè nadastssi]

- peut-on faire de la planche à voile par ici ? možemo li ovdje jedriti na dasci? [mojèmoli ovdyè yèdriti nadastssi?]

plat *(dans un menu)* jelo [yèlo] ; *(pneu, batterie)* istrošen [istrochène] ; *(fig)* napuhavati [napouHavati]

- plat du jour meni [mèni]
- plat principal glavno jelo [glavno yèlo]
- avez-vous un plat à me recommander ? možete li mi preporučiti neko jelo? [mojètèlimi prèporoutchiti nèco yèlo?]
- avec quoi ce plat est-il servi ? koji je prilog ovom jelu? [coïiyè prilogue ovome yèlou?]
- la batterie est à plat baterija je istrošena [batèriyaïè istrochèna]
- les pneus sont à plat gume su prazne [goumèssou praznè]
- tu ne vas pas en faire tout un plat ! nemoj to napuhavati! [nèmoïto napouHavati!]

plein *(d'essence)* do vrha [doveurHa] ; *(rempli)* pun [poune]

- le plein, s'il vous plaît do vrha, molim vas [doveurHa, molimmvasse]
- le bus était plein à craquer autobus je bio dupkom pun [aoutoboussyè bi-o doupcommpoune]

pleuvoir kišiti [kichiti]

- vous croyez qu'il va pleuvoir ? mislite li da će padati kiša? [mislitèli datchè padati kicha?]

INFO

le poisson en Dalmatie

*En Dalmatie, le poisson est un produit de consommation très courante, les plats traditionnels dalmates sont donc souvent à base de poisson ou de fruits de mer. Le poisson grillé (*riba na gradele [riba nagradèlè]*), souvent préparé à la maison, est l'une des grandes spécialités dalmates. Dans les restaurants, on sert des calamars (*lignje [lig-nyè]*), qu'ils soient grillés (*pržene lignje [peurjènè lig-nyè]*), farcis (*punjene lignje [pounyènè lig-nyè]*), ou servis en risotto (*rižoto [rijoto]*), sans oublier l'incontournable salade de poulpes (*salata od hobotnice [salata odHobotnitssè]*).*

plomb *(essence)* olovo [olovo] ; *(fusible)* osigurač [ossigouratche]
- essence sans plomb bezolovno gorivo [bèzolovno gorivo]
- les plombs ont sauté osigurači su iskočili [ossigouratchissou iskotchili]

plombage plomba [plommba]
- j'ai un plombage qui a sauté pala mi je plomba [palamiyè plommba]

plongée ronjenje [ronyènyè]
- plongée sous-marine ronjenje pod morem [ronyènyè podmorème]
- je voudrais prendre des cours de plongée htio bih uzeti satove ronjenja [Hti-obiH ouzèti satovè ronyènya]
- quel est le meilleur endroit pour faire de la plongée ? koje je najbolje mjesto za ronjenje? [coïèyè naïbolyè myèsto zaronyènyè?]
- je voudrais m'inscrire pour le stage de plongée htio bih se upisati na tečaj ronjenja [Hti-obiHssè oupissati natètchaï ronyènya]

plus *(davantage)* više [vichè] ; *(en supplément)* još jednom [yochyèdnome] ; *(dans une négation)* više [vichè]
- un peu plus, s'il vous plaît još malo , molim vas [yochmalo, molimmvasse]
- est-il possible de rester une nuit de plus ? da li je moguće ostati noć duže? [daliyè mogoutchè ostatinotche doujè?]
- elle est plus grande que lui ona je viša od njega [onaïè vicha odnyèga]
- je n'en veux plus, merci neću više, hvala [nètchou vichè, Hvala]

pneu guma [gouma]
- le pneu est crevé guma je probušena [goumaïè probouchèna]

poignet zglavak [zglavak]
- je me suis foulé le poignet izvinuo sam zglavak [izvinouossame zglavak]

point *(cuisson)* dobro pečen [dobro pètchène] ; *(jeu, sport)* poen [poène]
- à point, s'il vous plaît ! dobro pečeno, molim vas! [dobro pètchèno, molimmvasse!]
- tu comptes les points ? brojiš poene? [broïiche poènè?]

poisson riba [riba]

▶ j'adore le poisson ! obožavam ribu! [obojavame ribou!]

police policija [politssiya]

▶ il faut appeler la police treba pozvati policiju [trèba pozvati politssiyou]

▶ quel est le numéro de la police ? koji je broj policije? [coïiyèbroï politssiyè?]

▶ où se trouve le poste de police le plus proche ? gdje je najbliža policijska postaja? [gdyèyè naïblija politssiyska postaïa?]

INFO

la police

Le numéro de la police est le 92. Si vous avez un problème, n'hésitez pas à vous adresser à un agent de police (policijski djelatnik [politssiyski dyèlatnik]*) dans la rue, ou à vous rendre au commissariat de police le plus proche (policijska postaja* [politssiyska postaïa]*).*

pommade mast [paste]

▶ avez-vous une pommade contre les brûlures ? imate li mast za opekotine? [imatèlimaste zaopècotinè?]

pomme jabuka [yabouca]

▶ un jus de pomme, s'il vous plaît sok od jabuke, molim vas [socodyaboukè, molimmvasse]

pompe *(à vélo)* pumpa [poumpa] ; *(exercice)* sklek [sclèk]

▶ vous avez une pompe à vélo ? imate li pumpu za bicikl? [imatèli poumpa zabitssicle?]

▶ on fait une série de pompes ? hoćemo li napraviti seriju sklekova? [Hotchèmoli napraviti sèriyou sclècova?]

pompiers vatrogasci [vatrogastssi]

▶ appelez les pompiers ! pozovite vatrogasce! [pozovitè vatrogastssè!]

pont *(sur un fleuve, une rivière)* most [moste] ; *(de bateau)* paluba [palouba]

▶ où se trouve le pont de Krk ? gdje je krčki most? [gdyèyè keurtchkimoste?]

▶ comment se rend-on sur le pont ? kako se dolazi do mosta? [cacossè dolazi domosta?]

▶ pouvons-nous rester sur le pont ? možemo li ostati na palubi? [mojèmoli ostati napaloubi?]

porc *(CULIN)* svinjetina [ssvinyètinou]

▶ je ne mange pas de porc ne jedem svinjetinu [nèyèdème ssvinyètinou]

portable *(ordinateur)* prenosivo računalo [prènossivo ratchounalo] ; *(téléphone)* mobitel [mobitèle]

▶ tu as un numéro de portable ? imaš broj mobitela? [imachbroï mobitèla?]

▶ est-ce qu'il y a une prise pour que je recharge mon portable ? da li ima utičnica da napunim mobitel? [dali ima outitchnitssa danapounime mobitèle?]

INFO
le porc

*Le porc est l'une des viandes les plus consommées en Croatie, notamment à l'intérieur du pays. Lors des grandes fêtes, un mariage par exemple, il serait inimaginable de ne pas servir de porc en plat de résistance : il est alors présenté sur de grands plateaux et déposé tel quel sur les tables des convives. L'une des grandes recettes traditionnelles à base de porc est l'escalope panée (*pohan svinjski šnicl [poHane ssvinnyski chnitssle]*).*

porte *(à l'aéroport)* ulaz [oulaze] ; *(d'une maison)* vrata [vrata]
- où se trouve la porte d'embarquement du vol pour Paris ? gdje je ulaz za ukrcaj za let do Pariza? [gdyèyè oulaze zaoukeurtssaï zalète dopariza?]
- je n'arrive pas à ouvrir la porte ne mogu otvoriti vrata [nèmogou otvoriti vrata]

portefeuille novčanik [novtchanik]
- j'ai perdu mon portefeuille izgubio sam novčanik [izgoubi-ossame novtchanik]

porter *(tenir)* nositi [nossiti] ; *(apporter)* donijeti [donyèti]
- pourriez-vous m'aider à porter mes bagages ? možete li mi pomoći nositi prtljagu? [mojètèlimi pomotchi nossiti peurtlyagou?]
- ça porte bonheur ! to donosi sreću! [todonossi srètchou!]

poser *(question)* postaviti [postaviti] ; *(difficulté)* predstavljati [prèdstavlyati]
- je peux vous poser une question ? mogu li vam postaviti pitanje? [mogoulivame postaviti pitanyè?]
- ça ne me pose aucun problème to mi ne predstavlja nikakav problem [tomi nèprèdstavlya nicacave problème]

possible moguće [mogoutchè]
- serait-il possible de rester une nuit supplémentaire ? da li bi bilo moguće ostati još jednu noć? [dalibi bilo mogoutchè ostati yochyèdnou notche?]

poste pošta [pochta]
- où se trouve le bureau de poste le plus proche ? gdje je najbliži poštanski ured? [gdyèyè naïbliji pochtannski ourède?]

pot (AUTO) ispušna cijev [ispouchna tssyève] ; *(verre)* čaša [tchacha]
- le pot d'échappement fait un drôle de bruit ispušna cijev proizvodi čudan zvuk [ispouchna tssyève pro-izvodi tchoudannzvouk]
- on va boire un pot ? idemo popiti čašicu? [idèmo popiti tchachitssou?]

potable pitak [pitak]
- cette eau est-elle potable ? da li je voda pitka? [daliyè voda pitka?]

poubelle smeće [smètchè]
- où sont les poubelles ? gdje je kanta za smeće? [gdyèyè cannta zasmètchè?]

pour *(exprime la destination, la durée)* za [za] ; *(exprime l'approbation)* za [za]
- à quelle heure est le prochain train pour Split ? u koliko sati ide slijedeći vlak do Splita? [oucolico sati idè slyèdètchivlak dosplita?]
- je suis là pour deux semaines ovdje ostajem dva tjedna [ovdyè ostaïème dvatyèdna]
- je suis pour ! ja sam za! [yassame za!]

pourboire napojnica [napoïnitssa]
- faut-il laisser un pourboire ? treba li ostaviti napojnicu? [trèbali ostaviti napoïnitssou?]

pourquoi zašto [zachto]
- pourquoi tu ne viendrais pas avec nous ? zašto ne bi išao s nama? [zachto nèbi-ichao snama?]
- pourquoi pas ? zašto ne? [zachtonè?]

pousser *(déplacer)* (po)gurati [(po)gourati]
- pouvez-vous nous aider à pousser la voiture ? možete li nam pomoći pogurati auto? [mojètèliname pomotchi pogourati aouto?]

pouvoir moći [motchi]
- pourriez-vous... ? da li bi mogli...? [dalibi mogli...?]
- je ne suis pas sûr de pouvoir venir nisam siguran da mogu doći [nissame sigourane damogou dotchi]
- je n'en peux plus *(je suis fatigué)* ne mogu više (izdržati) [nèmogou vichè (izdeurjati)]

au bureau de poste **INFO**

- je voudrais dix timbres pour la France želim deset maraka za Francusku [jèlime dèssète maraca zafranntssouscou]
- je voudrais envoyer ce paquet en recommandé želim ovaj paket poslati preporučeno [jèlime ovaï pakète poslati prèporoutchèno]
- combien de temps ça va mettre pour arriver en France ? koliko vremena treba da to stigne do Francuske? [colico vrèmèna trèba datostig-nè dofranntssouskè?]
- je voudrais consulter l'annuaire htio bih pogledati imenik [Hti-obiH poglèdati imènik]

▶ je n'en peux plus *(j'ai trop mangé)* ne mogu više (jesti) [nèmogou vichè (yès-ti)]
▶ je n'y peux rien ja tu ništa ne mogu [yatou nichta nèmogou]

préféré omiljeni [omilyèni]
▶ c'est mon auteur préféré ! to je moj omiljeni autor! [toïè moïomilyèni aoutore!]

préférer više voljeti [vichè volyèti]
▶ je préfère la mer à la montagne draže mi je more od planine [drajèmiyè morè odplaninè]
▶ je préférerais qu'on aille se promener radije bih se išao prošetati [radiyè-biHssè ichao prochètati]

premier prvi [peurvi]
▶ c'est la première fois que tu viens ici ? jesi li prvi put ovdje? [yèssili peurvi-poute ovdyè?]
▶ nous avons voyagé en première classe putovali smo prvim razredom [poutovalismo peurvime razrèdome]

prendre *(TRANSP)* putovati [poutovati] ; *(route)* ići [itchi] ; *(repas)* jesti [yès-ti] ; *(boisson)* popiti piće [popiti pitchè] ; *(photo)* fotografirati [fotografirati]
▶ je préfère prendre l'avion više volim putovati avionom [vichè volime poutovati avionome]
▶ quelle route dois-je prendre ? kojom cestom moram ići? [coïome tssèstome morame itchi?]
▶ où pouvons-nous prendre le petit-déjeuner ? gdje možemo doručkovati? [gdyèmojèmo doroutchkovati?]
▶ ça te dit d'aller prendre un verre ? hoćeš da idemo na piće? [Hotchèche da-idèmo napitchè?]

préférence — **INFO**

▶ plutôt que de prendre le bus, on pourrait y aller à pied umjesto autobusom, mogli bi ići pješice [oumyèsto aoutoboussome, moglibi itchi pyèchitssè]
▶ samedi me conviendrait mieux subota bi mi bolje odgovarala [soubotabimi bolyè odgovarala]
▶ ça m'arrangerait qu'on se retrouve ailleurs odgovaralo bi mi da se nađemo drugdje [odgovaralo bimi dassè nadjèmo drougdyè]
▶ j'ai un faible pour le chocolat čokolada mi je slabost [tchocoladamiyè slaboste]

▶ est-ce que vous pourriez nous prendre en photo ? da li bi nas mogli fotografirati? [dalibinasse mogli fotografirati?]

préparer *(mettre en place)* pripremiti [pripremiti] ; *(*CULIN*)* pripremati [priprèmati]

▶ vous pouvez préparer ma note, s'il vous plaît ? možete li mi pripremiti račun, molim vas? [mojètèlimi priprèmiti ratchoune, molimmvasse?]

▶ comment ce plat est-il préparé ? kako se priprema ovo jelo? [cacossè priprèma ovo yèlo?]

préparer (se) spremiti (se) [sprèmiti (sè)]

▶ je me prépare et j'arrive ! spremim se i stižem! [sprèmimmssè istijème!]

près blizu [blizou]

▶ c'est tout près de la gare to je u blizini kolodvora [toïè oublizini colodvora]

présentations predstavljanje [predstavlyanyè]

▶ je vais faire les présentations predstavit ću vas [prèdstavitchouvasse]

présenter predstaviti [prèdstaviti]

▶ je me présente, je m'appelle Aurélie predstavljam se, zovem se Aurélie [prèdstavlyammssè, zovèmmssè orèli]

▶ Marc, je te présente Cédric Marc, predstavljam ti Cédrica [marc, prèdstavlyammti sèdrica]

ZOOM
se présenter

L'une des premières questions que l'on vous posera sera certainement : « comment t'appelles-tu ? » (kako se zoveš? [cacossè zovèche?]). Pour y répondre, vous pouvez dire zovem se... [zovèmmssè...] *(je m'appelle...) ou bien moje ime je...* [moïè imèyè...] *(mon prénom est...). La formule « je me présente/je vous présente » (predstavljam se, predstavljam vam* [prèdstavlyammssè, prèdstavlyammvame]*) est plutôt réservée aux situations revêtant un caractère officiel, la présentation d'un fiancé par exemple : predstavljam vam svog zaručnika* [prèdstavlyammvame ssvoggue zaroutchnica] *(je vous présente mon fiancé). Dans les situations plus courantes, lorsque l'on présente une personne, on dit plutôt « Marc, c'est Cédric » (Marc, ovo je Cédric* [marc, ovoïè cèdric]*) ou bien simplement « je suis Aurélie » (ja sam Aurélie* [yassame orèli]*).*

préservatif kondom [conndome]

▶ tu as des préservatifs ? imaš li kondome? [imachli conndomè?]

▶ je ne ferai rien sans préservatif ne želim ništa bez kondoma [nèjèlime nichta bèzconndoma]

presque skoro [scoro]

▶ il est presque minuit skoro je ponoć [scoroïè ponotche]

pressé *(personne)* u žurbi [oujourbi] ; *(fruit)* iscijeđen [istssyèdjène]

▸ excusez-moi, je suis pressé/pressée oprostite, žuri mi se [oprostitè, jourimissè]

▸ un jus d'oranges pressées, s'il vous plaît sok od iscijeđene naranče, molim vas [socodistssyèdjènè naranntchè, molimmvasse]

pressing kemijska čistionica [kèmiyska tchisti-onitssa]

▸ y a-t-il un pressing dans le quartier ? postoji li kemijska čistionica u kvartu? [postoïïli kèmiyska tchisti-onitssa oukvartou?]

pression *(bière)* točeno pivo [totchèno pivo] ; (AUTO) pritisak [pritissak]

▸ une pression, s'il vous plaît ! jedno točeno, molim vas! [yèdno totchèno, molimmvasse!]

▸ pourriez-vous vérifier la pression des pneus ? možete li provjeriti pritisak guma? [mojètèli provyèriti pritissak gouma?]

prêt gotov [gotove]

▸ ce sera prêt quand ? kada će to biti gotovo? [cadatchè to biti gotovo?]

▸ je serai prêt/prête dans 10 minutes bit ću gotov/gotova za 10 minuta [bitchou gotove/gotova zadèssète minouta]

prêter posuditi [possouditi]

▸ pourriez-vous me prêter votre stylo ? možete li mi posuditi vašu penkalu? [mojètèlimi possouditi vachou pènncalou?]

prévenir *(avertir)* obavijestiti [obavyèstiti]

▸ pourrez-vous me prévenir quand on arrivera à la bonne station ? možete li me obavijestiti kad stignemo na moju postaju? [mojètèlimè obavyèstiti cadstig-nèmo namoïou postaïou?]

prévoir predvidjeti [prèdvidyèti]

▸ combien de temps faut-il prévoir ? koliko vremena treba predvidjeti? [colico vrèmèna trèba prèdvidyèti?]

▸ tu as quelque chose de prévu ce soir ? imaš li nešto predviđeno za večeras? [imachli nèchto prèdvidjèno zavètchèrasse?]

prier moliti [moliti]

▸ je vous en prie molim vas [molimmvasse]

▸ je vous prie d'accepter mes excuses molim vas da prihvatite moje isprike [molimmvasse dapriHvatitè moïè isprikè]

priorité *(sur la route)* prednost [prèdnoste]

▸ il n'a pas respecté la priorité nije poštivao prednost [niyè pochtivao prèdnoste]

prise utičnica [outitchnitssa]

- prise de courant električna utičnica [èlèctritchna outitchnitssa]
- y a-t-il une prise pour que je recharge mon portable ? ima li utičnica da napunim svoj mobitel? [imali outitchnitssa danapounime ssvoïmobitèle?]

privé privatan [privatane]

- c'est une plage privée ? da li je to privatna plaža? [daliyèto privatna plaja?]

prix cijena [tssyèna]

- quel est le prix de la chambre pour une nuit ? koja je cijena sobe za jednu noć? [coïaïè tssyèna sobè zayèdnounotche?]
- auriez-vous une liste des prix ? imate li cijenik? [imatèli tssyènik?]

problème problem [problème]

- nous avons un gros problème imamo veliki problem [imamo vèliki problème]
- pas de problème ! nema problema! [nèma problèma!]

prochain idući [idoutchi]

- à quelle heure est le prochain train pour Split ? u koliko sati je idući vlak do Splita? [oucolico satiyè idoutchivlak dosplita?]

proche blizu [blizou]

- où se trouve la station de tramway la plus proche ? gdje se nalazi najbliža tramvajska postaja? [gdyèssè nalazi naïblija trammvaïska postaïa?]

prof profesor [profèsore]

- je suis prof ja sam profesor [yassame profèssore]

profondeur dubina [doubina]

- quelle est la profondeur de l'eau ? koja je dubina vode? [coïaïè doubina vodè?]

promenade šetnja [chètnya]

- y a-t-il des promenades sympas à faire dans les environs ? da li u okolici ima ugodnih mjesta za šetnju? [dali ou-ocolitssi ima ougodniH myèsta zachètnyou?]

prononcer (se) izgovarati (se) [izgovarati (sè)]

- comment ça se prononce ? kako se to izgovara? [cacossèto izgovara?]

proposer predložiti [prèdlojiti]

- je propose qu'on aille boire un verre predlažem da idemo popiti piće [prèdlajème da-idèmo popiti pitchè]
- auriez-vous autre chose à me proposer ? možete li mi predložiti nešto drugo? [mojètèlimi prèdlojiti nèchto drouga?]

propre čist [tchiste]

- l'eau est-elle propre ? je li voda čista? [yèli voda tchista?]

ZOOM
quart

Pour désigner le quart, les Dalmates utilisent le mot kvarat [kvarate], *un terme d'origine italienne. Dans cette région, « une heure et quart » ne se dira donc pas jedan i četvrt* [yèdane itchètveurte] *comme à Zagreb, mais plutôt jedan i kvarat* [yèdane ikvarate].

protection zaštita [zachtita]
- quel est l'indice de protection de cette crème solaire ? koji je zaštitni faktor ove kreme za sunčanje? [coïiyè zachtitni factore ovè crèmè zassountchanyè?]

public javnost [yavnoste]
- le château est-il ouvert au public ? je li dvorac otvoren za javnost? [yèli dvoratsse otvorène zaïavnoste?]

Q

quai *(de gare)* peron [pèrone]
- de quel quai part le train pour Zadar ? s kojeg perona kreće vlak za Zadar? [scoïègue pèrona crètchèvlak zazadare?]

quand kada [cada]
- quand part le prochain train pour Zagreb ? kada kreće idući vlak do Zagreba? [cada crètchè idoutchivlak dozagreba?]

quart četvrt [tchètveurte]
- il est une heure et quart sada je jedan i četvrt [sadaïè yèdane itchètveurte]
- il est une heure moins le quart sada je jedan manje četvrt [sadaïè yèdane manyè tchètveurte]
- je serai de retour d'ici un quart d'heure vratit ću se za četvrt sata [vratitchoussè zatchètveurte sata]

quartier *(d'une ville)* kvart [kvarte]
- est-ce qu'il y a un supermarché dans le quartier ? ima li samoposluga u kvartu? [imali samoposlouga oukvartou?]
- on a trouvé un petit hôtel dans un quartier super sympa našli smo hotelčić u jako simpatičnom kvartu [nachlismo Hotèltchitche ouyaco simmpatitchnome kvartou]

quel koji [coïi]
- quelle heure est-il ? koliko je sati? [colicoïè sati?]
- quel hôtel nous recommandez-vous ? koji hotel nam preporučujete? [coïi Hotèlname prèporoutchouyètè?]

quelque chose nešto [nèchto]

- je peux faire quelque chose pour vous aider ? mogu li učiniti nešto kako bih vam pomogao? [mogouli outchiniti nèchto cacobiHvame pomagao?]
- tu as déjà quelque chose de prévu ce soir ? imaš li već nešto predviđeno za večeras? [imachli nèchto prèdvidjèno zavètchèrasse?]

quelques *(plusieurs)* nekoliko [nècolico]

- j'ai passé un mois au Québec il y a quelques années proveo sam mjesec dana u Québecu prije nekoliko godina [provèossame myèssètsse dana oukèbècou priyè nècolico godina]

quelqu'un netko [nètko]

- il y a quelqu'un ? ima li koga? [imali coga?]

question pitanje [pitanyè]

- je peux vous poser une question ? mogu li vam postaviti pitanje? [mogoulivame postaviti pitanyè?]
- il n'en est pas question ! ne dolazi u obzir! [nèdolazi ou-obzire!]

queue *(file d'attente)* red [rède]

- on a dû faire la queue pendant un quart d'heure morali smo čekati u redu četvrt sata [moralismo tchècati ourèdou tchètveurte sata]

qui *(personne)* tko [tko] ; *(chose)* koji [coïi]

- à qui dois-je m'adresser ? kome se moram obratiti? [comèssè morame obratiti?]
- c'est de la part de qui ? od koga? [odcoga?]
- c'est bien la route qui mène à Dubrovnik ? vodi li ta cesta u Dubrovnik? [vodili tatssèsta oudoubrovnik?]

quitter *(un lieu)* napustiti [napoustiti]

- à quelle heure faut-il quitter l'hôtel ? u koliko sati treba napustiti hotel? [oucolico sati trèba napoustiti Hotèle?]
- ne quittez pas *(au téléphone)* ostanite na vezi [ostanitè navèzi]

quoi što [chto]

- quoi ? *(pour faire répéter)* što? [chto?]
- c'est quoi ? što je to? [chtoïèto?]
- merci ! – il n'y a pas de quoi hvala! – nema na čemu [Hvala! – nèma natchèmou]
- quoi de neuf ? što ima novog? [chto-ima novogue?]
- tu viens ou quoi ? ideš ili? [idèche ili?]

quotidien *(journal)* dnevne novine [dnèvnè novinè]

▸ avez-vous des quotidiens français ? imate li francuske dnevne novine? [imatèli franntssouskè dnèvnè novinè?]

R

raccompagner otpratiti [otpratiti]

▸ pourriez-vous me raccompagner ? možete li me otpratiti? [mojètèlimè otpratiti?]

▸ je te raccompagne ? mogu li te otpratiti? [mogoulitè otpratiti?]

raccourci prečac [prètchatsse]

▸ y a-t-il un raccourci ? postoji li prečac? [postoïili prètchatsse?]

raconter (is)pričati [(is)pritchati]

▸ je te raconterai ! ispričat ću ti! [ispritchatchouti!]

radiateur *(d'automobile)* hladnjak [Hladnyak] ; *(de chauffage)* radijator [radiyatore]

▸ il y a une fuite dans le radiateur hladnjak curi [Hladnyak tssouri]

▸ auriez-vous un radiateur électrique ? imate li električni radijator? [imatèli èlèctritchni radiyatore?]

radio *(station)* postaja [postaïa] ; *(MÉD)* rendgen [rènndguène]

▸ est-ce qu'on peut capter des radios françaises ? mogu li se hvatati francuske postaje? [mogoulissè Hvatati franntssouskè postaïè?]

▸ croyez-vous que je doive passer une radio ? mislite li da moram ići na rendgen? [mislitèli damorame itchi narènndguène?]

raisin grožđe [grojdjè]

▸ un jus de raisin, s'il vous plaît sok od grožđa, molim vas [socodgrojdja, molimmvasse]

raison pravo [pravo]

▸ vous avez raison u pravu ste [oupravoustè]

rallonge *(électrique)* produžni kabel [prodoujni cabèle]

▸ auriez-vous une rallonge ? imate li produžni kabel? [imatèli prodoujni cabèle?]

rame veslo [vèslo]

▸ il manque une rame fali jedno veslo [fali yèdno vèslo]

randonnée hodanje [Hodanyè]

- randonnée pédestre pješačenje [pyèchatchènyè]
- randonnée à vélo vožnja biciklom [vojnya bitssiclome]
- où peut-on faire de la randonnée ? gdje možemo pješačiti? [gdyèmojèmo pyèchatchiti?]
- combien de temps dure la randonnée ? koliko dugo traje pješačenje? [colico dougo traïè pyèchatchènyè?]

rappeler *(au téléphone)* ponovno nazvati [ponovno nazvati]

- pouvez-vous lui demander de me rappeler ? možete li mu reći da me nazove? [mojètèlimou rètchi damè nazovè?]
- je rappellerai plus tard nazvat ću ponovno kasnije [nazvatchou ponovno casniyè]

rappeler (se) *(se souvenir)* sjećati se [syètchatissè] ; *(se téléphoner)* ponovno zvati [ponovno zvati]

- je ne me rappelle plus le chemin ne sjećam se više puta [nèssyètchammssè vichè pouta]
- on se rappelle, ok ? čut ćemo se opet, ok? [tchoutchèmossè opète, okèï?]

raquette *(de tennis, de ping-pong, etc.)* reket [rèkète]

- peut-on louer des raquettes de tennis ? možemo li unajmiti rekete za tenis? [mojèmoli ounaïmiti rèkètè zatènisse?]
- j'ai apporté ma raquette de ping-pong donio sam svoj reket za stolni tenis [doni-ossame ssvoï rèkète zastolni tènisse]
- nous avons des raquettes de badminton imamo rekete za badminton [imamo rèkètè zabadminntone]

rasoir aparat za brijanje [aparate zabriyanyè]

- y a-t-il une prise pour mon rasoir électrique ? gdje je utičnica za električni brijač? [gdyèyè outitchnitssa zaèlèctritchni briyatche?]
- il faut que j'achète des lames de rasoir moram kupiti žilete za brijanje [morame coupiti jilètè zabriyanyè]

rater *(train)* zakasniti [zacasniti]

- on va rater le train ! zakasnit ćemo na vlak! [zacasnitchèmo navlak!]
- j'ai raté ma correspondance zakasnio sam na svoju vezu [zacasni-ossame nassvoïou vèzou]

rayon *(de grand magasin)* odjel [odyèle]

- je cherche le rayon hommes tražim odjel muške odjeće [trajime odyèle mouchkè odyètchè]

▸ où se trouve le rayon alimentation ? gdje se nalazi odjel prehrane? [gdyèssè nalazi odyèle prèHranè?]

réception *(d'un hôtel)* recepcija [rètssèptssiya]

▸ est-ce que je peux laisser mon sac à dos à la réception ? mogu li ostaviti ruksak na recepciji? [mogouli ostaviti rouxak narètssèptssiyi?]

recevoir *(colis, lettre)* dobiti [dobiti] ; *(accueillir)* primiti [primiti]

▸ je n'ai pas reçu votre mail nisam dobio vaš mail [nissame dobi-o vachmeïle]

▸ merci de m'avoir reçu/reçue si gentiment chez vous hvala što si me tako lijepo primio/primila [Hvala chtossimè taco lyèpo primi-o/primila]

rechange *(MÉCAN)* rezervni (dio) [rèzèrvni (di-o)] ; *(linge)* zamjena [zamyèna]

▸ savez-vous où je pourrais trouver une pièce de rechange ? znate li gdje bih mogao naći rezervni dio? [znatèli gdyèbiH mogao natchi rèzèrvni di-o?]

▸ est-ce qu'il y a des draps de rechange ? ima li plahti za zamijeniti? [imali plaHti zazamyèniti?]

réclamation reklamacija [rèclamatssiya]

▸ je voudrais faire une réclamation htio bih napraviti reklamaciju [Hti-obiH napraviti rèclamatssiyou]

recommandé *(lettre, paquet)* preporučen [prèporoutchène]

▸ recommandé avec accusé de réception preporučeno sa potvrdom o primitku [prèporoutchèno sapotveurdome oprimitkou]

▸ je voudrais envoyer ce courrier en recommandé želim preporučenu pošiljku ovog pisma [jèlime prèporoutchènou pochilcou ovogue pisma]

recommander preporučiti [prèporoutchiti]

▸ pourriez-vous nous recommander un hôtel sympa ? možete li nam preporučiti neki dobar hotel? [mojètèliname prèporoutchiti nèki dobare Hotèle?]

▸ qu'est-ce que vous nous recommandez ? što nam preporučate? [chtoname prèporoutchatè?]

reconnaître *(identifier)* prepoznati [prèpoznati]

▸ je ne t'avais pas reconnu ! nisam te prepoznao! [nissammtè prèpoznao!]

reçu potvrda [potveurda]

▸ puis-je avoir un reçu, s'il vous plaît ? mogu li dobiti potvrdu, molim vas? [mogouli dobiti potveurdou, molimmvasse?]

récupérer *(reprendre)* dobiti natrag [dobiti natrague] ; *(se reposer)* oporaviti se [oporavitissè]

▸ quand pourrai-je récupérer ma voiture ? kada ću moći dobiti natrag svoj auto? [cadatchou motchi dobiti natrague ssvoïaouto?]

▸ ces petites vacances vont me permettre de récupérer ovi mali praznici će mi omogućiti da se oporavim [ovi mali praznitssitchèmi omogoutchiti dassè oporavime]

réduction popust [popouste]

▸ faites-vous des réductions pour les étudiants ? dajete li popust studentima? [daïètèli popouste stoudènntima?]

réduit snižen [snijène]

▸ y a-t-il des billets de train à tarif réduit ? ima li karata za vlak po sniženoj cijeni? [imali carata zavlak posnijènoï tssyèni?]

refuge planinarsko utočište [planinarsko outotchichtè]

▸ le refuge est à quelle altitude ? na kojoj visini je planinarsko utočište? [nacoïoï vissiniyè planinarsko outotchichtè?]

regarder *(observer)* gledati [glèdati] ; *(concerner)* ticati [titssati]

▸ non, merci, je regarde seulement ne, hvala, samo gledam [nè, Hvala, samo glèdame]

▸ ça ne te regarde pas ! to te se ne tiče! [totèssè nètitchè!]

région regija [règuiya]

▸ je visite la région obilazim područje [obilazime podroutchyè]

▸ de quelle région êtes-vous ? iz koje ste vi regije? [iscoïèstèvi règuiyè?]

régler *(un appareil)* namjestiti [namyèstiti] ; *(un problème)* riješiti [ryèchiti] ; *(payer)* platiti [platiti]

▸ je n'arrive pas à régler les chaînes de la télé ne mogu namjestiti programe na televiziji [nèmogou namyèstiti programè natèlèviziyi]

▸ j'aimerais que ce problème soit réglé au plus vite volio bih da se taj problem riješi čim prije [voli-obiH dassè taïproblème ryèchi tchimmpriyé]

▸ je voudrais régler, s'il vous plaît htio bih platiti, molim vas [Hti-obiH platiti, molimmvasse]

▸ j'ai déjà réglé već sam platio [vètchssame plati-o]

regretter *(déplorer)* žaliti [jaliti] ; *(se repentir)* kajati se [caïatissè]

▸ je regrette de ne pas pouvoir rester plus longtemps žao mi je što ne mogu ostati duže [jaomiyè chtonèmogou ostati doujè]

▸ je regrette ce que j'ai dit kajem se što sam to rekao [caïèmmssè chtossammto rècao]

rejoindre *(une personne)* pridružiti se [pridroujitissè] ; *(un endroit)* stići [stitchi]

▸ je dois rejoindre des amis à midi moram se pridružiti prijateljima u podne [morammssè pridroujiti priyatèlyima oupodnè]

ZOOM
quel type de rendez-vous ?

Le mot « rendez-vous » existe également en croate (rande-vu [ranndèvou]) mais, contrairement au français, il ne désigne qu'un rendez-vous galant et non un rendez-vous professionnel.

▸ comment puis-je rejoindre l'autoroute ? kako mogu stići do autoceste? [caco mogou stitchi doaoutotssèstè?]

rembourser povratiti novac [povratiti novatsse]

▸ les billets peuvent-ils être remboursés ? može li se dobiti povrat novca za karte? [mojèlissè dobiti povrate novtssa zacartè?]

remercier zahvaliti [zaHvaliti]

▸ je vous remercie de votre aide zahvaljujem vam na pomoći [zaHvalyouyèmmvame napomotchi]

▸ je ne sais pas comment vous remercier ne znam kako vam zahvaliti [nèzname cacovame zaHvaliti]

remontée mécanique žičara [jitchara]

▸ à quelle heure est la dernière remontée mécanique ? u koliko je sati zadnja žičara? [oucolicoïè sati zadnya jitchara?]

remorquer šlepati [chlèpati]

▸ pourriez-vous nous remorquer jusqu'à un garage ? možete li nas šlepati do automehaničara? [mojètèlinasse chlèpati doaoutomèHanitchara?]

rencontrer sresti [srèsti]

▸ il me semble vous avoir déjà rencontré/rencontrée quelque part čini mi se da sam vas negdje već sreo [tchinimissè dassammvasse nègdyè vètchsrèo]

rendez-vous sastanak [sastanak]

▸ faut-il prendre rendez-vous ? treba li uročiti sastanak? [trèbali ourotchiti sastanak?]

▸ est-il possible d'avoir un rendez-vous dans la journée ? da li je moguće uročiti sastanak za danas? [daliyè mogoutchè ourotchiti sastanak zadanasse?]

▸ j'ai rendez-vous avec le Docteur Šoštarić imam uročen sastanak s doktorom Šoštarićem [imame ourotchène sastanak sdoctorome chochtaritchème]

▸ rendez-vous à 11 heures devant l'hôtel de ville ! sastanak u 11 sati ispred vijećnice! [sastanak ouyèdanaèste sati isprède vyètchnitssè!]

rendre (se) vratiti [vratiti]
doći [dotchi]

▸ est-il possible de rendre la voiture à l'aéroport ? da li se auto može vratiti na aerodromu? [dalissè aouto mojè vratiti na-aèrodromou?]

▸ comment puis-je me rendre au centre-ville ? kako mogu doći do centra grada? [caco mogou dotchi dotssènntra grada?]

renseignement informacije [innformatssiyè]

▸ les renseignements téléphoniques informacije o pretplatničkim brojevima [innformatssiyè oprètplatnitchkime broïèvima]

▸ je voudrais des renseignements sur... htio bih informacije o... [Hti-obiH innformatssiyè o...]

▸ je peux vous demander un renseignement ? možete li mi dati informaciju? [mojètèlimi dati innformatssiyou?]

renseigner dati podatke [dati podatkè]

▸ pourriez-vous me renseigner sur les horaires des trains ? možete li mi dati podatke o voznom redu vlakova? [mojètèlimi dati podatkè ovoznome rèdou vlacova?]

rentrer *(chez soi)* vratiti se [vratitissè]

▸ ne m'attendez pas pour dîner, je rentrerai tard nemojte me čekati za večeru, vratit ću se kasno [némoïtèmè tchècati zavètchèrou, vratitchoussè casno]

▸ je rentre en France le 5 août vraćam se u Francusku 5. kolovoza [vratchammssè oufranntssouskou pètogue colovoza]

INFO

les repas

Plusieurs mots désignent le repas en croate : obrok [obrok], *que l'on réservera aux occasions officielles, objed* [obyède] *et jelo* [yèlo], *qui est le terme le plus utilisé dans la langue courante. Un repas croate est en principe composé d'une entrée (predjelo* [prèdyèlo]*), d'un plat principal (glavno jelo* [glavno yèlo]*) et d'un dessert (desert* [dèssèrte]*). En entrée, on mange souvent du jambon fumé (pršut* [peurchoute]*) avec du fromage (sir* [sire]*). Le repas du midi est souvent composé d'une soupe (juha* [youHa]*), de viande (meso* [mèsso]*) accompagnée de pommes de terre (krumpir* [croumpire]*), de salade (salata* [salata]*) et d'un dessert.*

renverser *(liquide)* proliti [proliti] ; *(piéton)* trknuti [teurknouti]

▸ attention, j'ai renversé du café pazi, prolio sam kavu [pazi, proli-ossame cavou]

▸ mon ami s'est fait renverser par une moto mog prijatelja je trknuo motor [mogpriyatèlyaïè teurknouo motore]

réparations popravak [popravak]

▸ pourrez-vous faire les réparations dans la journée ? možete li obaviti popravak tijekom dana? [mojètèli obaviti popravak tyècome dana?]

réparer popraviti [popraviti]

▸ pouvez-vous me réparer ça ? možete li mi to popraviti? [mojètèlimi topopraviti?]

repas obrok [obrok]
- les repas sont-ils compris ? jesu li obroci uračunati? [yèssouli obrotssi ouratchounati?]
- à quelle heure les repas sont-ils servis ? u koliko sati se poslužuje jelo? [oucolico satissè posloujouyè yèlo?]
- merci pour cet excellent repas ! hvala na ovom izvrsnom obroku! [Hvala naovome izveursnome obrocou!]

repasser *(passer à nouveau)* ponovno navratiti [ponovno navratiti] ; *(linge)* peglati [pèglati], glačati [glatchati]
- je repasserai plus tard poslije ću ponovno navratiti [posliyètchou ponovno navratiti]
- pourriez-vous me prêter votre fer à repasser ? možete li mi posuditi svoje glačalo? [mojètèlimi possouditi ssvoïè glatchalo?]

répéter ponoviti [ponoviti]
- vous pouvez répéter, s'il vous plaît ? možete li ponoviti, molim vas? [mojètèli ponoviti, molimmvasse?]

répondeur automatska sekretarica [aoutomatska sècrètaritssa]
- j'ai laissé un message sur ton répondeur ostavio sam poruku na tvojoj sekretarici [ostavi-ossame poroucou natvoïoï sècrètaritssi]

répondre *(au téléphone)* javiti se [yavitissè]
- ça ne répond pas nitko se ne javlja [nitkossè nèyavlya]

reposer (se) odmoriti (se) [odmoriti (sè)]
- je suis venu ici pour me reposer ovdje sam se došao odmoriti [ovdyèssammssè dochao odmoriti]

reprendre *(se resservir)* (ponovno) uzeti [(ponovno) ouzèti] ; *(activité)* vratiti se na repertoar [vratitissè narèpèrtoare]
- j'en reprendrais bien un peu ! rado bih uzeo još malo! [radobiH ouzèo yochmalo!]
- le spectacle reprend dans combien de temps ? kada se spektakl vraća na repertoar? [cadassè spèctacle vratcha narèpèrtoare?]

représentation *(spectacle)* izvedba [izvèdba]
- à quelle heure commence la représentation ? u koliko sati počinje izvedba? [oucolico sati potchinyè izvèdba?]

réseau *(téléphone portable)* mreža [mrèja]
- il n'y a pas de réseau nema mreže [nèma mrèjè]

réservation rezervacija [rèzèrvatssiya]

- la réservation est-elle obligatoire ? da li je rezervacija obvezna? [daliyè rèzèrvatssiya obvèzna?]
- est-ce que je peux changer ma réservation ? mogu li promijeniti rezervaciju? [mogouli promyèniti rèzèrvatssiyou?]

réserver *(billet, chambre)* rezervirati [rèzèrvirati]

- je voudrais réserver un billet pour... htio bih rezervirati kartu do... [Hti-obiH rèzèrvirati cartou do...]
- est-ce qu'il faut réserver ? treba li rezervirati? [trèbali rèzèrvirati?]
- j'ai réservé une chambre au nom de Fournier rezervirao sam sobu na ime Fournier [rèzèrviraossame sobou na-imè fournié]
- nous n'avons pas réservé nismo rezervirali [nismo rèzèrvirali]

réservoir *(à essence)* rezervoar [rèzèrvoare]

- il y a une fuite dans le réservoir rezervoar curi [rèzèrvoare tssouri]

respirer disati [dissati]

- j'ai des difficultés à respirer teško dišem [tèchko dichème]

responsable *adj (coupable)* kriv [crive]

nom (d'un établissement, d'un magasin) rukovoditelj [roucovoditèlï]

- je ne suis pas responsable de ce qui est arrivé nisam kriv za to što se dogodilo [nissame crive zatochtossè dogodilo]
- je voudrais parler au responsable de l'établissement htio bih razgovarati s rukovoditeljem ustanove [Hti-obiH razgovarati sroucovoditèlyème oustanovè]

ressembler nalikovati [nalicovati]

- ça ressemble pas mal au français to dosta nalikuje na francuski [todosta nalicouyé nafranntssouski]

restaurant restoran [rèstorane]

- pouvez-vous nous recommander un bon restaurant dans le quartier ? možete li nam preporučiti dobar restoran u kvartu? [mojètèliname prèporoutchiti dobare rèstorane oukvartou?]

rester ostati [ostati]

- nous pensons rester 2 nuits mislimo ostati dvije noći [mislimo ostati dvyènotchi]
- est-il possible de rester une nuit supplémentaire ? je li moguće ostati još jednu noć? [yèli mogoutchè ostati yochyèdnounotche?]
- est-ce qu'il vous reste des places ? imate li još mjestâ? [imatèli yochmyèsta?]

retard zakašnjenje [zacachnyènyè]
- je suis désolé d'être en retard žao mi je što kasnim [jaomiyè chtocasnime]
- l'avion a eu 2 heures de retard avion je kasnio dva sata [avionyè casni-o dvasata]
- savez-vous si le train a du retard ? znate li da li vlak kasni? [znatèli dalivlak casni?]

retirer podići [poditchi]
- il faut absolument que je retire de l'argent neizostavno moram podići novac [nèizostavno morame poditchi novatsse]
- je viens retirer le billet que j'ai réservé par téléphone došao sam podići kartu koju sam rezervirao telefonom [dochaosame poditchi cartou coïoussame rèzèrvirao tèlèfonome]

retour *(chez soi, au point de départ)* vraćanje [vratchanyè] ; *(trajet)* povratak [povratak]
- il sera de retour dans une demi-heure vratit će se za pola sata [vratitchéssè zapola sata]
- je t'appellerai dès mon retour en France nazvat ću te čim se vratim u Francusku [nazvatchoutè tchimmssè vratime oufranntssouskou]
- je voudrais un aller-retour pour Split htio bih povratnu kartu do Splita [Hti-obiH povratnou cartou dosplita]

retraite mirovina [mirovina]
- je suis à la retraite ja sam u mirovini [yassame oumirovini]

retrouver *(rejoindre)* sastati (se) [sastati (sè)]
- je dois retrouver quelqu'un à l'intérieur moram se sastati s nekim unutra [morammssè sastati snèkime ounoutra]

au restaurant — INFO
- je voudrais réserver une table pour ce soir htio bih rezervirati stol za večeras [Hti-obiH rèzèrvirati stole zavètchèrasse]
- pouvons-nous voir la carte ? možemo li pogledati jelovnik? [mojètèli poglèdati yèlovnik?]
- pourriez-vous nous recommander un bon vin ? možete li nam preporučiti dobro vino? [mojètèliname prèporoutchiti dobro vino?]
- l'addition, s'il vous plaît ! račun, molim vas! [ratchoune, molimmvasse!]

retrouver (se) *(dans un lieu)* naći se [natchissè]
- on se retrouve à quelle heure ? u koliko sati ćemo se naći? [oucolico satitchèmossè natchi?]

réussir uspjeti [ouspyèti]
- je n'ai pas réussi à le joindre nisam ga uspio dobiti [nissammga ouspi-o dobiti]

rêve *(d'un dormeur)* san [sane]
- j'ai fait un rêve étrange sanjao sam čudan san [sanyaossame tchoudannssane]
- bonne nuit, fais de beaux rêves ! laku noć, lijepo sanjaj! [lacounotche, lyèpo sanyaï!]

réveil *(horloge)* budilica [boudilitssa]
- auriez-vous un réveil à me prêter ? imate li budilicu za posuditi? [imatèli boudilitssou zapossouditi?]

réveiller probuditi [probouditi]
- pourriez-vous me réveiller à 7 h ? možete li me probuditi u sedam sati? [mojètèlimè probouditi oussèdame sati?]

réveiller (se) probuditi se [probouditissè]
- je dois me réveiller très tôt demain matin pour prendre l'avion sutra ujutro se moram probuditi jako rano, jer idem na avion [soutra ouyoutrossè morame probouditi yaco rano, yèridème na-avione]

revenir *(venir de nouveau)* vratiti se [vratitissè] ; *(fig)* doći k sebi [dotchi ksèbi]
- je reviens tout de suite ! odmah se vraćam! [odmaHssè vratchame!]
- je n'en reviens pas ! ne mogu se načuditi! [nèmogoussè natchouditi!]

rêver *(en dormant)* sanjati [sanyati] ; *(souhaiter)* željeti [jèlyèti] ; *(divaguer)* sanjati [sanyati]
- j'ai rêvé que... sanjao sam da... [sanyaossame da...]
- j'ai toujours rêvé d'aller à Dubrovnik uvijek sam želio ići u Dubrovnik [ouvyèkssame jèli-o itchi oudoubrovnique]
- ça fait rêver ! to budi želju! [toboudi jèlyou!]
- non, mais je rêve ! ne, ja sanjam! [nè, yassanyame!]

revoir (au) (do)viđenja [(do)vidjènya]
- au revoir, madame ! doviđenja, gospođo! [dovidjènya, gospodjo!]
- ce n'est qu'un au revoir to je samo doviđenja [toïè samo dovidjènya]

revoir (se) ponovno (se) vidjeti [ponovno (sè) vidyèti]

▶ j'aimerais beaucoup qu'on se revoie jako bih volio da se ponovno vidimo [yacobiH voli-o dassè ponovno vidimo]

▶ j'espère qu'on se reverra bientôt nadam se da ćemo se uskoro ponovno vidjeti [nadammssè datchèmossè ouscoro ponovno vidyèti]

rhume prehlada [prèHlada]

▶ j'ai attrapé un rhume prehladio sam se [prèHladi-ossammssè]

rien ništa [nichta]

▶ je ne comprends rien ništa ne razumijem [nichta nèrazoumiyème]

▶ ça ne fait rien to nije ništa [toniyè nichta]

▶ merci – de rien ! hvala – nema na čemu! [Hvala – nèma natchèmou!]

rire smijati se [smiyatissè]

▶ j'ai dit ça pour rire to sam rekao u šali [tossame rècao ouchali]

▶ ça ne me fait pas rire meni to nije smiješno [mèni toniyè smyèchno]

risques rizik [rizik]

▶ assurance tous risques kasko osiguranje [casco ossigouranyè]

▶ quels risques sont couverts par l'assurance ? što sve pokriva osiguranje? [chtossvè pocriva ossigouranyè?]

▶ le véhicule est-il assuré tous risques ? ima li vozilo kasko osiguranje? [imali vozilo casco ossigouranyè?]

romantique romantičan [romanntitchane]

▶ cet endroit est très romantique ! ovo mjesto je jako romantično! [ovo myèstoïè yaco romanntitchno!]

rose ružičast [roujitchaste]

▶ c'est la fille avec les ongles roses to je djevojčica ružičastih noktiju [toïé dyèvoïtchitssa roujitchastiH noctiyou]

roue kotač [cotatche]

▶ roue de secours rezervni kotač [rèzèrvni cotatche]

▶ ma roue est crevée guma mi je crkla [goumamiyè tsseurcla]

▶ vous pouvez m'aider à changer la roue ? možete li mi pomoći zamijeniti kotač? [mojètèlimi pomotchi zamyèniti cotatche?]

rouge crven [tsseurvène] ; *(vin)* crn [tsseurne]

▶ pouvez-vous nous recommander un bon vin rouge ? možete li nam preporučiti dobro crno vino? [mojètèliname prèporoutchiti dobro tsseurno vino?]

rouler *(véhicule)* voziti [voziti] ; *(escroquer)* nasamariti [nassamariti]

▶ ne roule pas trop vite ! nemoj voziti prebrzo! [némoï voziti prèbeurzo!]

▶ je me suis fait rouler ! nasamaren sam! [nassamarènnsame!]

route *(voie de circulation)* cesta [tssèsta] ; *(itinéraire)* put [poute]

▶ à combien la vitesse est-elle limitée sur cette route ? koje je ograničenje brzine na ovoj cesti? [coïèyè ogranitchènyè beurzinè naovoï tssèsti?]

▶ la route sera-t-elle dégagée rapidement ? hoće li cesta biti brzo raskrčena? [Hotchèli tssèsta biti beurzo raskeurtchèna?]

▶ quelle route dois-je prendre pour aller à Split ? kojim putem moram ići do Splita? [coïime poutème morame itchi dosplita?]

roux *(personne)* riđi [ridji]

▶ il a les cheveux roux on ima kosu riđe boje [onima cossou ridjè boïè]

▶ c'est une grande rousse avec des lunettes to je visoka riđokosa s naočalama [toïè vissoca ridjocossa snaotchalama]

rue ulica [oulitssa]

▶ excusez-moi, je cherche la rue... oprostite, tražim ulicu... [oprostitè, trajime oulitssou...]

▶ c'est une rue piétonne ? da li je ta ulica samo za pješake? [daliyè taoulitssa samo zapyèchakè?]

▶ il faut prendre la première rue à gauche après le feu treba skrenuti u prvu ulicu lijevo nakon semafora [trèba scrènouti oupeurvou oulitssou lyèvo nacone sèmafora]

S

sac vrećica [vrètchitssa]

▶ sac de couchage vreća za spavanje [vrètcha zaspavanyè]

▶ sac à dos ruksak [rouxak]

▶ sac à main torba [torba]

▶ puis-je avoir un sac en plastique, s'il vous plaît ? mogu li dobiti plastičnu vrećicu, molim vas? [mogouli dobiti plastitchnou vrètchitssou, molimmvasse?]

saignant *(cuisson)* krvavo iznutra [keurvavo iznoutra]

▶ saignant, s'il vous plaît krvavo iznutra, molim vas [keurvavo iznoutra, molimmvasse]

saigner krvariti [keurvariti]

▶ ça n'arrête pas de saigner ovo ne prestaje krvariti [ovo nèprèstaïè keurvariti]

ZOOM
la salade

En Croatie, la salade accompagne souvent le plat principal (composé de viande et de pommes de terre), contrairement à la France où elle ne constitue pas une garniture. On mange beaucoup de salade verte (zelena salata [zèlèna salata]*), de salade de choux (kupus salata* [coupousse salata]*) et de salade de tomates (salata od rajčica* [salata odraïtchitssa]. *Au bord de la mer, les restaurants servent une spécialité locale, la salade de poulpe (salata od hobotnice* [salata odHobotnitssè].

saison sezona [sèzona]
- quelle est la meilleure saison pour visiter la région ? koja je sezona najbolja za posjet ovoj regiji? [coïayè sèzona naïbolya zapossyète ovoï règuiyi?]
- les prix augmentent-ils en haute saison ? da li su cijene više u špici sezoni? [dalissou tssyènè vichè ou chpitssi ssèzoni?]
- nous reviendrons en basse saison vratit ćemo se u predsezoni [vratitchèmossè ouprèdsèzoni]

salade salata [salata]
- salade composée miješana salata [myèchana salata]
- salade de fruits voćna salata [votchna salata]
- je vais prendre une salade uzet ću salatu [ouzètchou salatou]

sale *(pas propre)* prljav [peurlyave] ; *(mauvais, désagréable)* ružan [roujane]
- le lavabo est sale lavabo je prljav [lavaboïè peurlyave]
- quel sale temps ! ružnog li vremena! [roujnogli vrèmèna!]

salé slan [slane]
- ce n'est pas assez salé to nije dovoljno slano [toniyè dovolyno slano]

salle sala [sala]
- salle de bains kupaonica [coupaonitssa]
- salle d'embarquement čekaonica za ukrcaj [tchècaonitssa zaoukeurtssaï]
- est-ce qu'il y a une salle de jeu pour les enfants ici ? postoji li ovdje igraonica za djecu? [postoïili ovdyè igraonitssa zadyètssou?]

salon *(boutique)* salon [salone] ; *(séjour)* primaća soba [primatcha soba]
- salon de coiffure frizerski salon [frizèrski salone]
- ça ne me dérange pas de dormir dans le salon ne smeta mi da spavam u primaćoj sobi [nèsmètami daspavame ouprimatchoï sobi]

salut *(bonjour)* bok [bok], *(au revoir)* bok [bok]
- salut, ça va ? bok, jesi li dobro? [bok, yèlissi dobro?]

SAMU Hitna pomoć [Hitna pomotche]
- quel est le numéro du SAMU ? koji je broj Hitne pomoći? [coïiyè broï Hitnè pomotchi?]

sandwich sendvič [sènndvitche]
- un sandwich au poulet, s'il vous plaît sendvič s piletinom, molim vas [sènndvitche spilètinome, molimmvasse]

sans plomb bezolovni [bèzolovni]
- le plein de sans plomb, s'il vous plaît do vrha, bezolovnog, molim vas [doveurHa, bèzolovnogue, molimmvasse]

santé zdravlje [zdravlyè]
- à ta santé ! u zdravlje! [ouzdravlyè!]

sardine *(poisson)* sardina [sardina] ; *(piquet)* kočić [cotchitche]
- il reste une boîte de sardines ostala je konzerva sardina [ostalaïè connzèrva sardina]
- on est serrés comme des sardines ! stisnuti smo kao sardine! [stisnoutismo cao sardinè!]
- il nous manque des sardines pour planter la tente fale nam kočići da podignemo šator [falèname cotchitchi da podig-némo chatore]

sauce umak [oumak]
- sauce tomate umak od rajčice [oumak odraïtchitssè]
- la sauce n'est pas trop piquante ? umak nije previše ljut? [oumak niyè prèvichèlyoute?]

savoir znati [znati]
- si j'avais su... da sam znao... [dassame znao...]
- je n'en sais rien ne znam ništa o tome [nèzname nichta otomè]
- je ne sais pas ce que c'est ne znam što je to [nèzname chtoïèto]

savon sapun [sapoune]
- il n'y a pas de savon nema sapuna [nèma sapouna]

scooter skuter [scoutère]
- scooter des mers morski skuter [morski scoutère]
- je voudrais louer un scooter htio bih unajmiti skuter [Hti-obiH ounaïmiti scoutère]

INFO
le SAMU

Le Služba za hitnu pomoć [sloujba zaHitnou pomotche] *est en Croatie l'équivalent du SAMU français. En cas de problème, vous pouvez le joindre au numéro 94. Il existe des accords entre la France et la Croatie qui garantissent aux ressortissants des deux pays la gratuité des soins et leur remboursement une fois rentrés dans le pays d'origine.*

INFO

les sandwichs

En Croatie, de nombreux commerces vendent exclusivement des sandwichs. Les sandwichs au jambon et au fromage (sendvič sa šunkom i sirom [sènndvitche sachouncome issirome]*), au thon (sendvič s tunjevinom* [sènndvitche stounyèvinome]*), ainsi que les sandwichs au poulet (sendvič s piletinom* [sènndvitche spilètinome]*) font partie des incontournables. Vous pouvez également demander de la moutarde (senf* [sènnfe]*), de la mayonnaise (majoneza* [maïonèza]*) ou du ketchup (kečap* [kètchape]*).*

score rezultat [rèzoultate]

▸ quel est le score du match ? koji je rezultat utakmice? [coïiyè rèzoultate outakmitssè?]

sèche-cheveux fen za kosu [fenne zacossou]

▸ auriez-vous un sèche-cheveux ? imate li fen za kosu? [imatèli fenne zacossou?]

sécher (o)sušiti [(o)souchiti]

▸ où puis-je faire sécher mes vêtements ? gdje mogu osušiti odjeću? [gdyèmogou ossouchiti odyètchou?]

seconde *(en train)* drugi [drougui] ; *(unité de temps)* sekunda [sècounda]

▸ seconde classe drugi razred [drougui razrède]

▸ un aller simple pour Split en seconde, s'il vous plaît kartu drugog razreda do Splita , molim vas [cartou drougogue razrèda dosplita, molimmvasse]

▸ attends une seconde ! pričekaj sekundu! [pritchècaï sècoundou!]

secours pomoć [pomotche]

▸ trousse de secours kutija za prvu pomoć [coutiya zapeurvou pomotche]

▸ au secours ! u pomoć! [oupomotche!]

▸ il faut appeler les secours ! treba pozvati pomoć! [trèba pozvati pomotche!]

séjour boravak [boravak]

▸ j'ai passé un séjour très agréable bio je to jako ugodan boravak [bi-oïèto yaco ougodane boravak]

sel sol [sole]

▸ tu peux me passer le sel ? možeš li mi dodati sol? [mojèchlimi dodatissole?]

selle *(d'un vélo)* sic [sitsse] ; *(équitation)* sedlo [sèdlo]

▸ est-ce que je peux baisser la selle ? da li mogu spustiti sic? [dali mogou spoustitissitsse?]

▸ la selle ne tient pas bien sedlo nije dobro namješteno [sèdlo niyè dobro namyèchtèno]

semaine tjedan [tyèdane]

- combien ça coûte pour une semaine ? koliko košta tjedan dana? [colico cochta tyèdane dana?]
- je repars dans une semaine odlazim za tjedan dana [odlazime zatyèdane dana]

sentier staza [staza]

- est-ce qu'il y a des sentiers de randonnée ? ima li pješačkih staza? [imali pyèchatchkiH staza?]
- le sentier est-il balisé ? da li je staza označena? [daliyè staza oznatchèna?]
- où démarre le sentier ? gdje počinje staza? [gdyèpotchinyè staza?]

sentir *(odeur)* mirisati [mirissati] ; *(corps)* osjećati [ossyètchati] ; *(avoir l'impression)* osjećati [osjétchati] ; *(fig)* podnijeti [podnyèti]

- qu'est-ce que ça sent bon ! al' ovo dobro miriši! [alovo dobro mirichi!]
- je ne sens plus mes jambes više ne osjećam noge [viché nèossyètchame noguè]
- je sens que c'est bien parti ! osjećam da je dobro krenulo! [ossyètchame daïè dobro crènoulo!]
- je ne peux pas le sentir ! ne mogu ga podnijeti! [nèmogou gapodnyèti!]

sentir (se) osjećati (se) [ossyètchati (sè)]

- je ne me sens pas très bien ne osjećam se baš najbolje [nèossyètchammssè bachnaïbolyè]

service usluga [ouslouga]

- je peux vous demander un service ? mogu li vas zamoliti za uslugu? [mogoulivasse zamoliti zaouslougou?]
- le service est-il compris ? je li usluga uračunata? [yèli ouslouga ouratchounata?]

serviette *(hygiénique)* uložak [oulojak] ; *(de toilette)* ručnik [routchnik] ; *(de table)* salveta [salvèta]

- serviette hygiénique higijenski uložak [Higuiyènnski oulojak]
- nous n'avons pas de serviettes de toilette nemamo ručnika [nèmamo routchnica]
- puis-je avoir une serviette en papier ? mogu li dobiti papirnatu salvetu? [mogouli dobiti papirnatou salvètou?]

servir *(plat, repas)* poslužiti [posloujiti]

- à partir de quelle heure le petit déjeuner est-il servi ? od koliko sati se poslužuje doručak? [odcolico satissè posloujouyè doroutchak?]

- avec quoi ce plat est-il servi ? što je prilog ovom jelu? [chtoïè prilogue ovome yèlou?]

servir (se) poslužiti se [posloujitissè]
- je peux me servir ? mogu li se poslužiti? [mogoulissè posloujiti?]
- je peux me servir de votre téléphone portable ? mogu li se poslužiti vašim mobitelom? [mogoulissè posloujiti vachime mobitèlome?]

seul sam [same]
- je voyage seul/seule putujem sam/sama [poutouyème same/sama]

shampooing pranje kose [pranyè cossè]
- je voudrais un shampooing et un brushing želim pranje kose i feniranje [jèlime pranyè cossè ifèniranyè]

si ako [aco]
- si j'avais su... da sam znao... [dassame znao...]
- si tu veux, on y va ako želiš, idemo [aco jèliche, idèmo]
- si seulement il pouvait arrêter de pleuvoir ! kad bi barem prestala padati kiša! [cadbi baréme prèstala padati kicha!]

siège sjedalo [syèdalo]
- ce siège est-il pris ? je li ovo sjedalo zauzeto? [yèli ovo syèdalo zaouzèto?]

sieste počinak [potchinak]
- j'aime bien faire une petite sieste l'après-midi volim malo počinuti poslijepodne [volime malo potchinouti poslyèpodnè]

signaler prijaviti [priyaviti]
- je voudrais signaler la perte de mes cartes de crédit želim prijaviti gubitak kreditnih kartica [jèlime priyaviti goubitak crèditniH cartitssa]
- nous devons le signaler à la police moramo to prijaviti policiji [moramoto priyaviti politssiyi]

signer potpisati [potpissati]
- je dois signer ici ? moram potpisati ovdje? [morame potpissati ovdyè?]

simple *(billet)* u jednom smjeru [ouyèdnome smyèrou] ; *(chambre)* jednokrevetni [yèdnocrèvètni] ; *(facile)* lak [lak]
- un aller simple pour Dubrovnik, s'il vous plaît kartu do Dubrovnika, molim vas [cartou dodoubrovnica, molimmvasse]
- je voudrais une chambre simple želim jednokrevetnu sobu [jèlime yèdnocrèvètnou sobou]
- c'est très simple to je vrlo jednostavno [toïè veurlo yédnostavno]

sinon inače [inatchè]

▶ partons maintenant, sinon on va être en retard krenimo odmah, inače ćemo zakasniti [crènimo odmaH, inatchètchèmo zacasniti]

site *(lieu)* mjesto [myèsto] ; *(INFORM)* sajt [saïte]

▶ site archéologique arheološko nalazište [arHèolochko nalazichtè]

▶ site touristique turistička znamenitost [touristitchka znamènitoste]

▶ pouvez-vous me donner l'adresse de votre site Internet ? možete li mi dati adresu vašeg internet sajta? [mojètèlimi dati adrèssou vachègue inntèrnète saïta]

skate-board skate-board [skèitborde]

▶ tu sais faire du skate ? znaš se voziti na skateu? [znachssè voziti naskèitou?]

ski skijanje [skiyanyè]

▶ ski alpin alpsko skijanje [alpsko skiyanyè]

▶ ski de fond nordijsko skijanje [nordiysko skiyanyè]

▶ je voudrais louer une paire de skis pour la semaine htio bih unajmiti par skija za tjedan [Hti-obiH ounaïmiti parskiya zatyèdane]

▶ je voudrais louer des skis, des bâtons et des chaussures de ski htio bih unajmiti skije, štapove i cipele za skijanje [Hti-obiH ounaïmiti skiyè, chtapovè itssipèlè zaskiyanyè]

ski nautique skijanje na vodi [skiyanyè navodi]

▶ c'est la première fois que je fais du ski nautique to je prvi put da skijam na vodi [toïè peurvipoute daskiyème navodi]

sms sms [èssèmèsse]

▶ je t'envoie un sms pour te dire à quelle heure on se retrouve poslat ću ti sms da ti kažem u koliko sati se nađemo [poslatchouti èssèmèsse dati cajème oucolico satissè nadjèmo]

snowboard snowboard [snoborde]

▶ est-il possible de faire du snowboard ? je li moguće prakticirati snowboard? [yèli mogoutchè practitssirati snoborde?]

sœur sestra [sèstra]

▶ j'ai deux sœurs imam dvije sestre [imame dvyèssèstrè]

soif žeđ [jèdje]

▶ je meurs de soif umirem od žeđi [oumirème odjèdji]

soir večer [vètchère]

▶ vous reste-t-il des chambres pour ce soir ? imate li slobodnih soba za večeras? [imatèli slobodniH soba zavètchèrasse?]

- que peut-on faire le soir ici ? što možemo ovdje raditi navečer? [chtomojèmo ovdyè raditi navètchère?]
- qu'est-ce que tu fais ce soir ? što radiš večeras? [chtoradiche vètchèrasse?]

soirée *(moment de la journée)* večer [vètchère] ; *(réception)* proslava [proslava]

- bonne fin de soirée ! ugodan nastavak večeri! [ougodane nastavak vètchèri!]
- nous avons passé une excellente soirée proveli smo izvrsnu večer [provèlismo izveursnou vètchère]
- j'organise une petite soirée pour mon départ organiziram malu proslavu za svoj odlazak [organizirame malou proslavou zassvoïodlazak]
- on n'a qu'à se retrouver à la soirée ! nađimo se na proslavi! [nadjimossè naproslavi!]

soleil sunce [sountssè]

- chouette, il y a du soleil ! baš lijepo, ima sunca! [bachlyèpo, ima sountssa!]
- je ne peux pas rester en plein soleil ne mogu biti na jakom suncu [nèmogou biti naïacome sountssou]
- j'ai pris un coup de soleil dobio sam sunčanicu [dobi-ossame sountchanitssou]

solution rješenje [ryèchènyè]

- ça me semble être la bonne solution to mi se čini dobrim rješenjem [tomissè tchini dobrime ryèchènyème]

sommeil pospanost [pospanoste]

- je n'ai pas sommeil nisam pospan [nissame pospane]

somnifère tableta za spavanje [tablèta zaspavanyè]

- j'aurais besoin d'un somnifère trebala bi mi tableta za spavanje [trèbalabimi tablèta zaspavanyè]

sonner zvoniti [zvoniti]

- ton téléphone sonne zvoni ti telefon [zvoniti tèlèfone]

sortie *(d'autoroute)* izlaz [izlaze] ; *(excursion)* izlet [izlète] ; *(au cinéma, au restaurant)* izlazak [izlazak]

- quelle est le nom de la sortie d'autoroute ? kako se zove izlaz s autoceste? [cacossè zovè izlaze saoutotssèstè?]
- nous avons raté la sortie promašili smo izlaz [promachilismo izlaze]
- des sorties en bateau sont-elles organisées ? jesu li izleti brodom organizirani? [yèssouli izlèti brodome organizirani?]
- on pourrait se faire une sortie un de ces jours ! mogli bi organizirati izlazak jednog od ovih dana! [moglibi organizirati izlazak yèdnogue odoviH dana!]

sortir *(quitter un lieu)* izaći [izatchi] ; *(pour se distraire)* izaći [izatchi] ; *(film)* izlaziti [izlaziti]

▶ à quel endroit dois-je sortir de l'autoroute ? na kojem mjestu moram izaći s autoceste? [nacoïème myèstou morame izatchi saoutotssèstè?]

▶ y a-t-il des endroits sympas pour sortir ? ima li zanimljivih mjesta za izlaske? [imali zanimlyiviH myèsta za-izlaskè?]

▶ on pourrait sortir ce soir ! mogli bi izaći večeras! [moglibi izatchi vètchèrasse!]

▶ ce film n'est pas sorti en France ovaj film nije još prikazan u Francuskoj [ovaï film niyèyoche pricazane oufranntssouskoï]

souhaiter željeti [jèlyèti]

▶ je te souhaite un bon anniversaire ! želim ti sretan rođendan! [jèlimmti srètane rodjènndane!]

soûl pijan [piyane]

▶ il est complètement soûl on je potpuno pijan [onyè potpouno piyane]

soupe juha [youHa]

▶ je vais prendre une soupe de légumes uzet ću juhu od povrća [ouzètchou youHou odpoveurtcha]

souvenir *(objet touristique)* suvenir [souvènire] ; *(impression)* uspomena [ouspomèna]

▶ où puis-je acheter des souvenirs ? gdje mogu kupiti suvenire? [gdyèmogou coupiti souvènirè?]

▶ je garderai un excellent souvenir de mon séjour ici boravak ovdje ostat će mi u jako lijepoj uspomeni [boravak ovdyè ostatchèmi ouyaco lyèpoï ouspomèni]

souhaits et regrets — INFO

▶ j'espère qu'il n'y aura pas trop de monde nadam se da neće biti previše ljudi [nadammssè danètchè biti prèviché lyoudi]

▶ ce serait vraiment bien que tu restes ! bilo bi stvarno dobro da ostaneš! [bilobi stvarno dobro daostanèche!]

▶ si seulement nous avions une voiture ! da barem imamo auto! [dabarème imamo aouto!]

▶ pourvu qu'elle dise oui ! kad bi barem rekla da! [cadbi barème rècla da!]

▶ je regrette vraiment que vous n'ayez pas pu venir stvarno mi je žao što niste mogli doći [stvarnomiyè jao chtonistè mogli dotchi]

souvenir de (se) sjećati se [syètchatissè]
- ▸ vous vous souvenez de moi ? sjećate li me se? [syètchatè limèssè?]
- ▸ je ne me souviens plus de son nom ne sjećam se više njegovog imena [nèsyètchammssè vichè nyègovogue imèna]

spécialiste specijalista [spètssyalista]
- ▸ pourriez-vous m'envoyer chez un spécialiste ? možete li me uputiti specijalisti? [mojètèlimè oupoutiti spètssyalisti?]

spécialité specijalitet [spètssyalitète]
- ▸ quelle est la spécialité locale ? koji je lokalni specijalitet? [coïiiè localni spètssyalitète?]

spectacle *(théâtre, cinéma)* predstava [prèdstava]
- ▸ est-ce qu'il y a un guide des spectacles ? postoji li program predstava? [postoïili programe prèdstava?]
- ▸ à quelle heure commence le spectacle ? u koliko sati počinje predstava? [oucolico sati potchinyè prèdstava?]

sport sport [sporte]
- ▸ sport individuel individualni sport [inndividoualni sporte]
- ▸ pratiques-tu un sport ? baviš li se sportom? [bavichlissè sportome?]
- ▸ je fais beaucoup de sport puno se bavim sportom [pounossè bavime sportome]
- ▸ je préfère les sports collectifs više volim kolektivne sportove [vichè volime colèctivnè sportovè]

sportif sportski [sportski]
- ▸ je ne suis pas très sportif nisam baš sportski tip [nissammbache sportskitipe]

stade stadion [stadione]
- ▸ où se trouve le stade ? gdje se nalazi stadion? [gdyèssè nalazi stadione?]

stage tečaj [tètchaï]
- ▸ je voudrais faire un stage de voile htio bih ići na tečaj jedrenja [Hti-obiH itchi natètchaï yèdrènya]

station *(lieu de séjour)* mjesto za odmor [myèsto zaodmore] ; *(*TRANSP*)* postaja [postaïa]
- ▸ station balnéaire kupališno mjesto [coupalichno myèsto]
- ▸ station de sports d'hiver zimovalište [zimovalichtè]
- ▸ station de tramway tramvajska postaja [trammvaïska postaïa]
- ▸ pouvez-vous m'indiquer une station de taxi ? možete li mi pokazati gdje je taxi postaja? [mojètèlimi pocazati gdyèyè taxi postaïa?]

station-service benzinska crpka [bènnzinnska tsseurpka]

- où puis-je trouver une station-service ? gdje je benzinska crpka? [gdyèyè bènnzinnska tsseurpka?]
- pouvez-vous m'emmener à la station-service la plus proche ? možete li nas odvesti do najbliže benzinske crpke? [mojètèlinasse odvèsti donaïblijè bènnzinnskè tsseurpkè?]
- est-ce qu'il y a des stations-service ouvertes 24h/24 ? da li ima benzinskih crpki koje rade non-stop? [dali ima bènnzinnskiH tsseurpki coïè radè nonns-tope?]

style stil [stile]

- quel est ton style de musique ? koji je tvoj glazbeni stil? [coïiyè tvoïglazbèni stile?]
- ce n'est pas du tout mon style de mec ! uopće nije moj tip frajera! [ouopt-chè niyèmoïtipe fraïèra!]

stylo kemijska (olovka) [kèmiyska (olovka)]

- pouvez-vous me prêter un stylo ? možete li mi posuditi kemijsku? [mojè-tèlimi possouditi kèmiyskou?]

sucre šećer [chètchère]

- sucre de canne šećer od trske [chètchère odteurskè]
- sucre en morceaux šećer u kockama [chètchère oucotskama]
- sucre en poudre šećer u prahu [chètchère oupraHou]
- puis-je avoir du sucre ? mogu li dobiti šećera? [mogouli dobiti chètchèra?]

suffire *(tournure impersonnelle)* dostajati [dostaïati]

- ça suffit ! dosta! [dosta!]
- il suffit d'appuyer sur ce bouton dovoljno je pritisnuti ovaj gumb [dovol-noïè pritisnouti ovaïgoumbe]

Suisse *(pays)* Švicarska [chvitssarska]

- j'habite en Suisse živim u Švicarskoj [jivime ouchvitssarskoï]
- je suis suisse ja sam Švicarac [yassame chvitssaratsse]

suite nastavak [nastavak]

- à tout de suite ! vidimo se uskoro! [vidimossè ouscoro!]

super *(formidable)* super [soupère] ; *(carburant)* super [soupère]

- super ! super! [soupère!]
- c'était vraiment super ! bilo je stvarno super! [biloïè stvarno soupère!]
- je voudrais 20 litres de super htio bih 20 litara supera [Hti-obiH dvadèssète litara soupèra]

supermarché samoposluživanje [samoposloujivanyè]
▸ est-ce qu'il y a un supermarché dans le quartier ? postoji li samoposluživanje u kvartu? [postoïli samoposloujivanyè oukvartou?]

supplément *(coût)* dodatak [dodatak]
▸ faut-il payer un supplément ? treba li nadoplatiti? [trèbali nadoplatiti?]
▸ combien coûte le supplément pour une assurance tous risques ? koliko treba nadoplatiti za kasko osiguranje? [colico trèba nadoplatiti zacasco ossigouranyè?]

supplémentaire dodatni [dodatni]
▸ est-il possible de rester une nuit supplémentaire ? može li se ostati još jednu noć? [mojèlissè ostati yochyèdnounotche?]

supporter podnositi [podnossiti]
▸ je ne peux pas le supporter ! ne podnosim ga! [nèpodnossimmga!]

sûr *(certain)* siguran [sigourane]
▸ je ne suis pas sûr/sûre de pouvoir venir nisam siguran/sigurna da mogu doći [nissame sigourane/sigourna damogou dotchi]
▸ tu es sûr/sûre que ça se dit comme ça ? siguran si/sigurna si da se to tako kaže? [sigourannssi/sigournassi dassèto taco cajè?]
▸ bien sûr ! naravno! [naravno!]

surprise iznenađenje [iznènadjènyè]
▸ quelle bonne surprise ! kakvo ugodno iznenađenje! [cacvo ougodno iznènadjènyè!]

surveiller (pri)paziti [(pri)paziti]
▸ pouvez-vous surveiller mes affaires un instant ? možete li mi malo pripaziti na stvari? [mojètèlimi malo pripaziti nastvari?]

sympa ugodan [ougodane]
▸ on a trouvé un petit hôtel très sympa našli smo vrlo ugodan hotelčić [nachlismo veurlo ougodane Hotèltchitche]
▸ c'est vraiment sympa de ta part to je stvarno lijepo od tebe [toïè stvarno lyèpo odtèbè]
▸ j'ai rencontré des gens super sympas sreo sam vrlo ugodne ljude [srèossame veurlo ougodnè lyoudè]
▸ c'était très sympa bilo je jako ugodno [biloïè yaco ougodno]

synagogue sinagoga [sinagoga]
▸ où se trouve la synagogue ? gdje je sinagoga? [gdyèïè sinagoga?]

syndicat d'initiative turistička zajednica [touristitchka zaïèdnitssa]
▶ je cherche le syndicat d'initiative tražim turističku zajednicu [trajime touristitchkou zaïèdnitssou]
▶ pourrai-je trouver un plan de la ville au syndicat d'initiative ? mogu li dobiti plan grada u turističkoj zajednici? [mogouli dobitiplane grada outouristitchkoï zaïèdnitssi?]

T

table stol [stole]
▶ j'ai réservé une table au nom de Lebras rezervirao sam stol na ime Lebras [rèzèrviraossame stole na-imè leubra]
▶ une table pour quatre, s'il vous plaît ! stol za četiri osobe, molim vas! [stole zatchètiri ossobè, molimmvasse!]
▶ je peux vous aider à mettre la table ? mogu li vam pomoći postaviti stol? [mogoulivame pomotchi postavitistole?]
▶ à table ! za stol! [zastole!]

taille *(partie du corps)* struk [strouk] ; *(d'un vêtement)* veličina [vèlitchina]
▶ c'est un peu serré à la taille malo je tijesno u struku [maloïè tyèsno oustroucou]
▶ est-ce que toutes les tailles sont en rayon ? jesu li sve veličine izložene na polici? [yèssouli ssvèvèlitchinè izlojènè napolitssi?]

talon *(de chaussure)* potpetica [potpètitssa] ; *(du pied)* peta [pèta]
▶ le talon de ma chaussure est cassé slomila mi se potpetica na cipeli [slomilamissè potpètitssa natssipèli]
▶ j'ai une ampoule au talon imam žulj na peti [imammjoulï napèti]

tampon *(hygiénique)* tampon [tammpone]
▶ tu pourrais me passer un tampon ? možeš li mi dodati tampon? [mojèchlimi dodati tammpone?]

taper *(soleil)* udarati [oudarati] ; *(code)* ukucati [oucoutssati]
▶ le soleil tape fort aujourd'hui sunce danas udara u glavu [sountssè danasse oudara ouglavou]
▶ je dois taper mon code ? moram li ukucati svoj kod? [morammli oucoutssati ssvoïcode?]
▶ elle lui a tapé dans l'œil ! zapela mu je za oko! [zapèlamouyè zaoco!]
▶ il me tape sur les nerfs ! on mi ide na živce! [onnmi idè najivtssè!]

INFO
le taxi

Vous trouverez des taxis dans toutes les grandes villes de Croatie. Pour les Croates, le taxi reste un moyen de transport assez onéreux, mais pour les touristes les tarifs sont tout à fait acceptables. Lorsque vous cherchez un taxi, demandez gdje je najbliža taxi postaja? [gdyèyè naïblija taxi postaïa?] *(où puis-je trouver une station de taxi?), et dites au chauffeur:* odvezite me u..., molim vas [odvèzitèmè ou..., molimmvasse] *(conduisez-moi à..., s'il vous plaît).*

tard kasno [casno]
- il est tard kasno je [casnoïè]
- à plus tard ! vidimo se kasnije! [vidimossè casniyè!]
- il n'y a pas de train plus tard ? zar nema kasnijeg vlaka? [zarnèma casniyègue vlaca?]
- mieux vaut tard que jamais ! bolje ikada nego nikada! [bolyè ikada nègo nicada!]

tarif cijena [tssyèna]
- tarif réduit snižena cijena [snijèna tssyèna]
- y a-t-il des billets de train à tarif réduit ? ima li karata za vlak s popustom? [imali carata zavlak spopoustome?]
- 2 tarifs réduits et un plein tarif, s'il vous plaît dvije karte s popustom i jednu po punoj cijeni, molim vas [dvyècartè spopoustome iyèdnou popounoï tssyèni, molimmvasse]
- avez-vous un tarif étudiant ? imate li studentski popust? [imatèli stoudènntski popouste?]

tasse šalica [chalitssa]
- je prendrais bien une autre tasse de thé rado bih popio još jednu šalicu čaja [radobiH popi-o yochyèdnou chalitssou tchaïa]
- les films d'action, ce n'est pas ma tasse de thé ! ne sviđaju mi se akcijski filmovi! [nèssvidjaïoumissè aktssiyski filmovi!]
- j'ai bu la tasse nagutao sam se mora [nagoutao sammssè mora]

taxe taksa [taxa]
- le prix est-il toutes taxes comprises ? jesu li u cijenu uračunate sve takse? [yèssouli outssyènou ouratchounatè ssvètaxè?]
- doit-on payer une taxe pour annuler la réservation ? moramo li platiti taksu kada poništavamo rezervaciju? [moramoli platiti taxou cada ponichtavamo rèzèrvatssiyou?]

taxi taxi [taxi]
- où se trouve la station de taxi la plus proche ? gdje je najbliža taxi postaja? [gdyèyè naïblija taxi postaïa?]
- je voudrais réserver un taxi pour demain matin želim naručitii taxi za sutra ujutro [jèlime naroutchiti taxi zassoutra ouyoutro]

- pourriez-vous m'appeler un taxi, s'il vous plaît ? možete li mi pozvati taxi, molim vas? [mojètèlimi pozvati taxi, molimmvasse?]
- combien coûte un taxi d'ici à l'aéroport ? koliko košta taxi odavde do aerodroma? [colico cochta taxi odavdè doaèrodroma?]

télé TV [tèvè]

- je n'ai pas la télé nemam TV [nèmame tèvè]

téléphérique žičara [jitchara]

- à quelle heure descend le dernier téléphérique ? u koliko sati silazi zadnja žičara? [oucolico sati silazi zadnya jitchara?]

téléphone telefon [tèlèfone]

- téléphone portable mobitel [mobitèle]
- où puis-je acheter une carte de téléphone ? gdje mogu kupiti telefonsku karticu? [gdyèmogou coupiti tèlèfonskou cartitssou?]
- savez-vous où je peux trouver une recharge pour mon téléphone portable ? znate li gdje mogu napuniti svoj mobitel? [znatèli gdyèmogou napouniti ssvoïmobitèle?]
- une carte de téléphone à 50 kunas, s'il vous plaît telefonsku karticu od pedeset kuna, molim vas [tèlèfonnskou cartitssou odpèdèssète couna, molimmvasse]
- nous n'avons pas utilisé le téléphone nismo koristili telefon [nismo coristili tèlèfone]

téléphoner telefonirati [tèlèfonirati]

- je voudrais téléphoner à l'extérieur htio bih telefonirati u inozemstvo [Hti-obiH tèlèfonirati ou-inozèmstvo]
- je vais lui téléphoner nazvat ću ga [nazvatchouga]

prendre un taxi — **INFO**

- à l'aéroport, s'il vous plaît ! na aerodrom, molim vas! [na-aèrodrome, molimmvasse!]
- arrêtez-vous au feu zaustavite se na semaforu [zaoustavitèssè nassèmaforou]
- pourriez-vous m'attendre quelques minutes ? možete me pričekati nekoliko minuta? [mojètèmè pritchècati nécolico minouta?]
- combien je vous dois ? koliko vam dugujem? [colicovame dougouyème?]

télévision televizor [tèlèvizore]

▶ y a-t-il la télévision dans la chambre ? ima li televizor u sobi? [imali tèlèvizore oussobi?]

tellement toliko [tolico]

▶ il y a tellement de choix que je ne sais pas quoi prendre izbor je toliki da ne znam što bih uzeo [izborye toliki danèzname chtobiH ouzèo]

température temperatura [tèmmpèratoura]

▶ la température est très agréable temperatura je ugodna [tèmmpèratouraïè ougodna]

▶ quelle est la température de l'eau ? koja je temperatura vode? [coïaïè tèmmpèratoura vodè?]

temple *(protestant)* protestantska crkva [protèstanntska tsseurkva]

▶ où peut-on trouver un temple protestant ? gdje je protestantska crkva? [gdyèyè protèstanntska tsseurkva?]

temps *(durée)* vrijeme [vriyèmè] ; *(météo)* vrijeme [vriyèmè]

▶ on ne sait pas combien de temps on va rester ne znamo koliko vremena ćemo ostati [nèznamo colico vrèmènatchèmo ostati]

▶ combien de temps dure la visite ? koliko traje posjet? [colico traïè possyète?]

▶ combien de temps ça met pour arriver en France ? koliko vremena treba da se stigne do Francuske? [colico vrèmèna trèba dasséstig-nè dofranntssouskè?]

▶ j'ai tout mon temps imam vremena [imame vrèmèna]

▶ il fait un temps magnifique vrijeme je izvrsno [vriyèmèyè izveursno]

au téléphone INFO

▶ allô ? halo? [Halo?]

▶ Henri Lebras à l'appareil Henri Lebras ovdje [Anri leubra ovdyè]

▶ je voudrais parler à monsieur Salet htio bih razgovarati s gospodinom Saletom [Hti-obiH rèzèrvirati sgospodinome salètome]

▶ ne quittez pas, je vous le passe ostanite na vezi, dat ću vam ga [ostanitè navèzi, datchouvammga]

▶ je peux lui laisser un message ? mogu li ostaviti poruku? [mogouli ostaviti poroucou?]

▶ je crois que vous faites erreur mislim da ste pogriješili [mislime dastè pogriyèchili]

▶ on a de la chance avec le temps ! imamo sreće s vremenom! [imamo srètchè svrèmènome!]

tendance u modi [oumodi]

▶ elles sont super tendance, tes tennis ! tvoje tenisice su veoma moderne! [tvoïè tènissitssèssou vèoma modèrnè!]

tenir *(porter)* (pri)držati [(pri)deurjati] ; *(résister à)* odupirati se [odoupiratissè]

▶ tu veux bien tenir mon sac un instant ? možeš li mi malo pridržati torbu? [mojèchlimi malo prideurjati torbou?]

▶ il ne tient pas bien l'alcool teško se odupire alkoholu [tèchkossè odoupirè alcoHolou]

tennis *m (sport)* tenis [tènisse]
fpl (chaussures) tenisice [tènissitssè]

▶ tennis de table stolni tenis [stolni tènisse]

▶ où peut-on jouer au tennis ? gdje se može igrati tenis? [gdyèssè mojè igrati tènisse?]

▶ elles sont sympas, tes tennis ! zgodne su ti tenisice! [zgodnèssouti tènissitssé!]

tension *(MÉD)* tlak [tlak]

▶ j'ai de la tension povišen mi je tlak [povichènnmiyè tlak]

tente šator [chatore]

▶ tente igloo igloo šator [iglou chatore]

▶ je voudrais réserver un emplacement pour une tente htio bih rezervirati mjesto za šator [Hti-obiH rèzèrvirati myèsto zachatore]

▶ pouvons-nous monter notre tente ici ? možemo li ovdje podići šator? [mojèmoli ovdyè poditchi chatore?]

tenter mamiti [mamiti]

▶ une partie de tennis, ça te tente ? mami li te partija tenisa? [mamilitè partiya tènissa?]

terminal terminal [tèrminale]

▶ de quel terminal part l'avion pour Paris ? s kojeg terminala kreće avion do Pariza? [scoïègue tèrminala crètchè avione dopariza?]

ZOOM

parler de la pluie et du beau temps

Pour connaître le temps qu'il fera, les Croates demandent : kakva je vremenska prognoza? [kakvaïè vrèmènska prog-noza?] *(comment est la météo ?). Pour indiquer qu'il va faire beau, on dit* vremenska prognoza je dobra [vrèmènska prog-nozaïè dobra] *(la météo est bonne) ou* lijepo je vrijeme [lyèpoïè vriyèmè] *(il fait beau). En cas de mauvais temps, on dira* koje ružno vrijeme [coïè roujno vriyèmè] *(quel mauvais temps) et, plus précisément,* nebo je sivo [nèboïè sivo] *(le ciel est gris) ou* pada kiša [pada kicha] *(il pleut). S'il fait chaud, on dit* vruće je [vroutchèyè], *et s'il fait froid,* hladno je [Hladnoïè].

- où se trouve le terminal 1 ? gdje je terminal broj jedan? [gdyèyè tèrminale broïyèdane?]

terminus zadnja postaja [zadnya postaïa]

- c'est le terminus ? da li je to zadnja postaja? [daliyèto zadnya postaïa?]

terrain teren [tèrène]

- il y a un terrain de foot près d'ici ? postoji li nogometni teren u blizini? [postoïili nogomètni tèrène oublizini?]

terrible *(fantastique)* strašan [strachane]

- ce restaurant n'est pas terrible ovaj restoran nije nešto osobito [ovaï rèstorane niyè nèchto ossobito]

tétanos tetanus [tètanousse]

- je suis vacciné contre le tétanos cijepljen sam protiv tetanusa [tssyèplyènnsame protive tètanoussa]

tête glava [glava]

- j'ai mal à la tête boli me glava [bolimè glava]
- auriez-vous quelque chose contre les maux de tête ? imate li nešto protiv glavobolje? [imatèli nèchto protive glavobolyè?]
- je n'ai vraiment pas envie de me prendre la tête stvarno mi se neda gnjaviti [stvarnomissè nèda g-nyaviti]

thé čaj [tchaï]

- thé au citron čaj s limunom [tchaï slimounome]
- thé glacé ledeni čaj [lèdènitchaï]
- thé au lait čaj s mlijekom [tchaï smlyècome]
- thé nature obični čaj [obitchnitchaï]
- je vais prendre un thé uzet ću čaj [ouzètchou tchaï]

théâtre kazalište [cazalichtè]

- j'irais bien au théâtre rado bih išao u kazalište [radobiH ichao oucazalichtè]

thermomètre (MÉD) toplomjer [toplomyère] ; (MÉTÉOR) termometar [tèrmomètare]

- je crois que j'ai de la fièvre, auriez-vous un thermomètre ? mislim da imam povišenu temperaturu, imate li toplomjer? [mislime da-imame povichènou tèmmpèratourou, imatèli toplomyère?]
- le thermomètre indique 18 degrés (Celsius) termometar pokazuje osamnaest stupnjeva (celzijusovih) [tèrmomètare pocazouyè ossammnaèste stoupnyèva (tssèlziyoussoviH)]

ticket karta [carta]

- je voudrais un ticket pour… želim kartu za… [jèlime cartou za…]

- un carnet de tickets, s'il vous plaît karnet karata, molim vas [carnète carata, molimmvasse]
- peut-on acheter les tickets dans le bus ? možemo li kupiti karte u autobusu? [mojèmoli coupiti cartè ou-aoutoboussou?]
- le ticket est-il également valable pour l'exposition ? vrijedi li karta i za izložbu? [vryèdili cartè iza-izlojbou?]
- je crois que tu as un ticket avec elle ! mislim da joj se jako sviđaš! [mislime daïoïssè yaco ssvidjache!]

timbre marka [marca]

- six timbres pour la France, s'il vous plaît šest maraka za Francusku, molim vas [chèste maraca zafranntssouskou, molimmvasse]

tisane biljni čaj [bilnitchaï]

- je prendrais volontiers une tisane rado bih popio biljni čaj [radobiH popi-o bilynitchaï]

toi ti [ti]

- je reste avec toi ostajem s tobom [ostaïème stobome]

toilette *(soins de propreté)* uređivanje [ourèdjivanyè] ; *(papier)* toaletni papir [toalètni papire]

- elle est en train de faire sa toilette ona se uređuje [onassè ourèdjouyè]
- il n'y a pas de papier toilette nema toaletnog papira [nèma toalètnogue papira]

toilettes zahod [zaHode]

- toilettes pour dames ženski zahod [jènnski zaHode]
- toilettes pour hommes muški zahod [mouchki zaHode]
- où sont les toilettes, s'il vous plaît ? gdje je zahod, molim vas? [gdyèyè zaHode, molimmvasse?]
- y a-t-il des toilettes pour handicapés ? ima li zahod za invalidne osobe? [imali zaHode za-innvalidnè ossobè?]

INFO

tickets et titres de transport

Dans la plupart des villes, le principal moyen de transport est l'autobus (autobus [aoutobousse]), ou le tramway (tramvaj [trammvaï]), comme dans la capitale, Zagreb. Il n'y a pas de métro en Croatie. Les tickets de bus se vendent soit à l'unité (jedna karta [yèdna carta]), soit en carnet de dix (karnet od deset karata [carnète od-dèssète carata]). Vous pouvez les acheter auprès du chauffeur ou dans un kiosque (kiosk [kiosk]). Le train (vlak [vlak]), qui relie la banlieue (predgrađe [prèdgradjè]) et le centre-ville (centar grada [tssènntare grada]), reste le moyen de transport le plus rapide.

tomate rajčica [raïtchitssa]

▶ je vais prendre un jus de tomate uzet ću sok od rajčice [ouzètchou soko-draïtchitssè]

tomber pasti [pasti]

▶ je suis tombé/tombée sur le dos pao sam/pala sam na leđa [paossame/pa-lassame nalèdja]

▶ je tombe de fatigue rušim se od umora [rouchimmssè odoumora]

▶ ça tombe bien ! to pada u dobar čas! [topada oudobartchasse!]

▶ laisse tomber ! pusti to! [poustito!]

tordre (se) *(partie du corps)* uganuti [ouganouti]

▶ je me suis tordu la cheville uganuo sam gležanj [ouganouossame glèjagne]

tort krivo [crivo]

▶ j'ai eu tort de lui parler comme ça bio sam u krivu kad sam tako razgo-varao s njim [bi-ossame oucrivou cadsame taco razgovarao snyime]

▶ c'est moi qui suis en tort ja sam u krivu [yassame oucrivou]

▶ tu n'as pas tort ! nisi u krivu! [nissi oucrivou!]

tôt rano [rano]

▶ je partirai tôt demain matin krenut ću sutra rano ujutro [crènoutchou soutra rano ouyoutro]

▶ il n'y a pas un train plus tôt ? postoji li raniji vlak? [postoïili raniyivlak?]

toucher (do)dirnuti [(do)dirnouti]

▶ je peux toucher ? mogu dodirnuti? [mogou dodirnouti?]

▶ nous n'avons touché à rien ništa nismo dirali [nichta nismo dirali]

toujours *(tout le temps)* uvijek [ouvyèk] ; *(encore)* još uvijek [yochouvyèk]

▶ je l'ai toujours sur moi uvijek to nosim sa sobom [ouvyèk tonossime sasso-bome]

▶ je ne sais toujours pas si je vais y aller još uvijek ne znam hoću li ići [yo-chouvyèk nèzname Hotchouli itchi]

tour *(promenade)* šetnja [chètnya]

▶ on va faire un tour ? idemo prošetati? [idèmo prochètati?]

▶ je t'emmène faire un tour sur ma moto ? idemo se provozati mojim mo-torom? [idèmossè provoziti moïime motorome?]

touriste turist [touriste]

▶ vous êtes touriste ? vi ste turist? [vistè touriste?]

▶ c'est un attrape-touriste ! to je klopka za turiste! [toiè clopka zatouristè!]

touristique turistički [touristitchki]

- guide touristique / *(livre)* turistički vodič [touristitchki voditche] / *(personne)* vodič [voditche]
- c'est une ville très touristique to je jako turistički grad [toïè yaco touristitchkigrade]

tournée *(au bar)* runda [rounda] ; *(tour)* obilazak [obilazak]

- c'est ma tournée ! to je moja runda! [toïè moïa rounda!]
- la prochaine tournée est pour moi druga runda je moja [drouga roundaïè moïa]
- on a fait la tournée des bars obišli smo sve kafiće [obichlismo ssvècafitchè]

tourner *(changer de direction)* skrenuti [scrènouti] ; *(tête)* vrtjeti se [veurtyètissè]

- c'est bien ici que je dois tourner pour aller à Zadar? da li je ovo doista mjesto skretanja za Zadar? [daliyè ovo do-ista myèsto scrètanya zazadare?]
- il faut tourner à droite treba skrenuti desno [trèba scrènouti dèsno]
- j'ai la tête qui tourne vrti mi se u glavi [veurtimissè ouglavi]

ZOOM
c'est ma tournée !

Dans un bar, pour demander à quelqu'un si vous pouvez lui offrir un verre, dites : mogu li te počastiti pićem? [mogoulissè potchastiti pitchème?]. *Si quelqu'un a offert une tournée et que vous désirez en offrir une à votre tour, vous pouvez dire : runda za sve* [rounda zassvè] *(tournée pour tous), još jedna runda* [yochyèdna rounda] *(encore une tournée) ou ja častim ovu rundu* [yatchastime ovou roundou] *(cette tournée est pour moi).*

tousser kašljati [cachlyati]

- je tousse depuis plusieurs jours kašljem već nekoliko dana [cachlyame vètchnècolico dana]

tout sve [ssvè]

- on a marché toute la journée hodali smo čitavi dan [Hodalismo tchitavidane]
- on n'a pas eu le temps de tout voir nismo imali vremena sve vidjeti [nismo imali vrèmèna ssvèvidyèti]
- ça ne me dérange pas du tout to me uopće ne smeta [tomè ouoptchè nèsmèta]
- ce sera tout, merci to je sve, hvala [toïèssvè, Hvala]
- à tout à l'heure ! vidimo se kasnije! [vidimossè casniyè!]
- merci pour tout ! hvala na svemu! [Hvala nassvèmou!]

toux kašalj [cachalï]

- j'aurais besoin de quelque chose contre la toux treba mi nešto protiv kašlja [trèbami nèchto protive cachlya]

INFO
le tramway

Dans le centre-ville de la capitale croate, Zagreb, le tramway (tramvaj [trammvaï]) est le seul moyen de transport en commun. Même si les tramways ne sont toujours pas très rapides, ils se révèlent assez pratiques vu le nombre d'arrêts et la circulation relativement fluide. Avant de prendre le tramway, il faut être muni de billets , que vous pouvez acheter dans les kiosques (kiosk [kiosk]), à l'unité ou par dix (karnet [carnète]).

train vlak [vlak]
- ▶ quand part le prochain train pour Strasbourg ? kada kreće drugi vlak do Strasbourga? [cada crètchè drouguivlak dostrasbourga?]
- ▶ de quel quai part le train pour Split ? s kojeg perona kreće vlak do Splita? [scoïègue pèrona crètchèvlak dosplita?]
- ▶ où se trouve le départ des trains internationaux ? odakle kreću međunarodni vlakovi? [odaklè crètchou mèdjounarodni vlacovi?]
- ▶ ce train va bien à Zadar ? ovaj vlak ide u Zadar? [ovaïvlak idè ouzadare?]

trajet putovanje [poutovanyè]
- ▶ combien de temps dure le trajet ? koliko traje putovanje? [colico traïè poutovanyè?]

tramway tramvaj [trammvaï]
- ▶ il faut prendre quelle ligne de tramway ? na koji broj tramvaja treba ići? [nacoïibroï trammvaïa trèba itchi?]
- ▶ est-ce qu'on peut acheter les billets dans le tramway ? možemo li kupiti karte u tramvaju? [mojèmoli coupiti cartè outrammvaïou?]

tranquille miran [mirane]
- ▶ est-ce que c'est une plage tranquille ? je li ova plaža mirna? [yèli ova plaja mirna?]
- ▶ laissez-nous tranquilles ! ostavite nas na miru! [ostavitènasse namirou!]

transat ležaljka [lèjalka]
- ▶ peut-on louer des transats ? može li se unajmiti ležaljke? [mojèlissè ounaïmiti lèjalkè?]

transmettre prenijeti [prènyèti]
- ▶ vous pourrez lui transmettre mon message ? možete li mu prenijeti moju poruku? [mojètèlimou prènyèti moïou poroucou?]

travailler raditi [raditi]
- ▶ tu travailles dans quoi ? čime se baviš? [tchimèssè baviche?]
- ▶ je travaille dans l'édition radim u izdavaštvu [radime ou-izdavachtvou]

traveller's cheque travellers čekovi [travleurse tchècovi]

- vous acceptez les traveller's cheques ? primate li travellers čekove? [primatèli travleurse tchècovè?]

traversée prijelaz [pryèlaze]

- combien de temps dure la traversée ? koliko traje prijelaz? [colico traïè pryèlaze?]
- combien coûte la traversée avec une voiture ? koliko košta prijelaz autom? [colico cochta pryèlaze aoutome?]

tromper (se) pogriješiti [pogryèchiti]

- j'ai dû me tromper de numéro mislim da sam pogriješio broj [mislime dassame pogryèchi-obroï]
- je crois que vous vous êtes trompé/trompée en me rendant la monnaie mislim da ste pogriješili kada ste mi uzvraćali sitniš [mislime dastè pogryèchili cadastèmi ouzvratchali sitniche]

trop previše [prèvichè]

- il y a un peu trop de monde ima malo previše ljudi [ima malo prèvichè lyoudi]
- j'ai trop bu hier soir sinoć sam previše popio [sinotchsame prèvichè popi-o]
- je suis arrivée trop tard stigao sam prekasno [stigaossame prècrasno]

trou *(cavité)* rupa [roupa] ; *(de mémoire)* zaborav [zaborave]

- il y a des trous dans la route ima rupa na cesti [ima roupa natssèsti]
- j'ai un trou de mémoire zaboravio sam [zaboravi-ossame]

trouille strah [straH]

- j'étais morte de trouille ! umrla sam od straha! [oumeurlassame odstraHa!]

trousse torbica [torbitssa]

- trousse de toilette toaletna torbica [toalètna torbitssa]
- avez-vous une trousse de secours ? imate li kutiju za prvu pomoć? [imatèli coutiya zapeurvou pomotche?]

trouver *(découvrir)* naći [natchi] ; *(juger)* misliti [misliti]

- savez-vous où je pourrais trouver... znate li gdje bih mogao naći... [znatèli gdyèbiH mogao natchi...]
- je la trouve très sympathique mislim da je jako simpatična [mislime daïè yaco simmpatitchna]

trouver (se) nalaziti se [nalazitissè]

- où se trouve le terminal 1 ? gdje je terminal broj jedan? [gdyèyè tèrminale broï yèdane?]

▶ pourriez-vous m'indiquer où je me trouve sur la carte ? možete li mi pokazati na karti gdje sam? [mojètèlimi pocazati nacarti gdyèssame?]

truc *(chose)* stvar [stvare]

▶ c'est quoi, ce truc ? što je to? [chtoïèto?]

tu ti [ti]

▶ comment tu t'appelles ? kako se zoveš? [cacossè zovèche?]

tuba disalica [dissalitssa]

▶ je voudrais louer un masque et un tuba, s'il vous plaît htio bih unajmiti masku i disalicu, molim vas [Hti-obiH ounaïmiti mascou idissalitssou, molimmvasse]

turista putnička diareja [poutnitchka diarèya]

▶ j'ai la turista imam putničku diareju [imame poutnitchkou diarèyou]

TVA (taxe sur la valeur ajoutée) PDV [pèdèvè]

▶ la TVA est-elle comprise ? je li PDV uračunat? [yèli pèdèvè ouratchounate?]

typique tipičan [tipitchane]

▶ quels sont les produits typiques de la région ? koji su tipični proizvodi regije? [coïissou tipitchni pro-izvodi règuiyè?]

U

urgence *(caractère pressant)* hitno [Hitno] ; *(MÉD)* hitna pomoć [Hitna pomotche]

▶ je dois voir un dentiste de toute urgence moram hitno otići zubaru [morame Hitno otitchi zoubarou]

▶ il faut l'emmener aux urgences treba ga odvesti na hitnu [trèbaga odvèsti naHitnou]

▶ où se trouve le service des urgences ? gdje je služba za hitnu pomoć? [gdyèyè sloujba zaHitnou pomotche?]

urgent hitan [Hitane]

▶ c'est très urgent ! to je jako hitno! [toïè yaco Hitno!]

utiliser poslužiti se [posloujitissè]

▶ je peux utiliser le fer à repasser ? mogu se poslužiti glačalom? [mogoussè posloujiti glatchalome?]

V

vacances godišnji odmor [godichnyi odmore]

▸ vous êtes ici en vacances ? ovdje ste na odmoru? [ovdyèstè naodmorou?]
▸ bonnes vacances ! lijepo se provedite na odmoru! [lyèpossè provèditè naodmorou!]

vaccin cjepivo [tssyèpivo]

▸ tous mes vaccins sont à jour protiv svega sam cijepljen/cijepljena [protive ssvègassame tssyèplyène/tssyèplyèna]

vague val [vale]

▸ comment sont les vagues dans le coin ? kakvi su ovdje valovi? [cacvissou ovdyè valovi?]

vaisselle suđe [soudjè]

▸ je peux vous aider à faire la vaisselle ? mogu li vam pomoći oprati suđe? [mogoulivame pomotchi oprati soudjè?]

valable vrijedan [vryèdane]

▸ le ticket est-il également valable pour l'exposition ? da li karta vrijedi i za izložbu? [dali carta vryèdi iza-izlojbou?]

validité valjanost [valyanoste]

▸ ma carte d'identité est en cours de validité moja osobna iskaznica važi [moïa ossobna iskaznitssa vaji]

valise kovčeg [covtchègue]

▸ j'ai une valise et un bagage à main imam kovčeg i ručnu prtljagu [imame covtchègue iroutchnou peurtlyagou]
▸ ma valise a été abîmée pendant le transport oštećen mi je kovčeg u transportu [ochtètchènnmiyè covtchègue outrannsportou]
▸ il faut que je fasse ma valise moram spakirati kovčeg [morame spakirati covtchègue]

végétarien vegetarijanski [vèguètariyannski]

▸ je suis végétarien/végétarienne ja sam vegetarijanac/vegetarijanka [yassame vèguètaryanatsse/vèguètaryannka]

vélo bicikl [bitssicle]

▸ où peut-on louer des vélos ? gdje možemo unajmiti bicikle? [gdyèmojèmo ounaïmiti bitssiclè?]

- je voudrais louer un vélo pour une heure htio bih unajmiti bicikl na jedan sat [Hti-obiH ounaïmiti bitssicle naïèdannsate]
- mon vélo a déraillé ispao mi je lanac na biciklu [ispaomiyè lanatsse nabitssiclou]
- tu aurais une pompe à vélo ? imaš li pumpu za bicikl? [imachli poumpou zabitssicle?]
- y a-t-il un endroit où laisser les vélos ? postoji li mjesto gdje se ostavljaju bicikli? [postoïili myèsto gdyèssè ostavlyaïou bitssicle?]

vendre prodavati [prodavati]

- est-ce que vous vendez des timbres ? prodajete li marke? [prodaïètèli markè?]

venir *(provenir de)* dolaziti [dolaziti] ; *(être là)* biti ovdje [biti ovdyè] ; *(aller avec)* ići [itchi]

- d'où venez-vous ? odakle dolazite? [odaklè dolazitè?]
- je viens de Paris dolazim iz Pariza [dolazime ispariza]
- tu viens souvent ici ? često dolaziš ovdje? [tchèsto dolaziche ovdyè?]
- c'est la première fois que je viens prvi put sam ovdje [peurvipoute samovdyè]
- je suis déjà venu/venue il y a plusieurs années već sam bio/bila ovdje prije nekoliko godina [vètchsame bi-o/bila ovdyè priyè nècolico godina]
- alors, tu viens ? onda, ideš? [onnda, idèche?]

vent vjetar [vyètare]

- il y a un vent terrible puše strašan vjetar [pouchè strachane vyètare]
- c'est un vent arrière to je stražnji vjetar [toïè strajnyi vyètare]
- le vent vient de tribord vjetar dolazi s desne strane broda [vyètare dolazi sdèsnè stranè broda]
- attention, c'est un vent de terre pozor, to je vjetar s kopna [pozore, toïè vyètare scopna]
- il n'y a pas assez de vent nema dosta vjetra [nèma dosta vyètra]

ventilateur ventilator [vènntilatore]

- comment marche le ventilateur ? kako radi ventilator? [caco radi vènntilatore?]

ventre trbuh [teurbouH]

- j'ai mal au ventre boli me trbuh [bolimè teurbouH]

verglas poledica [polèditssa]

- il y a du verglas poledica je [polèditssaïè]

vérifier provjeriti [provyèriti]

▶ pouvez-vous vérifier le niveau d'huile ? možete li provjeriti razinu ulja? [mojètèli provyèriti razinou oulya?]

verre čaša [tchacha]

▶ je vais prendre un verre de vin uzet ću čašu vina [ouzètchou tchachou vina]

▶ ça te dit d'aller boire un verre ? hoćeš da idemo popiti piće? [Hotchèche da-idèmo popiti pitchè?]

vers *(temps)* oko [oco] ; *(lieu)* blizu [blizou]

▶ je rentrerai vers minuit vratit ću se oko ponoći [vratitchoussè oco ponotchi]

▶ ça se trouve vers la gare to je u blizini kolodvora [toïè oublizini colodvora]

verser *(argent)* isplatiti [isplatiti]

▶ faut-il verser des arrhes ? treba li dati predujam? [trèbali dati prèdouyame?]

vert zelen [zèlène]

▶ il a de très beaux yeux verts on ima jako lijepe zelene oči [onima yaco lyèpè zèlènè otchi]

vertige vrtoglavica [veurtoglavitssa]

▶ j'ai le vertige vrti mi se u glavi [veurtimissè ouglavi]

vestiaire garderoba [gardèroba]

▶ je voudrais laisser mes affaires au vestiaire htio bih ostaviti stvari u garderobi [Hti-obiH ostaviti stvari ougardèrobi]

viande meso [mèsso]

▶ je ne mange pas de viande ne jedem meso [nèyèdème mèsso]

vidange mijenjanje ulja [myènyanyè oulya]

▶ il faut faire la vidange treba promijeniti ulje [trèba promyèniti oulyè]

village selo [sèlo]

▶ pouvez-vous nous conseiller un restaurant dans le village ? možete li nam preporučiti restoran u selu? [mojètèliname préporoutchiti rèstorane oussèlou?]

ZOOM
la cuisson de la viande

En Croatie, il n'existe qu'une seule façon de manger la viande : bien cuite ! Au restaurant, ne vous attendez donc pas à ce que l'on vous demande quel type de cuisson vous souhaitez. Ceci s'explique par le fait qu'en Croatie, on mange beaucoup de porc (svinjetina [ssvinyètina]*) et de viande panée (pohani šnicli* [poHani chnitssli]*), qui nécessitent une cuisson à point. Si vous commandez du bœuf, essayez d'obtenir une viande pas trop cuite en disant krvavo iznutra, molim vas* [keurvavo iznoutra, molimmvasse]*. Pour une cuisson à point, dites (slabije pečeno iznutra* [slabiyè pètchèno iznoutra] *et dobro pečeno meso* [dobro pètchèno mèsso] *pour une viande bien cuite.*

INFO
le vin

La Croatie - et plus particulièrement la Dalmatie, qui bénéficie d'un climat favorable - est un important producteur de vin : parmi les crus les plus connus, citons le Dingač [dinngatche] *et le* Zlatan Plavac [zlatane plavatsse], *qui proviennent des îles du sud de la Croatie, ainsi que le* Malvasia [malvassia] *ou le* Pinot [pinote], *qui sont produit en Istrie. Les Croates ont l'habitude de couper le vin de moins bonne qualité avec de l'eau, notamment quand il fait chaud. Le vin rouge coupé avec de l'eau plate est appelé* bevanda [bèvannda], *et le vin blanc coupé avec de l'eau gazeuse s'appelle* gemišt [guèmichte].

ville grad [grade]
- ▶ je voudrais un ticket pour le centre-ville želim kartu do centra grada [jèlime cartou dotssènntra grada]
- ▶ où puis-je trouver un plan de la ville ? gdje mogu naći plan grada? [gdyèmogou natchi planngrada?]

vin vino [vino]
- ▶ vin blanc bijelo vino [byèlo vino]
- ▶ vin rosé roze [rozè]
- ▶ vin rouge crno vino [tsseurno vino]
- ▶ pouvez-vous nous apporter la carte des vins ? možete li nam donijeti vinsku kartu? [mojètèliname donyèti vinnskou cartou?]
- ▶ nous allons prendre une bouteille de vin uzet ćemo bocu vina [ouzètchèmo botssou vina]

violet ljubičasti [lyoubitchasti]
- ▶ je peux voir la robe violette qui est en vitrine ? mogu li vidjeti ljubičastu haljinu koja je u izlogu? [mogouli vidyèti lyoubitchastou Halyinou coïaïè ou-izlogou?]

virement *(bancaire)* virman [virmane]
- ▶ je voudrais faire un virement htio bih ispuniti virman [Hti-obiH ispouniti virmane]

se déplacer en ville **INFO**

- ▶ quel est le bus qui va à la gare ? koji autobus ide na kolodvor? [coïi aoutobousse idè nacolodvore?]
- ▶ quel est le moyen le plus rapide pour se rendre à l'aéroport ? kako se najbrže može doći do aerodroma? [cacossè naïbeurjè mojè dotchi doaèodroma?]
- ▶ un carnet de tickets, s'il vous plaît karnet karata, molim vas [carnète carata, molimrnvasse]
- ▶ pourrez-vous me prévenir quand je devrai descendre ? možete li me obavijestiti kada moram sići? [mojètèlimè obavyèstiti cada morame sitchi?]

visite posjet [possyète]

- visite guidée posjet s vodičem [possyète ssvoditchème]
- y a-t-il une visite en français ? ima li posjet na francuskom? [imali possyète nafranntssouskome?]
- combien de temps dure la visite ? koliko vremena traje posjet? [colico vrèmèna traïè possyète?]

visiter posjetiti [possyètiti]

- j'aimerais bien visiter… volio bih posjetiti… [voli-obiH possyètiti...]
- qu'y a-t-il d'intéressant à visiter ici ? što ovdje ima interesantno za posjetiti? [chto-ovdyè ima inntèrèssanntno zapossyètiti?]

vite brzo [beurzo]

- est-ce que vous pourriez parler un peu moins vite ? možete li govoriti malo sporije? [mojètèli govoriti malo sporiyè?]

vitesse brzina [beurzina]

- à combien la vitesse est-elle limitée sur cette route ? koja je ograničenje brzine na ovoj cesti? [coïaïè ogranitchènyè beurzinè naovoï tssèsti?]

vive živežne namirnice [jivèjnè namirnitssè]

- est-ce qu'il y a des vives ? ima li živežnih namirnica? [imali jivèjniH namirnitssa?]

vœu želja [jèlya]

- tous mes vœux de bonheur ! želim vam puno sreće! [jèlimmvame pouno srètchè!]
- fais un vœu ! poželi želju! [pojèli jèlyou!]

voie *(de gare)* kolosijek [colossyèk]

- de quelle voie part le train pour Paris ? s kojeg kolosijeka kreće vlak do Pariza? [skoïègue colossyèca crètchèvlak dopariza?]

vœux INFO

- joyeux anniversaire ! sretan rođendan! [srètane rodjènndane!]
- joyeux Noël ! čestit Božić! [tchèstite bojitche!]
- bonne année ! sretna Nova godina! [srètna nova godina!]
- bon appétit ! dobar tek! [dobartèk]
- bonne nuit ! laku noć! [lacounotche!]
- félicitations ! čestitke! [tchèstitkè!]

voile jedro [yèdro]

- je fais de la voile bavim se jedrenjem [bavimmssè yèdrènyème]
- je voudrais prendre des cours de voile pour débutants htio bih uzeti satove jedrenja za početnike [Hti-obiH ouzèti satovè yèdrènya zapotchètnikè]
- il faut régler la voile treba namjestiti jedro [trèba namyèstiti yèdro]

voir vidjeti [vidyèti]

- je voudrais voir le Dr Sabatier želim vidjeti Dr Sabatiera [jèlime vidyèti doctora sabatyèra]
- quelles sont les choses à voir absolument dans la région ? koje stvari apsolutno treba vidjeti u regiji? [coïè stvari apsoloutno trèba vidyèti ourèguiyi?]

voir (se) vidjeti (se) [vidyèti (sè)]

- il me semble que nous nous sommes déjà vus quelque part čini mi se da smo se već negdje vidjeli [tchinimissè dasmossè vètchnègdyè vidyèli]
- on se voit demain soir ? vidimo se sutra navečer? [vidimossè soutra navètchère?]
- j'espère qu'on pourra se voir quand tu viendras à Paris nadam se da ćemo se moći vidjeti kada dođeš u Pariz [nadammssè datchèmossè vidyèti cada dodjèche ouparize]

voiture (AUTO) auto [aouto] ; *(wagon)* vagon [vagone]

- pouvez-vous nous aider à pousser la voiture ? možete li nam pomoći gurati auto? [mojètèliname pomotchi gourati aouto?]
- est-ce que c'est loin en voiture ? da li je to daleko autom? [daliyèto dalèco aoutome?]
- c'est bien la voiture 15 ? je li ovo vagon 15? [yèli ovo vagone pètnaèste?]

louer une voiture INFO

- je voudrais louer une voiture pour une semaine htio bih unajmiti auto na tjedan dana [Hti-obiH ounaïmiti aouto natyèdane dana]
- combien coûte la location d'une voiture pour le week-end ? koliko košta najam auta preko vikenda? [colico cochta naïame aouta prèco vikènnda?]
- avec une assurance tous risques, s'il vous plaît s kasko osiguranjem, molim vas [skasko ossigouranyème, molimmvasse]
- est-il possible de rendre la voiture à l'aéroport ? da li se auto može vratiti na aerodromu? [dalissè aouto mojè vratiti na-aèrodromou?]

▶ savez-vous s'il y a une voiture-restaurant dans ce train ? znate li da li ima vagon-restoran u ovom vlaku? [znatèli dali ima vagonnrèstorane ou-ovome vlacou?]

vol *(trajet en avion)* let [lète] ; *(délit)* krađa [cradja]

▶ combien y a-t-il de vols par jour ? koliko letova ima dnevno? [colico lètova ima dnèvno?]

▶ je voudrais faire une déclaration de vol htio bih prijaviti krađu [Hti-obiH priyaviti cradjou]

volant *(de voiture)* volan [volane]

▶ j'ai trop bu, je préfère que tu prennes le volant previše sam popio, više bih volio da ti uzmeš volan [prèvichèssame popi-o, vichèbiH voli-o dati ouzmèche volane]

voler *(argent, objet)* ukrasti [oucrasti]

▶ on m'a volé mes papiers ukradeni su mi dokumenti [oucradjènissoumi do-coumènti]

volley odbojka [odboïka]

▶ voulez-vous faire une partie de volley ? hoćete li igrati odbojku? [Hotchè-tèli igrati odboïkou?]

volontiers rado [rado]

▶ j'en reprendrais volontiers ! rado bih ponovno uzeo! [radobiH ponovno ou-zèo!]

vomir povraćati [povratchati]

▶ j'ai envie de vomir povraća mi se [povratchamissè]

▶ il a vomi toute la nuit povraćao je cijelu noć [povratchaoïè tssyèlounotche]

vouloir *(désirer, avoir envie de)* htjeti [Htyèti]

▶ je voudrais... htio bih... [Hti-obiH...]

▶ qu'est-ce que ça veut dire ? što to znači? [chtoto znatchi?]

▶ tu prends un verre ? – oui, je veux bien hoćeš popiti piće? – da, vrlo rado [Hotchèche popiti pitchè? – da, veurlo rado]

▶ c'est où tu veux quand tu veux ! gdje hoćeš i kada hoćeš! [gdyèHotchèche icada Hotchèche!]

▶ tu m'en veux ? ljutiš li se na mene? [lyoutichlissè namènè?]

vous vi [vi]

▶ bon appétit ! – merci, vous aussi ! dobar tek! – hvala, vama također! [do-bartèk ! – Hvala, vama tacodjère!]

▶ est-ce que vous vous connaissez ? vi se poznajete? [vissè poznaïètè?]

▶ c'est à vous ? to je vaše? [toïè vachè?]

INFO

voyager en Croatie

Sachez qu'en Croatie, le réseau ferroviaire n'est pas uniformément réparti sur l'ensemble du territoire : s'il est assez développé dans le nord du pays, celui-ci ne couvre, en Dalmatie, que les grands axes. Par exemple, il n'y a pas de liaison ferroviaire entre Split et Dubrovnik. Le seul moyen pour voyager dans cette zone reste donc le bus, et il en sera de même pour un grand nombre de petites villes côtières, uniquement accessibles par la route. Pour demander où se trouve la gare ferroviaire, à Zagreb par exemple, dites *gdje se nalazi Glavni kolodvor?* [gdyèssè nalazi glavni colodvore?]. *Ceux d'entre vous qui voyagent en bus pourrons demander où se trouve la gare routière* *gdje se nalazi autobusni kolodvor?* [gdyèssè nalazi colodvore?]. *Pour vous déplacer à l'intérieur d'une ville, repérez les stations de bus (postaja* [postaïa]*) disséminées un peu partout. Et pour savoir à quel arrêt vous devrez descendre, demandez* *na kojoj postaji moram sići?* [nacoïoï postaïi morame sitchi?] *ou encore* *koja je to postaja?* [coïaïè postaïa?] *(c'est quel arrêt ?).*

voyage *(trajet)* put [poute]
- bon voyage ! sretan put! [srètannpoute!]
- combien de temps dure le voyage ? koliko traje putovanje? [colico traïè poutovanyè?]

voyager putovati [poutovati]
- je voyage seule putujem sama [poutouyème sama]

vrai istinit [istinite]
- à vrai dire... istini za volju... [istini zavolyou...]
- c'est pas vrai ! to nije istina! [toniyè istina!]

vue pogled [poglède]
- je préférerais une chambre avec vue sur la mer ja bih radije sobu s pogledom na more [yabiH radiyè sobou spoglèdome namorè]

W

week-end vikend [vikènnde]
- on part ce week-end odlazimo ovog vikenda [odlazimo ovogue vikènnda]

windsurf windsurf [winndseurfe]
- est-ce qu'il y a un bon spot pour faire du windsurf dans le coin ? postoji li ovdje dobro mjesto za windsurf? [postoïili ovdyè dobro myèsto zawinndsurfe?]

Y

yaourt jogurt [yogourte]
- je vais prendre un yaourt uzet ću jogurt [ouzètchou yogourte]

Z

zone zona [zona]

- zone fumeur prostor za pušače [prostore zapouchatché]
- zone piétonne pješačka zona [pyèchatchka zona]
- quelle est la zone réservée aux baigneurs ? koji je dio predviđen za kupače? [coïiyè di-o prèdvidjène zacoupatchè?]

Le croate dans tous ses états

Mystères et secrets de la langue croate

Reconnaissons que le croate, que l'on ne saurait désormais confondre avec le serbo-croate, est souvent un mystère pour les non-initiés. Sachez donc que cette langue fait partie des langues indo-européennes, mais plus précisément des langues slaves, tout comme le russe ou le tchèque. Il faut savoir que les langues slaves sont divisées en trois groupes : les langues slaves du nord, comme le russe ou l'ukrainien, les langues slaves occidentales, comme le tchèque ou le slovaque, et enfin les langues slaves du sud auquel appartient le croate, ainsi que le serbe ou le bulgare par exemple. Rappelons que « Yougoslavie » (*Jugoslavija* [Yougoslavya]), le nom du pays dont faisait partie la Croatie jusqu'à son indépendance, signifiait « le pays des Slaves (*slavija*) du sud (*jug*) ».

Une langue traversée par des influences étrangères

Le croate est une langue très riche avec une grammaire très complexe qui comporte de nombreuses déclinaisons. C'est l'une des langues les plus proches du « vieux slave », langue originelle commune de tous les Slaves, les Balkans étant bien sûr le berceau de cette culture. Le croate a, néanmoins, été soumis aux influences extérieures. On trouve donc un certain nombre d'apports étrangers :

• les mots d'origine germanique (le nord du pays ayant longtemps été sous domination autrichienne), comme *kino* [kino] (*cinéma*), *benzin* [bènnzine] (*essence*), *šaraf* [charafe] (*vis*), etc. ;

• les mots d'origine italienne (introduits par Venise en Dalmatie et qui sont restés dans le parler de cette région), comme *šjor* [chyore] (*monsieur*), *punta* [pounta] (*pont*), *škužati* [scoujati] (*excuser*), *kvarat* [cvarate] (*quart*), etc. ;

- de nombreux mots d'origine turque (*turcismes*, pour les linguistes !), datant de la présence ottomane dans les Balkans, comme *džep* [djèpe] (*poche*), *džamija* [djamya] (*mosquée*), *sat* [sate] (*heure*), *kat* [cate] (*étage*), *kutija* [coutiya] (*boîte*), *šećer* [chètchère] (*sucre*).

On peut enfin citer quelques néologismes d'origine anglaise apparus plus récemment : *program* [programe] (*programme*), *dizajn* [dizaïne] (*design*), *čat* [tchate] (*chat*), etc.

Si vous voulez connaître des mots croates d'origine française, en voici quelques-uns, qui datent pour la plupart de la présence napoléonienne dans les Balkans : *garnizon* [garnizone] (*garnison*), *abažur* [abajour] (*abat-jour*), *žongler* [jonnglère] (*jongleur*), *žargon* [jargone] (*jargon*), *piknik* [picnic] (*pique-nique*), *randevu* [ranndèvou] (*rendez-vous*, mais uniquement pour un rendez-vous amoureux), etc.

En ce qui concerne les mots croates dans la langue française, il n'y en a quasiment pas, mis à part une savoureuse exception. En effet, le mot *cravate* vient de la déformation du mot « Croate » (*Hrvat* [Hrvate]). C'est Napoléon qui nomma ainsi l'étoffe de tissu que ses soldats croates portaient autour du cou. Messieurs, vous pouvez donc remercier (ou maudire ?) Napoléon et les Croates pour la cravate que vous nouez (peut-être) chaque matin avant d'aller au bureau...

Kayka quoi ? Tchaka quoi ? Chtoka quoi ?

Si vous vous attendiez à de la simplicité, sachez qu'il existe tout de même trois dialectes dans la langue croate ; *le kaïkavien*, *le tchakavien* et *le chtokavien*. Détail amusant, ils ont été nommés ainsi selon la façon de dire le mot « *quoi* » dans chacun des dialectes, *kaj* [kaï] en kaïkavien, *ča* [tcha] en tchakavien et *što* [chto] en chtokavien.

Le kaïkavien, qui présente de nombreuses similitudes avec le slovène, est le dialecte de la région de Zagreb. Le tchakavien est parlé dans la majeure partie de l'Istrie et sur la majorité des îles croates. Cependant, ces deux dialectes ont tendance à se perdre un peu dans les grandes villes comme Zagreb, car ils sont influencés, et c'est normal, par la langue officielle du pays. Enfin, le chtokavien est parlé dans toute la Dalmatie et en Slavonie.

Histoire de faire simple, ce dernier dialecte est également divisé en deux parlers, qui résultent de la différence de prononciation d'une ancienne lettre *glagolitique* (ancien alphabet croate) : *l'ikavien* et *le yékavien*. Par exemple, un enfant se dira *dite* [ditè] en ikavien et *dijete* [dyètè] en yékavien.

Le chtokavien ikavien est parlé sur toute la côte dalmate à l'exception de la région de Dubrovnik. Le yékavien est, quant à lui, parlé dans l'arrière pays dalmate, dans la région de Dubrovnik, ainsi qu'en Slavonie. C'est ce dernier dialecte qui a été choisi en 1836 comme langue littéraire croate, eu égard au prestige de la littérature de Dubrovnik. Mais ce choix a été largement contesté, notamment par le plus grand auteur croate, *Miroslav Krleža*, dont la langue maternelle était celle de Zagreb, le kaïkavien ! Le chtokavien yékavien est néanmoins la langue officielle de la Croatie, c'est donc celle que vous trouverez dans ce guide.

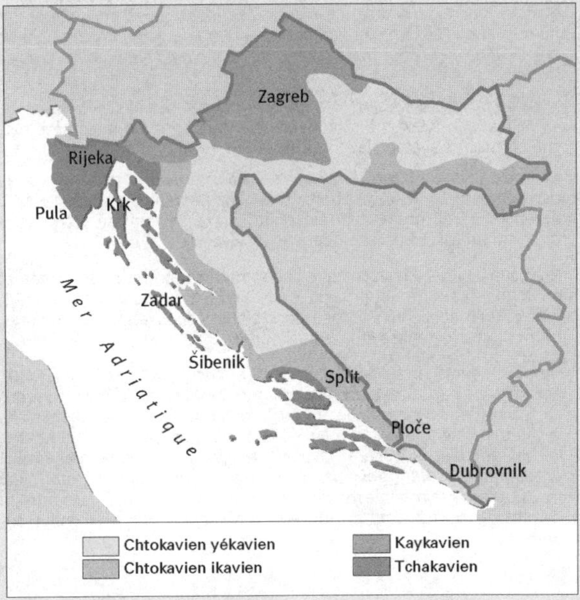

Du serbo-croate au croate

Sous le royaume des Serbes, Croates et Slovènes, puis sous la Yougoslavie, la langue officielle de la Croatie comme de la Serbie et de la Bosnie était le serbo-croate, car on considérait (à tort) que la langue parlée dans ces trois républiques fédérales était la même.

Mais depuis l'indépendance de la Croatie, ce pays tente de faire reconnaître sa langue comme langue bien distincte du serbe, ce qui est légitime compte tenu des différences lexicales, orthographiques, syntaxiques et alphabétiques (les Croates utilisent l'alphabet latin alors que les Serbes écrivent en cyrillique). Malgré certaines ressemblances, un texte croate n'est donc pas identique à un texte serbe. Allez, prenons l'exemple de la phrase « *le train partira précisément de la gare à dix heures et traversera toute la Slavonie* » en croate, puis en serbe :

- croate : *vlak će s kolodvora krenuti točno u deset pa će prijeći cijelu Slavoniju* [vlaktchè scolodvora crènouti totchno oudèssète patchè pryètchi tssyèlou slavonyou]
- serbe : *воз са станице кренуће тачно у десет па ће да пређе целу Славонију* (transcription latine : voz sa stanice krenuće tačno u deset pa će da pređe celu Slavoniju) [voze sastanitssè crènoutchè tatchno oudèssète patchè daprèdjè tssèlou slavonyou]

Ah, vous voyez ? Précisons que la communication entre un Croate et un Serbe est tout à fait possible mais il en est de même entre un Bulgare et un Macédonien. Il s'agit donc bien de deux langues différentes, tout comme le sont le croate et le serbe.

De plus, depuis l'indépendance, ces différences ne cessent de croître, notamment par la restauration de mots croates qui s'étaient perdus au temps de la Yougoslavie, au profit des termes serbes utilisés dans la capitale Belgrade, aujourd'hui capitale de la Serbie. Tiens, au hasard, le mot *advokat* [advocate] (*avocat*), redevenu *odvjetnik* [odvyètnik], *generalni sekretar* [guènèralni sècrètare] (*secrétaire général*), qui donne *glavni tajnik* [glavni taïnik] et *centralni komitet* [tssènntralni comitète] (*comité central*), devenu *središnji odbor* [srèdichnyi odbore] !

Parlons d'jeun's !

Ca y est, vos vacances en Croatie sont planifiées. Vous aussi, comme de plus en plus de Français, vous êtes curieux de découvrir ce jeune État à l'histoire pour le moins mouvementée, où vos grands-parents allaient peut-être déjà en vacances du temps de l'ex-Yougoslavie... Aujourd'hui, la Croatie est passée en un temps record de l'image négative de la guerre à celle d'un fort tourisme de nouveau très populaire dans toute l'Europe. Et ce, pour de multiples raisons : sa situation géographique et historique au carrefour des civilisations (entre Europe centrale et Méditerranée), la richesse de son époustouflant patrimoine (comme à Split et Dubrovnik, classées par l'Unesco) et, cerises sur le gâteau, la beauté de ses îles et de sa côte dalmate où il est si bon de ne rien faire... De plus, la Croatie est à la porte de l'Union européenne et se distingue dans les grands rendez-vous sportifs, c'est vous dire si elle a pris un coup de d'jeun's ! Alors, à vous de vous tenir à la page. Et voyez comment les jeunes Croates manipulent eux aussi le slang [**slènngue**], soit l'argot à la croate.

Le temps qu'il fait, sujet éternel...

Sujet consensuel s'il en est, la météo permet souvent une première approche pas trop difficile pour communiquer à l'arrêt de bus (sujet moins évident en boîte de nuit, à moins que celle-ci ne soit sur la plage). Adoptez-donc ces expressions familières : *umirem od vrućine* [**oumirème odvroutchinè**] (*je meurs de chaud*), *užasno mi je vruće* [**oujasnomiyè vroutchè**] (*j'ai terriblement chaud*), *kiša lijeva kao iz kabla* [**kicha lyèvacao iscabla**] (*il pleut des cordes*). Si rien de tout ça n'est d'actualité, passez à la rubrique suivante.

Faites la fête !

C'est le premier mot à connaître si vous voulez vous amuser en Croatie : *la fête*, soit *tulum* [**touloume**]. Vous pourrez également utiliser l'expression *hoćemo tulumariti* [**hotchèmo touloumariti**] (*on veut* *faire la fête*), si vous êtes vraiment en manque ou du genre à réclamer un service festif minimum, ou encore *mrak smo se proveli* **[mraxmossè provèli]** (*on s'est bien éclatés*), histoire de résumer votre nuit précédente ou de justifier que vos valises ont déménagé brusquement de votre chambre chez l'habitant à la partie inférieure de vos globes oculaires.

À consommer avec modération

L'alcool, sujet quelque peu inévitable, bien que l'abus de boisson ne soit pas très bon pour votre petite santé, on vous le rappelle. Bon, d'accord, on vous informe quand même. Les jeunes Croates utilisent donc les expressions *alkohol* **[alcoHole]**, *piće* **[pitchè]** ou *cuga* **[tssouga]**. Vous pourrez également employer le verbe *cugati* **[tssougati]** (*picoler*) pour prendre des renseignements, tels que *idemo cugati?* **[idèmo tssougati?]** (*on va picoler ?*). C'est vrai, quoi, il faut bien s'y préparer, non ? Moins agréable, vous entendrez peut-être dire à votre sujet *on voli cugati* **[onnvoli tssougati]** (*il aime picoler*). On vous avait dit de faire attention mais vous nous avez pris pour des moralisateurs ! Pire encore, on peut dire de vous *on je pijan* **[onyè piyane]** (*il est ivre*), *on je mrtav pijan* **[onyè meurtave piyanne]** (*il est ivre-mort*) ou encore *on je pijan k'o letva* **[onyè piyane colètva]** (*il est soûl comme une grive*). Si, le lendemain, vous avez la gueule de bois et que vous ne voulez surtout pas être dérangé, dites simplement : *mamuran sam, pustite me na miru!* **[mamourannsame, poustitèmè namirou!]** (*j'ai la gueule de bois, laissez-moi tranquille !*). C'est vrai, quoi, laissez-le tranquille !

Êtes-vous un *lovator* ?

Non, cette expression ne désigne pas une espèce de Terminator de l'amour, à moins d'adorer l'argent, mais désigne un gars bourré de fric (de thune, de fraîche, enfin c'est vous qui voyez) ! En effet, le fric en croate se dit *lova* **[lova]** ou encore *pare* **[parè]** (*thunes*). Pour parler d'une personne friquée, on dira donc *lovator* **[lovatore]** ou alors *on je pun love* **[onyè pounlovè]** (*il est bourré de fric*). Si, au contraire, vous n'avez pas une flèche, dites *nemam love* **[nèmame lovè]** (*j'ai pas de fric*) ou bien *nemam niti kinte* **[nèmame nitikintè]** (*j'ai pas une thune*). Si c'est pour éviter de payer l'addition au resto, le succès n'est quand même pas garanti (on la leur a déjà faite, figurez-vous !).

Si l'article convoité est réellement hors de prix ou si vous êtes du genre à marchander à tout bout de champ, dites *to je užasno skupo* [**toïè oujasno scoupo**] (*c'est horriblement cher*). Chez les petits commerçants, il y a parfois moyen de discuter un peu les prix en posant la question *možete li mi to prodati malo jeftinije?* [**mojètèlimi toprodati malo yèftinyè?**] (*vous pouvez me le vendre un peu moins cher ?*). Si le patron fronce ses gros sourcils, c'est que la réponse est sans doute non. S'il n'est pas trop tard pour rattraper le coup, vous pouvez dire fort hypocritement, avec un grand sourire, *to je budzašto* [**toïè boudzachto**] (*c'est donné*). Flatteur, va !

Soyons grossiers 2 minutes, juste pour information

En croate, les insultes sont nombreuses et plutôt variées, mais surtout à manipuler avec une grande précaution, voire pas du tout ! Pour info, les plus employées sont *koji si ti glupan/debil/idiot/budala...* [**coïissiti gloupane/dèbile/idiote/boudala...**] (*t'es vraiment stupide/débile/idiot/un imbécile...*). À quelqu'un qui se fait tout le temps avoir, on peut dire *koji si ti majmun!* [**koïissiti maïmoune!**] (*quel pigeon tu fais !*). Enfin, une expression dont le sens est sans doute international : *jebi se!* [**yèbissè!**] (*va te faire foutre !*).

En matière de sexisme, les hommes croates utilisent très couramment les expressions *mačka* [**matchka**] (*chatte*, mais sans la connotation sexuelle), *koka* [**coca**] (*poule*), ou encore *komad* [**comade**] (*canon*). On peut dire également, tout comme en français, *to je plavuša* [**toïè plavoucha**] (*c'est une blonde*) pour une femme qui ne serait soi-disant pas très intelligente. Dans le registre du racisme et de l'homophobie, on peut malheureusement parfois entendre *crnčuga* [**tsseurntchouga**] (*nègre*) pour un noir et *peder* [**pèdère**] (*pédé*) pour un homosexuel. À moins d'utiliser ces expressions pour soi-même parce qu'on a un grand sens de l'autodérision, on compte plutôt sur vous pour faire rayonner la culture et le bon goût français !

T'as de beaux yeux, tu sais

Inquiétez-vous un peu, les enfants : ne vous dites pas « avec mon charme de frenchie légendaire, je vais tous (toutes) les tomber ». Car, d'après un sondage, les Croates seraient devenus de meilleurs séducteurs que les Français. Mon Dieu, quel outrage ! Mais que s'est-il passé ? C'est le moment de vous remettre un peu en cause et, peut-être, de prendre quelques leçons de séduction à la croate. Cela dit, soyons honnête, les techniques ne sont guère différentes, elles sont même vieilles comme le monde. En fait, c'est sans doute la belle énergie que les Croates mettent à rattraper le temps perdu (et toutes ces années de conflit) qui fait plaisir à voir et prouve son efficacité. *Želite se upucavati?* **[jèlitèssè oupoutssavati?]** (*vous voulez draguer ?*). Que ce soit dans votre plus beau maillot sur une plage dalmate ou dans les meilleures boîtes de Zagreb, suivez le guide...

T'as une belle voiture, tu sais

On vous a inquiété, hein ? Allez, rassurez-vous, les ficelles de la drague sont toujours aussi grosses. Les Croates sont comme tout le monde, mais depuis qu'ils goûtent de nouveau au bonheur de vivre en paix, ils accordent une place particulière aux signes extérieurs de richesse. Ainsi, si vous êtes un mâle et que vous roulez dans une belle voiture, c'est bête mais vous prenez le risque monumental de plaire. Peut-être est-ce cela qu'on appelle l'insoutenable légèreté de l'être ? D'autre part, il paraît que si vous flirtez avec les 1 m 85, comme beaucoup d'hommes en Croatie, vos chances grandissent elles-aussi. Oui, la vie est injuste.

Dans la rue, au supermarché...

Il est bon de savoir qu'en Croatie on ne drague pas tant que ça dans les rues, et que les filles restent plutôt insensibles à ce genre de choses. Cependant, vous avez un gros avantage sur les locaux : vous pouvez aborder une fille en prenant pour prétexte de demander votre chemin (ah, le petit malin !). *Oprostite, kojim putem moram ići?* [oprostitè, coïime poutème morame itchi?] : *excusez-moi, quel chemin je dois prendre ?* Comme, évidemment, vous ne regardez absolument pas dans la direction qu'elle vous indique, vu que vous en arrivez juste et que vous êtes scotché par son sourire, ses grands yeux verts et sa chevelure soulevée par le vent, vous hésitez entre : *imaš prekrasne oči* [imache prècrasnè otchi] (*tu as des yeux magnifiques*), *imaš jako lijepi osmijeh* [imache yaco lyèpi osmiyèH] (*tu as un très joli sourire*), ou encore *jako si lijepa* [yacossi lyèpa] (*tu es très belle*). À la caisse d'un supermarché, si une jolie fille attend derrière vous avec seulement un pack de 3 éponges pour le prix de 2, proposez-lui de passer devant : *ako želiš, možeš proći ispred mene* [aco jèliche, mojèche protchi isprède mènè] (*si tu veux, tu peux passer devant moi*). Si elle vous fait un joli sourire, vous pourrez lui proposer d'aller boire un verre : *idemo na piće?* [idèmo napitchè?]. Et si vous êtes galant, pourquoi ne pas lui proposer également de porter ses sacs : *mogu ti pomoći s vrećicama?* [mogouti pomotchi ssvrètchitssama?]. Bon, si elle vous demande de descendre les poubelles en partant, c'est peut-être que vous avez forcé sur la galanterie. Dites-vous que personne n'est parfait et partez à la plage.

À la plage...

Bonne idée, faites du soleil votre complice (tiens, voilà une idée de slogan pour les rencontres balnéaires) : enfilez votre plus beau maillot et partez sur les superbes îles et plages de la côte dalmate, à Korčula, Mljet ou Hvar. La plage, c'est bien connu, est un lieu incontournable, quasi mythique, pour les rencontres, comme si les dieux avaient décidé d'en faire des lieux de communication et de simplicité. C'est en effet là que les corps se révèlent et les grands esprits également... Tenez, par exemple, vous avez repéré une fille qui vous plaît et vous voulez lui faire remarquer que son maillot lui va très bien, dites-lui *jako ti dobro stoji tvoj kupaći kostim* [yacoti dobro stoïi tvoï coupatchi costime]. Ou bien il fait très chaud et c'est incroyable mais c'est à elle que vous avez pensé pour aller vous baigner : *jako je vruće, ideš se kupati sa mnom?* [yacoïè vroutchè, idèchssè coupati samnome?] (*il fait très chaud, tu viens te baigner avec moi ?*). Idem pour vous, mademoiselle, vous ne savez comment aborder ce beau jeune homme assoupi sous son journal, réveillez-le en lui demandant de vous passer de la crème dans le dos : *možeš li mi, molim te, namazati leđa kremom?* **[mojèchlimi, molimmtè, namazati lèdja crèmome?]** (*s'il te plaît, tu peux me mettre de la crème dans le dos ?*). S'il vous répond en norvégien, c'est que vous avez encore du mal à repérer la gente masculine croate, mais ne désespérez pas, travaillez votre norvégien 5 minutes pour lui faire plaisir et cherchez une autre occasion de pratiquer la langue. En boîte de nuit, par exemple...

En boîte de nuit...

En Croatie, les boîtes de nuit restent vraiment un lieu de drague à part entière. Vous avez donc remis votre maillot au vestiaire, rangé le soleil au rayon des accessoires à touristes pour l'échanger contre celui du monde de la nuit, emprunté le fer à repasser des proprios de votre chambrée et revêtu votre plus belle tenue (celle avec les paillettes qui font penser à un ciel étoilé). Ça y est, vous voici sur la piste de danse, vous agitant comme une truite remontant le cours d'une rivière, quand soudain vous voilà aspiré(e) par le tourbillon et l'agilité démoniaque de la truite d'en face, qui semble remonter la rivière en sens inverse de vous. Vous hésitez (vous êtes un peu timide quand même) puis, après quelques secondes qui paraissent des siècles, vous émettez finalement ce compliment : *jako dobro plešeš* **[yaco dobro plèchèche]** (*tu danses très bien*) et l'invitez officiellement à danser avec vous : *hoćemo plesati zajedno?* **[Hotchèmo plèssati zaïèdno?]** (*on danse ensemble ?*). Après avoir brûlé tant de calories, c'est sans doute le moment de boire un verre : *idemo popiti piće na šank?* **[idèmo popiti pitchè nachannk?]** (*on va boire un verre au comptoir ?*). Là, s'ensuit un riche échange intellectuel que la décence nous interdit de traduire (notamment à propos de vos nombreux week-ends à Garges-les-Gonesses pour aider votre grand-tante dans ses tâches ménagères), jusqu'à ce moment fatidique où vous osez le : *mogu ti dati pusu?* **[mogouti dati poussou?]** (*je peux te faire un bisou ?*). Nous vous passons les détails, les effets des effluves d'alcool, enfin bref ça finit comme ça : *idemo k tebi ili k meni?* **[idèmo ctèbi ili kmèni?]** (*on va chez toi ou chez moi ?*). Bon, la suite ne nous regarde plus. Vous ne voulez quand même pas qu'on fasse tout le travail à votre place ?

Tentez l'amour à la française !

D'Artagnan, D'Artagnanne, il paraît que les Croates nous auraient un peu relégués dans l'art de séduire, comme si nous appartenions à la

Vieille Europe et eux à la Nouvelle ! Allons z'enfants, sabre au clair, tâchons de redorer l'honneur de la séduction à la française, toujours vivace, quoi qu'on en dise. On n'abat pas comme ça une réputation qui a demandé à nos aïeux des centaines d'années d'étude, de labeur et de raffinement, diantre ! Par exemple, tentez donc de dire *mogu te naučiti francuski* [**mogoutè naoutchiti franntssouski**] (*je peux t'apprendre le français*). C'est le meilleur moyen de jauger l'actualité et la pertinence des relations franco-croates à l'aulne, tout de même, de votre petit charme personnel...

La grammaire du Routard

Sommaire

Tout ce que vous avez toujours voulu savoir sur le croate sans jamais oser le demander

Le croate est, comme la quasi-totalité des langues slaves, une *langue à déclinaisons* (rien à voir avec un quelconque déclin, bien sûr, et pas la peine non plus de chercher des langues à inclinaisons). En effet, tous les noms, adjectifs, pronoms ainsi que certains nombres se déclinent. Par contre, les adverbes, prépositions, conjonctions, particules et interjections sont invariables. Bonne surprise, *il n'y a pas d'article* en croate. Bon, ne rêvez pas, les verbes se conjuguent. En croate, ce sont les dernières lettres (ou désinence) qui nous indiquent le genre, le nombre et le cas grammatical des noms, des adjectifs, des pronoms et des nombres, et le nombre, le temps, le mode et la personne des verbes. Allez, vous avez du pain sur la planche !

Monts et merveilles de la grammaire croate

Apprentis linguistes, sachez que la langue croate possède

- *trois genres* : le masculin, le féminin et le neutre,
- *deux nombres* : le singulier et le pluriel,
- *deux aspects adjectivaux* : indéterminé et déterminé (dans ce dernier cas, uniquement pour les adjectifs masculins singuliers),
- *deux aspects verbaux* : imperfectif (inachevé) et perfectif (achevé) et pas moins de
- *sept cas grammaticaux* :
    - *le nominatif* pour le sujet,
    - *le génitif* pour le complément du nom,
    - *le datif* pour le complément d'attribution,

- *l'accusatif* pour le complément d'objet direct et la localisation dans l'espace (avec idée de mouvement) ou dans le temps,
- *le vocatif* pour interpeller une personne ou un objet,
- *le locatif* pour la localisation dans l'espace (sans idée de mouvement) ou dans le temps et
- *l'instrumental* pour le complément de moyen ou d'accompagnement.

Enfin, les pronoms, les adjectifs, les nombres ordinaux et les deux premiers nombres cardinaux s'accordent en genre, nombre et cas avec le nom. Bon, et vous, vous commencez à vous accorder avec le croate ? C'est vrai, on a parfois envie d'étrangler certains linguistes avec une invention croate : *la cravate*... Et c'est pas fini !

Comment dites-vous ?

En ce qui concerne la phonétique, il existe *quatre règles* qui peuvent modifier une lettre au contact d'une autre :

- *la palatalisation*, qui ne désigne pas la transformation des pavillons de banlieue en palais impériaux, mais le changement de lettres en consonnes palatales au contact d'un i ou d'un e,
- *la sibilarisation* pour le changement des gutturales g, k, h au contact d'un i,
- *l'assimilation des consonnes* pour le changement de certaines consonnes au contact d'autres consonnes et
- *la yodisation* pour le changement d'une lettre au contact d'un j.

Ces changements peuvent se produire lorsqu'un mot est décliné.

Le croate possède *quatre accents toniques* différents (qui ne s'écrivent pas) :

- l'accent court montant,
- l'accent court descendant,
- l'accent long montant et
- l'accent long descendant.
- Cet accent tonique peut se trouver sur n'importe quelle syllabe d'un mot, sauf sur la dernière (ce qui fait qu'elle se trouve souvent sur la première), mais à moins de se trouver dans un contexte ambigu, il est rare qu'une erreur d'accentuation fausse la compréhension de l'interlocuteur.

Mon nom est quelqu'un (ou quelque chose)

C'est la désinence du mot (les dernières lettres) qui permet de différencier le genre, le nombre et le cas, même si certains cas ont la même désinence.

Les noms masculins se terminent par une consonne : ocean [otssèane] (***l'océan***), stol [stole] (***la table***), muškarac [mouchkaratsse] (***l'homme***).

Les noms féminins se terminent par un a : žena [jèna] (***la femme***), boca [botssa] (***la bouteille***), plaža [plaja] (***la plage***).

Les neutres se terminent en o ou en e : more [morè] (***la mer***), dijete [dyètè] (***l'enfant***), drvo [deurvo] (***l'arbre***).

Certains noms sont utilisés uniquement au singulier : šećer [chètchère] (***le sucre***), maslac [maslatsse] (***le beurre***) et d'autres uniquement au pluriel : hlače [Hlatchè] (***le pantalon***), naočale [naotchalè] (***les lunettes***).

Il existe également des noms singuliers collectifs qui ont le sens d'un pluriel : janjad [yanyade] (***les agneaux***), telad [tèlade] (***les veaux***), ainsi que des pluriels irréguliers : dijete - djeca [dyètssa] (***l'enfant - les enfants***), gospodin [gospodine] - gospoda [gospoda] (***monsieur - messieurs***).

En ce qui concerne les genres et les déclinaisons, il y a de nombreuses exceptions que nous n'aborderons pas ici. On peut tout de même préciser que les noms masculins singuliers désignant des êtres vivants, contrairement à ceux qui désignent des êtres inanimés, ont une déclinaison à l'accusatif identique à celle du génitif. Ça vous en bouche un coin, non ?

Voici des exemples de déclinaison de trois noms simples (a priori sans rapport entre eux, à moins que votre épouse ne passe son temps à regarder la mer par la fenêtre) : ***la fenêtre*** – prozor [prozore] (masculin inanimé), ***la femme*** – žena (féminin) et ***la mer*** – more (neutre).

SINGULIER			
Cas	Masculin	Féminin	Neutre
Nominatif	prozor	žena	more
Génitif	prozor**a**	žen**e**	mor**a**
Accusatif	prozor	žen**u**	more
Vocatif	prozore !	ženo !	more !
Datif Locatif	prozor**u**	žen**i**	mor**u**
Instrumental	prozor**om**	žen**om**	mor**em**

PLURIEL			
Cas	Masculin	Féminin	Neutre
Nominatif	prozori	žene	mora
Génitif	prozora	žena	mora
Accusatif	prozore	žene	mora
Vocatif	prozori !	žene !	mora !
Datif Locatif Instrumental	prozorima	ženama	morima

La rude détermination de l'adjectif mâle

L'adjectif s'accorde en genre, en nombre et en cas avec le nom, mais n'a pas obligatoirement la même terminaison que lui.

Si les adjectifs féminins, neutres et pluriels sont indéterminés, l'adjectif masculin singulier possède un aspect déterminé (un peu comme vous quand vous demandez une augmentation à votre patron). L'aspect déterminé se reconnaît au nominatif par sa terminaison en i. On met cet adjectif à la forme déterminée lorsqu'il concerne quelque chose dont on a déjà parlé auparavant, que l'on connaît. Pour simplifier, la forme déterminée est l'équivalent d'un adjectif français accompagné d'un article défini (crven [tsse**ur**vène] : ***rouge*** ou ***un rouge***, crveni [tsse**ur**vèni] : ***le rouge***). Notons que les adjectifs possessifs se terminant en ov ou ev n'ont que la forme indéterminée même si, dans le langage parlé, ils sont déclinés à la forme déterminée, bien que cela soit incorrect grammaticalement (***de Mark*** : Markov [marcove], ***de Miloš*** : Milošev [milochève]). Accrochez-vous, les enfants !

Les adjectifs en ski, nji et ji n'ont, quant à eux, que la forme déterminée (***croate*** : hrvatski [Hrvatski], ***moindre*** : manji [manyi], ***enfantin*** : dječji [dyètchyi]). Il existe aussi, en dehors des deux cas précédents, d'autres adjectifs ne possédant que la forme déterminée. Exemple : ***petit***, mali [mali] (et non « petit, malin »).

Dans ce guide de conversation, les entrées des adjectifs sont présentées uniquement au masculin singulier. Ils sont déclinés quand ils accompagnent un nom.

Exemple de déclinaison d'un adjectif régulier : crven (***rouge***)

SINGULIER	Masculin forme indéterminée	forme déterminée	Féminin	Neutre
Nominatif	crven	crven**i**	crven**a**	crven**o**
Génitif	crven**a**	crven**og**	crven**e**	crven**og**
Accusatif	crven**u**/crven**a** (animé)	crven**i**/crven**og** (animé)	crven**u**	crven**o**
Vocatif	crven**i**	crven**i**	crven**a**	crven**o**
Datif Locatif	crven**u**	crven**om**	crven**oj**	crven**om**
Instrumental	crven**im**	crven**im**	crven**om**	crven**im**

PLURIEL	Masculin	Féminin	Neutre
Nominatif	crven**i**	crven**e**	crven**a**
Génitif	crven**ih**	crven**ih**	crven**ih**
Accusatif	crven**e**	crven**e**	crven**a**
Vocatif	crven**i**	crven**e**	crven**a**
Datif Locatif Instrumental	crven**im**	crven**im**	crven**im**

Fabriquons gaiement du comparatif et du superlatif

Le comparatif ne se forme pas seulement en reluquant en coin son rival de bureau, mais principalement en ajoutant le suffixe ji ou iji à l'adjectif (***vieux*** - ***plus vieux*** : star [stare] - stariji [stariyi]). Les suffixes se déclinent et s'accordent avec le nom :

- masculin, suffixe - ji ou iji : stariji [st**a**riyi]
- féminin, suffixe - ja ou ija : starija [st**a**riya]
- neutre, suffixe - je ou ije : starije [st**a**riyè]

Les comparatifs les plus courants étant souvent irréguliers, en voici quelques-uns qui sont parmi les plus utiles :

- ***bon*** - ***meilleur*** : dobar [d**o**bare] - bolji [b**o**lyi]
- ***beau*** - ***plus beau*** : lijep [lyèpe] - ljepši [ly**è**pchi]
- ***jeune*** - ***plus jeune*** : mlad [mlade] - mlađi [ml**a**dji]
- ***grand*** - ***plus grand*** : velik [v**è**lik] - veći [v**è**tchi]

• ***petit* - *plus petit*** : mali [mali] - manji [manji]

Pour la formation d'une phrase comparative, on place à la suite de l'adjectif au comparatif la préposition od qui régit le génitif :

Marko je stariji od Ivana [marcoïè stariyi odivana] (***Marko est plus vieux que Ivan***).

Quand au superlatif, il se forme simplement en ajoutant le préfixe naj devant l'adjectif :

Marko je najstariji [marcoïè naïstaryi] (***Marko est le plus vieux***).

On s'excuse auprès de tous les Marko pour la comparaison et on signale à Ivan qu'il serait inélégant d'en tirer une fierté supplémentaire.

Le monde merveilleux des pronoms croates

Un peu comme les nominations des Oscars ou des Césars, nous avons le plaisir de vous présenter *les pronoms personnels* croates :

- pour le singulier : ja, ti, on/ona/ono (masc./fém./neutre)
- pour le pluriel : mi, vi, oni/one/ona (masc./fém./neutre)

Au génitif, à l'accusatif, au datif et au locatif, les pronoms personnels possèdent deux formes, la forme courte inaccentuée qui s'utilise dans la plupart des cas :

govorim ti [govorimmti] (***je te parle***)

et la forme longue accentuée qui s'utilise lorsque l'on veut insister sur la personne et après les prépositions :

govorim tebi [govorime tebi] (***c'est à toi que je parle***)

to je za tebe [toïè zatèbè] (***c'est pour toi***)

Hé, vous suivez, c'est à vous que l'on parle !

Déclinaisons des pronoms personnels :

SINGULIER				
Nominatif	ja	ti	on/ono	ona
Génitif Accusatif	mene/me	tebe/te	njega/ga	nju/ju
Vocatif	...	ti!	...	...
Datif Locatif	meni/mi	tebi/ti	njemu/mu	njoj/joj
Instrumental	mnom	tobom	njim	njom

	PLURIEL		
Nominatif	mi	vi	oni/one/ona
Génitif	nas	vas	njih/ih
Accusatif			
Vocatif	…	vi!	…
Datif	nama/nam	vama/vam	njima
Locatif			
Instrumental			

Bon, ne croyez pas que vous allez vous en tirer comme ça. Sachez qu'il existe en croate, en plus des pronoms personnels précédents, *un pronom personnel réfléchi* qui se rapporte au sujet (les autres pronoms s'utilisant lorsque ceux-ci ne se rapportent pas au sujet) :

Čitam svoju knjigu [tchi**ta**me ssv**o**ïou knyigou] (***je lis mon livre***)

Čitaš svoju knjigu [tchi**ta**che ssv**o**ïou knyigou] (***tu lis ton livre***), etc.

Il est incorrect et maladroit de dire čitam moju knjigu. Non, mais !

Les trois principaux *pronoms démonstratifs* sont : ovaj [**o**vaï], taj [taï] et onaj [**o**naï], qui se traduisent tous les trois par ***ce***, ***cet*** ou ***cette***.

- Ovaj s'utilise pour désigner un objet qui se situe près du locuteur :

  ovaj upaljač [**o**vaï oup**a**lyatche] = ***ce briquet*** (près de moi)

- Taj s'utilise si l'objet en question se trouve près de l'interlocuteur :

  taj upaljač = ***ce briquet*** (près de toi)

- Onaj s'emploie pour un objet qui est proche d'une troisième personne ou assez éloigné :

  onaj upaljač = ***ce briquet*** (près de lui/là-bas)

Et oui, pour parler croate, il faut d'abord savoir à qui appartiennent les briquets, les voitures ou encore les serviettes de bain.

Les pronoms possessifs sont : moj (***mon***), tvoj (***ton***), njegov (***son***), njezin (***sa***), naš (***notre***), vaš (***votre***), njihov (***leur***) et *le pronom possessif réfléchi* est svoj, qui s'accorde comme le pronom personnel réfléchi avec le sujet de la phrase.

Les pronoms relatifs sont koji [coïi] (***qui***, ***lequel***) et čiji [tchiyi] (***dont***).

Les pronoms démonstratifs, possessifs et relatifs s'accordent avec le nom et se déclinent quasiment comme des adjectifs.

Les pronoms interrogatifs sont tko (***qui***) et što [chto] (***quoi***), ils se déclinent de la manière suivante :

Nominatif	tko	što
Génitif	koga	čega
Accusatif	koga	što
Vocatif	...	...
Datif Locatif	kome	čemu
Instrumental	kim	čim

Apprenez à compter

Les nombres cardinaux sont indéclinables à l'exception des quatre premiers, ainsi que de stotina [stotina] (***cent***), tisuća [tissoutcha] (***mille***), milijun [miliyoune] (***million***), milijarda[miliyarda] (***milliard***).

En ce qui concerne le chiffre ***1***, il possède les trois genres : on emploie donc jedan [yèdane] pour le masculin, jedna [yèdna] pour le féminin et jedno [yèdno] pour le neutre. Il se décline exactement comme un adjectif déterminé. Pour le chiffre **2**, on utilisera dva pour le masculin et le neutre, et dvije [dvyè] pour le féminin. Les autres chiffres n'ont qu'une seule forme pour les trois genres. Les chiffres dva/dvije (***2***), tri (***3***) et četiri [tchètiri] (***4***) ont des déclinaisons particulières mais, étant donné que celles-ci sont rarement utilisées, il ne nous parait pas nécessaire de vous les présenter ici. C'est déjà assez compliqué comme ça, non ?

100 se dit sto, mais on peut également dire stotina. Stotina, tisuća (***mille/millier***), milijun (***million***), milijarda (***milliard***) se déclinent comme des substantifs.

Jedan/jedna/jedno régit le nominatif. Dva/dvije, tri et četiri régissent le génitif singulier, et tous les autres régissent le génitif pluriel, sauf s'il se termine par l'un des quatre premiers (dvadeset dva [dvadèssètdva] régit par exemple le génitif singulier).

Voici les quatre premiers *nombres ordinaux*, qui sont irréguliers :

- prvi [peurvi] (***premier***) / prva [peurva] (***première***) / prvo [peurvo] (***premier*** au neutre),
- drugi/druga/drugo [drougui/a/o] (***deuxième***),
- treći/treća/treće[trètchi/a/è] (***troisième***),
- četvrti/četvrta/četvrto[tchètveurti/a/o] (***quatrième***).

Les nombres ordinaux suivants se forment en ajoutant les terminaisons i/a/o aux nombres cardinaux :

- pet [pète] (***cinq***) - peti/peta/peto[pèti/a/o] (***cinquième***),
- šest [chèste] (***six***) - šesti/šesta/šesto [chèsti/a/o] (sixième),
- sedam[sèdame] (***sept***) - sedmi/sedma/sedmo [sèdmi/a/o] (***septième***), etc.

Ils se déclinent comme des adjectifs déterminés. Soyez-le également, déterminé, car vous allez encore en avoir besoin.

Le « a » mobile, il est passé par ici...

La lettre a, en croate, est une petite farceuse. Lorsqu'elle se situe à l'avant dernière position d'un mot, elle est très souvent mobile, c'est à dire qu'elle peut disparaître ou réapparaître en fonction de la déclinaison du mot. Cette règle concerne surtout des noms masculins.

Exemple de déclinaison d'un substantif possédant un a mobile, borac [boratsse] (***le combattant***) :

Cas	Singulier	Pluriel
Nominatif	borac	borci
Génitif	borca	boraca
Accusatif	borca	borce
Vocatif	borče	borci
Datif	borcu	borcima
Locatif	borcu	borcima
Instrumental	borcem	borcima

Le a mobile concerne également de nombreux adjectifs : ainsi, on dira miran [mirane] au masculin, mais mirna au féminin et mirno au neutre, ou encore mirnije [mirniye] au comparatif. Dans ce cas, le a mobile n'apparaît qu'au nominatif masculin singulier.

Les verbes à tous les temps (qu'il pleuve, qu'il vente, qu'il neige)

En croate, les infinitifs des verbes se terminent par ti, sti ou ći [tchi] et peuvent être pronominaux. Dans ce dernier cas, le verbe est accompagné de la particule réfléchie se [sè] :

raniti [raniti] (***blesser***) – raniti se (***se blesser***)

Cette particule se rapporte au sujet et reste donc (contrairement au français) inchangée selon les personnes ; ranim se (***je me blesse***), raniš se (***tu te blesses***), etc.

Il existe deux aspects verbaux : *l'aspect imperfectif* et *l'aspect perfectif*. L'aspect imperfectif exprime une action en cours, non terminée ou une action répétitive ou générale. Seul cet aspect peut exprimer le présent. Les verbes perfectifs expriment une action terminée ou qui va l'être. Le présent perfectif ne peut s'utiliser que dans les propositions subordonnées.

Exemples de verbes imperfectifs avec leur aspect perfectif :

- ***ouvrir*** : otvarati [otv**a**rati] - otvoriti [otv**o**riti]
- ***ordonner*** : naređivati [narèdjivati] - narediti [nar**è**diti]
- ***manger*** : jesti [y**è**sti] - pojesti [poï**è**sti]
- ***parler*** : govoriti [gov**o**riti] - reći [r**è**tchi]

Il faut également savoir que les pronoms personnels sont omis en croate, la terminaison du verbe étant suffisante pour déterminer la personne. Les pronoms personnels ne sont employés que pour exprimer une insistance sur la personne :

- radim [r**a**dime] : ***je travaille***
- ja radim [yar**a**dime] : ***moi, je travaille***

Le présent

La conjugaison croate étant assez complexe (certaines grammaires distinguent jusqu'à huit groupes de verbes), nous ne vous donnerons que les deux conjugaisons les plus courantes (celle qui correspond à la plupart des verbes se terminant en –ati et celle qui correspond à la majorité des verbes en –iti, sans rapport évidemment avec le célèbre extraterrestre).

Conjugaison au présent des verbes imati [imati] (***avoir***) et raditi [raditi] (***faire/travailler***) :

Infinitif	imati	raditi
SINGULIER		
1ère personne	imam	radim
2ème personne	imaš	radiš
3ème personne	ima	radi
PLURIEL		
1ère personne	imamo	radimo
2ème personne	imate	radite
3ème personne	imaju	rade

Voici également les conjugaisons des deux auxiliaires croates biti [biti] (***être***) et htjeti [Htyèti] (***vouloir***), ainsi que quelques verbes courants à titre indicatif car ils sont irréguliers :

AUXILIAIRES		
Infinitif	biti	htjeti (forme longue / forme courte)
SINGULIER		
1ère personne	sam	hoću / ću
2ème personne	si	hoćeš / ćeš
3ème personne	je	hoće / će
PLURIEL		
1ère personne	smo	hoćemo / ćemo
2ème personne	ste	hoćete / ćete
3ème personne	su	hoće / će

Infinitif	moći (pouvoir)	ići (aller)	jesti (manger)	piti (boire)	dati (donner)
SINGULIER					
1ère personne	mogu	idem	jedem	pijem	dajem
2ème personne	možeš	ideš	jedeš	piješ	daješ
3ème personne	može	ide	jede	pije	daje

PLURIEL					
1ère personne	možemo	idemo	jedemo	pijemo	dajemo
2ème personne	možete	idete	jedete	pijete	dajete
3ème personne	mogu	idu	jedu	piju	daju

Le passé

Le passé croate se forme à l'aide de l'auxiliaire biti conjugué et de l'adjectif verbal actif. Celui-ci se forme avec le radical du verbe (infinitif sans ti) suivi des suffixes suivants, qui s'accordent avec la personne :

- pour le singulier : masculin o ; féminin la ; neutre lo ;
- pour le pluriel : masculin li ; féminin le ; neutre la.

Sachez que le passé imperfectif se traduit par l'imparfait français (l'imparfait croate étant peu utilisé), tandis que le passé perfectif est l'équivalent du passé composé ou du passé simple (le passé simple croate étant également assez rare).

Exemple (le verbe raditi, qui signifie ***faire/travailler***) :

SINGULIER			
	Masculin	Féminin	Neutre
1ère personne	radio sam	radila sam	radilo sam
2ème personne	radio si	radila si	radilo si
3ème personne	radio je	radila je	radilo je
PLURIEL			
	Masculin	Féminin	Neutre
1ère personne	radili smo	radile smo	radila smo
2ème personne	radili ste	radile ste	radila ste
3ème personne	radili su	radile su	radila su

Le futur

Le futur croate se forme avec l'infinitif du verbe sans le i final, suivi de la forme courte de l'auxiliaire htjeti :

	Singulier	Pluriel
1ère personne	radit ću	radit ćemo
2ème personne	radit ćeš	radit ćete
3ème personne	radit će	radit će

Si vous utilisez un pronom personnel ou un autre mot accentué précédant le futur, il faut utiliser la forme courte de htjeti suivie de l'infinitif du verbe : raditi - ja ću raditi [yatchou raditi] (*je travaillerai*), ti ćeš raditi [titchèche raditi] (*tu travailleras*), etc. Au futur, l'aspect verbal apporte également une nuance de durée.

Maintenant, construisons une phrase

La phrase peut être un simple verbe (nous ne parlerons pas ici des phrases complexes) :

radi = ***il travaille***

Il faut savoir que les pronoms personnels sont omis en croate, car la terminaison du verbe suffit à déterminer la personne. Les pronoms personnels ne sont employés que pour exprimer une insistance sur la personne :

radim = ***je travaille***

ja radim = ***moi, je travaille***

En croate, l'ordre des mots est assez souple, mais les phrases se forment généralement de cette manière :

sujet + verbe : Ana radi [ana radi] (***Ana travaille***), ou bien

sujet + verbe + complément : žene idu na tržnicu [jènè idou nateurjnitssou] (***les femmes vont au marché***), Dalmacija je lijepa pokrajina [Dalmatssiyaïè lyèpa pocraïina] (***la Dalmatie est une belle région***).

En ce qui concerne l'ordre des mots, il y a tout de même une petite règle à respecter. La langue croate est une langue accentuée, mais elle possède cependant des mots inaccentués (enclitiques) qui sont :

- les formes conjuguées du verbe ***être*** : sam [same], si [si], je [yè], smo [smo], ste [stè], su [sou],
- les formes inaccentuées des pronoms personnels : me [mè], mi [mi], te [tè], ti [ti], ga [ga], mu [mou], nas [nasse], nam [name], vas [vasse], vam [vame], ih [iH], im [ime],
- les conjugaisons (forme courte) de l'auxiliaire htjeti qui s'utilisent pour le futur : ću [tchou], ćeš [tchèche], će [tchè], ćemo [tchèmo], ćete [tchètè], će [tchè],
- la particule interrogative li, et

- la particule réfléchie se.

La règle est simple : ces mots enclitiques doivent toujours être précédés d'un mot accentué. Ils ne peuvent donc en aucun cas être placés en début de phrase. Par exemple, il ne faut surtout pas dire ti dajem (***je te donne***), mais dajem ti [daïèmmti], car ti est inaccentué. La plupart du temps, l'adjectif précède le verbe.

La phrase négative

En croate, ***non*** et ***ne... pas*** se disent de la même façon, soit ne. Pour exprimer une négation, il suffit de mettre la particule ne devant le verbe à l'indicatif :

ne radim [nèradime] = ***je ne travaille pas***

Précisons tout de même qu'il existe une forme particulière de négation pour l'impératif, il s'agit de nemoj [nèmoï] (au singulier) ou bien nemojte [nèmoïtè] (au pluriel), qui sera suivie de l'infinitif du verbe :

nemoj raditi = ***ne travaille pas***

Il faut également savoir que les verbes imati (***avoir***), biti (***être***) et htjeti (***vouloir***) sont des exceptions et ont des formes négatives particulières :

SINGULIER			
Infinitif	imati	biti	htjeti
1ère personne	nemam	nisam	ne ću / neću
2ème personne	nemaš	nisi	ne ćeš / nećeš
3ème personne	nema	nije	ne će / neće
PLURIEL			
1ère personne	nemamo	nismo	ne ćemo / nećemo
2ème personne	nemate	niste	ne ćete / nećete
3ème personne	nemaju	nisu	ne će / neće

Ce sont ces formes négatives de biti et de htjeti qui servent à exprimer la négation au passé et au futur :

nisam radio [nissame radi-o] (***je n'ai pas travaillé***) ; ne ću raditi [nètchou raditi] (***je ne travaillerai pas***).

La phrase interrogative

À l'oral, l'intonation peut suffire pour exprimer l'interrogation, comme en français. À l'écrit, la phrase se termine par un point d'interrogation.

En dehors de l'intonation, l'interrogation se forme avec l'expression da li (***est-ce que***) suivie du verbe conjugué, ou bien avec la seule particule interrogative li qui suivra le verbe :

da li radiš? = ***est-ce que tu travailles ?***

radiš li? = ***travailles-tu ?***

La phrase peut également commencer par un mot interrogatif tel que tko (***qui***), što (***quoi***), gdje [gdyè] (***où***), koliko [colico] (***combien***), kada (***quand***), koji [coïi] (***quel, lequel***), etc. :

- tko je Ante? [tkoïè anntè?] = ***qui est Ante ?***

- što je to? [chtoïèto?] = ***qu'est-ce que c'est ?***

- gdje je plaža? [gdyèyè plaja?] = ***où est la plage ?***

- koliko je sati? [colicoïè sati?] = ***quelle heure est-il ?***

- kada počinje predstava?[cada potchinyè prèdstava?] = ***quand commence la représentation ?***

- koji je najljepši grad? [coïiyè naïlyèpchigrade?] = ***quelle est la plus belle ville ?***

Alleluia, il y a des mots indéclinables !

• Les adverbes

Voici quelques exemples d'adverbes : ovdje [ovdyè] (***ici***), tamo [tamo] (***là-bas***), sada [sada] (***maintenant***), sutra [soutra] (***demain***), uvijek [ouvyèk] (***toujours***), vrlo [veurlo] (***très***), dosta [dosta] (***assez***). Les adjectifs neutres peuvent également avoir la fonction d'adverbe : dobro (***bien***), malo (***peu***), mirno (***calmement***). Et ils peuvent se mettre au comparatif et au superlatif : mirno (***calmement***) - mirnije (***plus calmement***) - najmirnije (***le plus calmement***).

• Les prépositions

Quelques exemples de prépositions régissant :

- le génitif : od [ode] (***de, depuis***), do (***jusqu'à***), zbog [zbogue] (***à***

cause de),

- le datif : prema [prèma] (***envers***), unatoč [ounatotche] (***malgré***),

- l'accusatif sans idée de mouvement : za (***pour***), o (***contre***),

- l'accusatif avec une idée de mouvement : u (***à, au***), na (***sur***), pod [pode] (***sous***),

- le locatif : u (***à, au***), na (***sur***), o (***à propos de***),

- l'instrumental : s/sa (devant c, s, z, č, š, ž) (***avec***), pod (***sous***), nad [nade] (***au dessus de***)...

• Les conjonctions

Voici les conjonctions les plus utilisées en croate pour exprimer :

- la coordination : vidim pticu *i* psa [vidime ptitssou ipsa] (***je vois un oiseau et un chien***) ;

- la conjonction négative : nema *niti* hladne *niti* tople vode [nèma niti Hladnè niti toplè vodè] (***il n'y a*** *ni* ***eau froide*** *ni* ***eau chaude***) ;

- un choix : hoćeš govedinu *ili* janjetinu? [Hotchèche govèdinou ili yanyètinou?] (***tu veux du bœuf*** *ou* ***de l'agneau ?***) ;

- l'opposition : idem u grad *no* ne idem u pekaru[idème ougrade no-nèidème oupècarou] (***je vais en ville*** *mais* ***je ne vais pas à la boulangerie***) ; htio bih doći, *ali* sam umoran [Hti-obiH dotchi, alissame oumorane] (***je veux venir,*** *mais* ***je suis fatigué***) ;

- la conséquence : mnogo radim, *stoga* sam umoran [mnogo radime, stogassame oumorane] (***je travaille beaucoup,*** *c'est pour cela que* ***je suis fatigué***) ; nemam više novca, *zato* ne mogu ništa kupiti [nèmame vichè novtssa, zato nèmogou nichta coupiti] (***je n'ai plus d'argent,*** *c'est pour cela que* ***je ne peux rien acheter***) ;

- « que » : mislim *da* je na poslu [mislime daïè naposlou] (***je pense*** *qu'****il est au travail***) ;

- la cause : nije tu *zato što* je bolestan [niyètu zatochtoïè bolèstane] (***il n'est pas là*** *parce qu'****il est malade***) ; ne može doći, *jer* je zauzet [nèmojè dotchi, yèryè zaouzète] (***il ne peut pas venir*** *car* ***il est occupé***) ;

- l'hypothèse : *ako* ideš na more, *onda* ću poći s tobom [aco idèche namorè, onndatchou potchi stobome] (*si* ***tu vas à la mer,*** *alors* ***je viendrai avec toi***).

Évidemment, après avoir ingurgité tout ça, vous avez bien mérité une bonne sieste sur une jolie plage de Dalmatie...

Le croate du routard

Guide croate-français

A

adapter [adaptère] adaptateur

adolescent [adolèstssènnte] adolescent

adresa [adrèssa] adresse

adresa i broj [adrèssa ibroï] coordonnées

Afrika [afrika] Afrique

ako [aco] si

akumulator [akoumoulatore] batterie (de voiture)

aleja [alèya] allée

alergičan [alèrguitchane] allergique

alge [alguè] algues

ali [ali] mais

alkohol [alcoHole] alcool

aluminijska folija [alouminiyska folya] papier d'aluminium

ambasada [ammbassada] ambassade

američki [amèritchki] américain

Amerikanac, Amerikanka [amèricanatsse, amèricannka] Américain(e)

ananas [ananasse] ananas

anestezija [anèstèzya] anesthésie

antibiotik [anntibiotik] antibiotique

antički [anntitchki] antique

antičko doba [anntitchko doba] Antiquité

aperitiv [apèritive] apéritif

arhitektura [arHitèktoura] architecture

aspirin [aspirine] aspirine

ZOOM
ambasada

Utilisé dans la langue parlée, ce mot ne sera pas employé à l'écrit par les Croates (mais vous le trouverez en Bosnie et en Serbie), qui préfèrent, lorsqu'ils le peuvent, se servir de termes slaves plutôt que d'avoir recours à des emprunts étrangers. Ainsi, en croate, ambassade se dira *veleposlanstvo* [vèlèposlannstvo].

ZOOM
arhitektura

Mélange d'influences occidentales et orientales, l'architecture dalmate médiévale est unique en Europe, comme en témoignent les villes côtières de Zadar et de Split, dont les monuments historiques illustrent remarquablement cette mixité culturelle.

astma [astma] asthme

Atlantski ocean [atlannski otssèane] Océan Atlantique

auspuh [aouspouH] pot d'échappement

autentičan [aoutènntitchane] authentique

autobus [aoutobousse] autobus, autocar

autobusna linija [aoutobousna linya] ligne de bus

autobusna postaja [aoutobousna postaïa] station de bus

autobusni kolodvor [aoutobousni colodvore] gare routière

autocesta [aoutotssèsta] autoroute

autodom [aoutodome] camping-car

automatska sekretarica [aoutomatska sècrètaritssa] répondeur

automehaničarska radionica [aoutomèHanitcharska radi-onitssa] garage (de réparation)

automobil [aoutomobile] voiture

autor [aoutore] auteur

autostopiranje [aoutostopiranyè] autostop

avenija [avèniya] avenue

avokado [avocado] avocat (fruit)

Azija [aziya] Asie

B

baciti [batssiti] jeter

badem [badème] amande

bakalar [bacalare] morue

balkon [balcone] balcon

balon [balone] ballon

banana [banana] banane

banka [bannka] banque

bankomat [bannkomate] distributeur (automatique de billets)

bankovni račun [bannkovni ratchoune] compte bancaire

bar [bare] bar

baranjski riblji paprikaš [barannski riblyi paprikache] ragoût de poissons barois aux piments

barem [barème] au moins

baterija [batèriya] pile

bazen [bazène] piscine

bazilika [bazilika] basilique

beba [bèba] bébé

Belgija [bèlguiya] Belgique

Belgijanac, Belgijanka [bèlguiyanatsse, bèlguiyannka] Belge

belgijski [bèlguiyski] belge

bend [bènnde] groupe (de musique)

benzin [bènnzine] essence

benzinska crpka [bènnzinnska tsseurpka] station-service

besplatan [bèsplatane] gratuit

bevanda [bèvannda] vin mouillé (vin rouge coupé avec de l'eau)

bez [bèze] sans

bicikl [bitssicle] bicyclette

biciklistička staza [bitssiclistitchka staza] piste cyclable
bijel [byèle] blanc
bijela kava [byèla cava] café au lait
bijelo vino [byèlo vino] vin blanc
bilježnica [bilyèjnitssa] cahier
biljka [bilyka] plante
biljna ljekarna [bilyna lyècarna] herboristerie
biljni čaj [bilynitchaï] tisane
biti [biti] être
blagajna [blagaïna] caisse (pour payer)
blagdan [blagdane] jour férié

ZOOM
državni blagdan

Le 25 juin, jour de la fête nationale croate, on commémore la déclaration d'indépendance du pays, proclamée en 1991. Cette proclamation donna lieu à une guerre civile opposant les Croates et les Serbes – majoritaires dans certaines régions – qui ne prit fin qu'avec les accords de Dayton en novembre 95.

blato [blato] boue
blic [blitsse] flash
blijed [blyède] pâle
blizak [blizak] proche
blizanci, blizanke [blizanntssi, blizannkè] jumeaux(elles)
blizu [blizou] près
blok karata [blok carata] carnet de tickets
bluza [blouza] chemise
boca [botssa] bouteille
bočica s dudom [botchitssa sdoudome] biberon
bogat [bogate] riche
boja [boïa] couleur
bojler [boïlère] chauffe-eau
bok! [bok!] salut !
bokal [bocale] carafe
bol [bole] douleur
bolest [bolèste] maladie
bolestan [bolèstane] malade
bolnica [bolnitssa] hôpital
bolničarka [bolnitcharka] infirmière
bolnička njega [bolnitchka nyèga] soin hospitalier
bolje [bolyè] mieux
bolji [bolyi] meilleur
bombon [bommbone] bonbon
boravak [boravak] séjour
Božić [bojitche] Noël
brabonjak [brabonyak] crotte
brada [brada] barbe, menton
brak [brak] mariage
branik [branik] pare-chocs
brašno [brachno] farine
brat [brate] frère
brava [brava] serrure
brdo [beurdo] montagne

breskva [brèskva] pêche (fruit)
brežuljak [brèjoulyak] colline
briga [briga] souci
brijač [briyatche] rasoir
brijati se [briyatissè] se raser
brinuti se [brinoutissè] s'inquiéter
brkovi [beurcovi] moustache
brod [brode] bateau
brodska linija [brodska linya] navette (bateau)
brodska veza [brodska vèza] liaison par bateau
broj [broï] nombre, numéro, pointure, taille
brojilo za struju/za vodu [broïilo zastrouyou/zavodou] compteur électrique/d'eau
broj telefona [broïtèlèfona] numéro de téléphone
bronhitis [bronnHitisse] bronchite
brošura [brochoura] brochure
brudet na ribarski način [broudète naribarski natchine] ragoût de poissons
brudet od skuša [broudète odskoucha] ragoût de maquereaux
brz [beurze] rapide
brzina [beurzina] vitesse
brzo [beurzo] vite
bubreg [boubrègue] rein
bubuljica [bouboulyitssa] bouton (sur la peau)
bučan [boutchane] bruyant
budući da [boudoutchida] puisque
buđenje [boudjènyè] réveil
buka [bouca] bruit
burek (od sira/mesa) [bourèk (odssira/mèssa)] feuilleté (au fromage/à la viande)
but [boute] cuisse

C

carina [tssarina] douane
carinska kontrola [tssarinnska conntrola] contrôle douanier
CD [tssèdè] CD
ceduljica [tssèdoulyitssa] note (écrite)
centar [tssènntare] centre
centar grada [tssènntare grada] centre-ville
cesta [tssèsta] route
cestarina [tssèstarina] péage
cigara [tssigara] cigare
cigareta [tssigarèta] cigarette
cigaretni papir [tssigarètni papir] papier à cigarette
cijeli dan [tssyèlidane] toute la journée
cijena [tssyèna] prix
cijena taksi vožnje [tssyèna taxi vojnyè] prix de la course (taxi)

cijene [tssiyènè] tarifs

cijeniti [tssyèniti] apprécier

cipele [tssipèlè] chaussures

cipele s potpeticom [tssipèlè spotpètitssome] chaussures à talons

cirkulacija (krvi) [tssircoulatssiya (keurvi)] circulation (du sang)

cirkus [tssircousse] cirque

Cola [cola] Coca®

crijevna gripa [tssryèvna gripa] grippe intestinale

crkva [tsseurkva] église

crkveni prozori [tsseurkvèni prozori] vitraux

crn [tsseurne] noir

crna čokolada [tsseurna tchocolada] chocolat noir

crni rižoto [tsseurni rijoto] risotto noir

crnobijeli [tsseurnobyèli] noir et blanc

crno vino [tsseurno vino] vin rouge

crtanje [tsseurtanyè] dessin

crven [tsseurvène] rouge

crveno svjetlo [tsseurvèno ssvyètlo] feu rouge

curenje [tssourènyè] fuite (d'eau)

curica [tssouritssa] fille

cvijet [tssvyète] fleur

cvjetača [tssyètatcha] chou-fleur

Č

čaj [tchaï] thé

čaj u vrećici [tchaï ouvrètchitssi] sachet de thé

čak [tchak] même

čarape [tcharapè] chaussettes

časopis [tchassopisse] magazine, revue

čaša [tchacha] verre

ček [tchèk] chèque

čekaonica [tchècaonitssa] salle d'attente

čekati [tchècati] attendre, faire la queue

čelo [tchèlo] front

čep [tchèpe] bouchon

čepić [tchèpitche] suppositoire

čestitam! [tchèstitame!] félicitations !

čestit Božić! [tchèstite bojitche!] joyeux Noël !

često [tchèsto] souvent

češalj [tchèchalye] peigne

češnjak [tchèchnyak] ail

četka [tchètka] brosse

četkica za zube [tchètkitssa zazoubè] brosse à dents

četvrt [tchètveurte] quart, quartier

ćevapčići, ćevapi [tchèvaptchitchi, tchèvapi] saucisses de viande hachée

činiti [tchiniti] faire
čips [tchipse] chips
čist [tchiste] propre
čistiti [tchistiti] nettoyer
čitati [tchitati] lire
čitav [tchitave] entier
čizme [tchizmè] bottes
član [tchlane] membre (d'un club)
čokolada [tchocolada] chocolat
čovjek [tchovyèk] homme
čudan [tchoudane] bizarre, drôle
čuti [tchouti] entendre
čuturica [tchoutouritssa] gourde
čuvaj se psa [tchouvaïssè psa] attention au chien
čuvar [tchouvare] gardien
čuvati [tchouvati] garder
čvrst [tchveurste] dur (solide)

D

da [da] oui
dagnja [dag-nya] moule
dakle [daclè] donc
daleko [dalèco] loin
dalekozor [dalèkozore] jumelles
Dalmacija [dalmatssiya] Dalmatie
dalmatinski pršut [dalmatinnski peurchoute] jambon cru dalmate
dalmatinski specijaliteti [dalmatinnski spètssyalitèti] spécialités dalmates
dan [dane] journée, jour
danas [danasse] aujourd'hui
današnji meni [danachnyi mèni] plat du jour
daska za jedrenje [daska zayèdrènyè] planche à voile
dati [dati] donner
datum [datoume] date
datum rođenja [datoume rodjènya] date de naissance
debeo [dèbèo] gros
dečko [dètchko] garçon, petit ami
dekofeinizirana kava [dècofèinizirana cava] déca (café)
depilirati [dèpilirati] épiler
desert [dèssèrte] dessert
desnica [dèsnitssa] droite
deterdžent za suđe [dètèrdjènnte zassoudjè] liquide vaisselle
devedeset postotni alkohol [dèvèdèssète postotni alcoHole] alcool à 90°
deviza [dèviza] devise
devizni tečaj [dèvizni tètchaï] taux de change
dezinficirati [dèzinnfitssirati] désinfecter
dezodorans [dèzodoranns e] déodorant
dežurna ljekarna [dèjourna lyècarna] pharmacie de garde

dežurni liječnik [dèjourni lyètchnik] médecin de garde
dijabetes [dyabètisse] diabète
dijapozitiv [dyapozitive] diapositive
dijeliti [dyèliti] partager
dijeta [dyèta] régime
dijete [dyètè] enfant
dimnjak [dimnyak] cheminée
dinja [dinya] melon
dio [di-o] partie, part
dirati [dirati] toucher
disketa [diskèta] disquette
diskoteka [discotèca] discothèque
divan [divane] magnifique, merveilleux
divno [divno] superbe
dizalo [dizalo] ascenseur
dizel [dizèle] diesel
dječak [dyètchak] garçon (enfant)
dječja kolica [dyètchya colitssa] poussette
djevojačko prezime [dyèvoïatchko prèzimè] nom de jeune fille
djevojka [dyèvoïka] jeune fille, petite amie
dlaka [dlaca] poil
dnevnik [dnèvnik] journal télévisé
dno [dno] fond
do [do] jusqu'à
dob [dobe] âge
dobar [dobare] gentil
dobar dan! [dobardane!] bonjour ! (l'après-midi)
dobar tek! [dobartèk!] bon appétit !
dobiti sunčanicu [dobiti sountchanitssou] prendre un coup de soleil
dobra večer! [dobra vètchère!] bonsoir !
dobro [dobro] bien
dobrodošao! [dobrodochao!] bienvenue !
dobrodošli (u) [dobrodochli (ou)] bienvenue (en)
dobro jutro! [dobro youtro!] bonjour ! (le matin)
doći [dotchi] venir
dodatak [dodatak] supplément
dodatan [dodatane] supplémentaire
dogoditi se [dogoditissè] se passer
dojam [doïame] impression
dojenče [doïènntchè] nourrisson
dojmljiv [doïmlyive] impressionnant
dok [dok] pendant que
dokument [docoumènnte] document
dolazak [dolazak] arrivée
dolina [dolina] vallée
domaći odlasci/dolasci [domatchi odlastssi/dolastssi] départs/arrivées intérieures (avions)
domovinski rat [domovinnskirate] guerre d'indépendance (1991–1995)
donijeti [donyèti] apporter
donje rublje [donyè roublyè] sous-vêtements
dopada mi se [dopadamissè] ça me plaît
dopisnica [dopisnitssa] carte postale

dopustiti [dopoustiti] laisser, permettre
doručak [doroutchak] petit déjeuner
dosadan [dossadane] ennuyeux
dosađivati se [dossadjivati] s'ennuyer
dosta [dosta] assez
dostajati [dostaïati] suffire
dovesti [dovèsti] amener
doviđenja! [dovidjènya!] au revoir !
dovoljno je [dovolynoïè] ça suffit
drago mi je! [dragomiyè!] enchanté !
drevan [drèvane] ancien
droga [droga] drogue
drugdje [drougdyè] ailleurs
drugi [drougui] autre, d'autres
drugi razred [drougui razrède] deuxième classe (trains)
drvo [deurvo] arbre, bois (matière)
držati [deurjati] tenir
država [deurjava] état
državljanstvo [deurjavlyannstvo] nationalité
državni blagdan [deurjavni blagdane] fête nationale
dubok [doubok] profond
dugme [dougmè] bouton (de vêtement, d'appareil)
dugo [dougo] longtemps
duhan [douHane] tabac (à fumer)
dvor [dvore] palais
dvorac [dvoratsse] château
dvorana [dvorana] salle

DŽ

džamija [djamya] mosquée
džem [djème] confiture
džep [djèpe] poche
džepna svjetiljka [djèpna ssvyètilka] lampe de poche

E

ekipa [èkipa] équipe
ekspresni vlak [exprèsny vlace] train express
espresso [èsprèsso] expresso
električni [èlèctritchni] électrique
električni brijač [éléctritchni briyatche] rasoir électrique
električno kuhalo [èlèctritchni couHalo] plaque électrique

ZOOM
Europska Unija

La Croatie ne fait pas encore partie de l'Union européenne mais figure parmi les pays candidats à l'adhésion. Après l'avis positif de juin 2004 et grâce aux progrès réalisés par la Croatie dans le cadre de la collaboration avec le Tribunal pénal international pour l'ex-Yougoslavie (TPIY), principale condition imposée par les négociateurs de l'Union, les négociations ont repris en octobre 2005.

e-mail adresa [imèyle adrèssa] adresse e-mail

emisija [èmissya] émission

Engleska [ènnglèska] Angleterre

engleski [ènnglèski] anglais

Englez, Engleskinja [ènnglèze, ènnglèzkinya] Anglais(e)

epileptičan [èpilèptitchane] épileptique

eto [èto] voilà

euroček [èourotchèk] eurochèque

Europa [èouropa] Europe

Europljanin, Europljanka [èouroplyanine, èouroplyannca] européen(enne)

Europska Unija [èouropska ounya] Union européenne

evo [èvo] voici

F

faks [faxe] fax

far [fare] phare (de véhicule)

fazan u umaku od borovnica [fazane ou-oumakou odborovnitssa] faisan à la sauce myrtilles

filani janjeći but [filani yanyètchiboute] filet d'agneau

film [film] film, pellicule

flaster [flastère] *(MÉD)* sparadrap

folklorni [folclorni] folklorique

forma [forma] forme

fotoaparat [fotoaparate] appareil pho-

ZOOM
film

Le festival international du film d'animation de Zagreb (l'*Animafest* [animafèste]) est l'un des principaux rendez-vous des animateurs du monde entier. Depuis 2005, il se tient tous les ans en juin (tous les deux ans auparavant). À noter, Zagreb abrite également une remarquable école de cinéma d'animation.

ZOOM
Francuska

L'amitié franco-croate connut son apogée sous Napoléon 1er, alors que les régiments croates de l'Empire se distinguaient durant les nombreuses campagnes militaires françaises. À cette même époque, les Français introduisirent en Croatie les grands principes de la révolution ainsi que leur code civil, ouvrant également de nombreuses écoles où la standardisation de la langue croate fut encouragée.

fotografija [fotografiya] photo

fotokopija [fotocopiya] photocopie

Francuska [franntssouska] France
francuski [franntssouski] français

francuski kruh [franntssouski crouH] baguette

Francuz, Francuskinja [franntssouze, franntssouskinya] Français(e)

frizer [frizère] coiffeur

frižider [frijidère] Frigidaire®

to

G

gaćice [gatchitssè] slip, caleçon

galerija [galèriya] galerie

garancija [garanntssiya] garantie

garaža [garaja] garage (pour se garer)

garderoba [gardèroba] consigne (pour bagages), vestiaire

gas [gasse] accélérateur

gaza [gaza] gaze (bandage)

gazda [gazda] patron

gazirani sok [gazirannisok] gazeux (boisson)

gdje [gdyè] où

gel za kosu [guèlzacossou] gel (pour les cheveux)

gel za tuširanje [guèle zatouchiranyè] gel douche

gemišt [guèmichte] vin blanc coupé avec de l'eau gazeuse

genijalan [guènyalane] génial

ginekolog [guinècologue] gynécolo-

gue
gips [guipse] plâtre
gitara [guitara] guitare
glačalo [glatchalo] fer à repasser
glačati [glatchati] repasser (vêtement)
glad [glade] faim
gladak [gladak] lisse
glas [glasse] voix
glasan [glassane] bruyant
glava [glava] tête
glavni [glavni] principal
glavno jelo [glavno yèlo] plat de résistance
glavobolja [glavobolya] mal de tête
glazba [glazba] musique
gledati [glèdati] regarder
gležanj [glèjagne] cheville
gluh [glouH] sourd
glup [gloupe] bête (idiot)
gljive [glyivè] champignons
gljive na žaru [glyivè najarou] champignons grillés
godina [godina] an, année
godišnjica braka [godichnytsa braca] anniversaire de mariage
gol [gole] nu, but
gore [gorè] en haut, là-haut
gore [gorè] pire
gorivo [gorivo] carburant
gorjeti [goryèti] brûler
gorko [gorco] amer
gorušica [goroutchitssa] moutarde
gospodin [gospodine] Monsieur
gospođa [gospodja] Madame
gospođica [gospodjitssa] Mademoiselle
gost [goste] invité(e)
gostinjska soba [gostinnyska soba] chambre d'hôte
gostionica [gosti-onitssa] auberge
gostoljubiv [gostolyoubive] accueillant
gotovinsko plaćanje [gotovinnsko platchanyè] paiement en liquide
gotski [gotski] gothique
govedina [govèdina] bœuf (viande)
govedina u umaku [govèdina ou-oumacou] bœuf en sauce
govedska juha [govèdska youHa] soupe de bœuf
govoriti [govoriti] parler
grad [grade] ville
gradele [gradèlè] gril
gradska uprava [gradska ouprava] mairie
grah [graH] haricots
grah salata [graH salata] salade de haricots
gramatika [gramatica] grammaire
granica [granitssa] frontière
grašak [grachak] petits pois, pois
Grčka [gueurtchka] Grèce
grčki [gueurtchki] grec
grejpfrut [grèypfroute] pamplemousse
greška [grèchka] erreur, faute
grickalica za nokte [griskalitssa zanoctè] coupe-ongles

grijanje [griyanyè] chauffage
gripa [gripa] grippe
Grk, Grkinja [gueurk, gueurkinya] Grec, Grecque
grlo [gueurlo] gorge
groblje [groblyè] cimetière
grožđe [grojdjè] raisin
grožđice [grojdjitssè] raisins secs
grudnjak [groudnyak] soutien-gorge
grupa [groupa] groupe
grupni izlet [groupni izlète] excursion en groupe
gubiti vrijeme [goubiti vriyèmè] perdre du temps
gulaš [goulache] goulache
guliti se [goulitissè] peler (peau)
guma [gouma] pneu, roue
guma za žvakanje [gouma zajvacanyè] chewing-gum
gurati [gourati] pousser

H

halo [Halo] allô
haljina [Halyina] robe
hašiš [Hachiche] haschich
hemoroidi [Hèmoro-idi] hémorroïdes
hidratantna krema [Hidratanntna crèma] crème hydratante
hidratantno mlijeko [Hidratanntno mlyèco] lait hydratant
higijenski uložak [Higuiyènnski oulojak] serviette hygiénique
hitan slučaj [Hitane sloutchaï] urgence
hitna pomoć [Hitna pomotche] ambulance
hitno [Hitno] urgent
hlače [Hlatchè] pantalon
hladan [Hladane] froid
hladetina [Hladètina] galantine
hladionik [Hladi-onik] réfrigérateur
hobotnica ispod peke [Hobotnitssa ispode pèkè] poulpe sous cloche
hodanje [Hodanyè] marche (à pied)
hodati [Hodati] marcher (à pied)
Holandija [Holanndiya] Hollande
holandski [Holanndski] hollandais
Holanđanin, Holanđanka [Holanndjanine, Holanndjannka] Hollandais(e)
homeopatija [Homèopatiya] homéopathie
homoseksualac [Homossèxoualatsse] homosexuel
hotel [Hotèle] hôtel
hrabrost [Hrabroste] courage
hram [Hrame] temple
hrana [Hrana] nourriture
hridina [Hridina] rocher
hrkati [Heurcati] ronfler
htjeti [Htyèti] vouloir
hulahupke [HoulaHopkè] collants

humor [Houmore] humour
hvala! [Hvala!] merci !
hvala lijepa! [Hvala lyèpa!] merci beaucoup !

I

i [i] et
iako [i-aco] même si
ići [itchi] aller (à)
ideja [idèya] idée
idiot [idiote] idiot
idući [idoutchi] prochain
igra [igra] jeu
igračka [igratchka] jouet
igrati (se) [igrati (sè)] jouer
ili [ili] ou
ima [ima] il y a
imati [imati] avoir
ime [imè] nom, prénom
imenik [imènik] registre, annuaire
inače [inatchè] sinon
infekcija [innfèctssiya] infection
informacije [innformatssiye] informations, renseignements
inicijali [initssyali] initiales
insekt [innsècte] insecte
insekticid [innsèctitsside] insecticide
instrument [instoumènnte] instrument
inteligentan [inntèliguènntane] intelligent
interesantan [inntèrèssanntane] intéressant
internet stranica [inntèrnète stranitssa] site Internet
injekcija [inyèctssiya] piqûre (injection)
invalidna osoba [innvalidna ossoba] handicapé
invalidska kolica [innvalidska colitssa] fauteuil roulant
ipak [ipak] quand même
iscrpljen [istsseurplyène] épuisé
iskaz [iskaze] déclaration
iskoristiti [iskoristiti] profiter de
iskreno [iscrèno] franchement
ispod [ispode] sous, en dessous (de)
isprave [ispravè] papiers (d'identité)
ispred [isprède] devant
ispričati [ispritchati] raconter
ispričati se [ispritchatissè] s'excuser
isprika [isprika] excuse
isprva [ispeurva] d'abord
ispuhan [ispouHane] dégonflé
ispuniti [ispouniti] remplir
istarski pršut [istarski peurchoute] jambon cru d'Istrie
isti [isti] pareil
istina [istina] vérité
istočno (od) [istotchno (ode)] à l'est (de)

Italija [italya] Italie
iz [ize] de
iza [iza] derrière
izabrati [izabrati] choisir
izbor [izbore] choix
izgledati [izglèdati] avoir l'air
izgovoriti [izgovoriti] prononcer
izgrađen [izgradjène] construit
izgubiti [izgoubiti] perdre
izlaz [izlaze] sortie
izlaziti [izlaziti] sortir
izlaz na peron [izlaze napèrone] accès au quai (train, autobus)
izlaz prema autobusnoj i taxi postaji [izlaze prèma aoutobousnoï itaxi postaïi] sortie vers l'arrêt de bus et de taxi
izlaz u slučaju nužde [izlaze ousloutchaïou noujdè] sortie de secours
izlet [izlète] excursion
izliječiti [izlyètchiti] guérir
izlog [izlogue] vitrine
izložba [izlojba] exposition
između [izmèdjou] entre
iznad [iznade] au-dessus (de)
iznajmljivanje [iznaïmlyivanyè] location
iznenaditi [iznènaditi] étonner
iznenađenje [iznènadjènyè] surprise
iznervirati [iznèrvirati] énerver
izravan [izravane] direct
izravno [izravno] directement
izraz [izraze] expression
izraziti [izraziti] exprimer
izraziti se [izrazitissè] s'exprimer
izrezati [izrèzati] couper
izuzetan [izouzètane] exceptionnel
izvrstan [izveurstane] délicieux, excellent

J

ja [ya] je, moi
jabuka [yabouca] pomme
Jadransko more [yadrannsko morè] la mer Adriatique
jagoda [yagoda] fraise
jaje [yaïè] œuf
jak [yak] fort
jakna [yakna] blouson
jamstvo [yammstvo] caution
janje [yanyè] agneau, mouton
janjeća juha [yanyètcha youHa] soupe d'agneau
janjeća rebra [yanyètcha rèbra] côtes d'agneau
janjetina [yanyètina] agneau (viande)
janjetina ispod peke/na ražnju [yanyètina ispode pèkè/narajnyou] agneau sous cloche/à la broche

Japan [yapane] Japon
Japanac, Japanka [yapanatsse, yapannka] Japonais(e)
japanke [yapannkè] tongs
japanski [yapannski] japonais
jastog [yastogue] langouste
jastuk [yastouk] oreiller
javan [yavane] public
javnost [yavnoste] le public
jedan [yèdane] un
jedna [yèdna] une
jednostavan [yèdnostavane] simple
jedriti [yèdriti] faire de la voile
jedva [yèdva] à peine
jeftina tarifa [yèftina tarifa] tarif réduit
jegulja na dalmatinski način [yègoulya nadalmatinnski natchine] anguille à la dalmate
jelen u crnom vinu [yèlène outsseurnome vinou] cerf au vin rouge
jelovnik [yèlovnik] carte, menu
jesen [yèssène] automne
jesti [yèsti] manger
jetra [yètra] foie
jetrena pašteta [yètrèna pachtèta] pâté de foie
jezero [yèzèro] lac
jezik [yèzik] langue
jogurt [yogourte] yaourt
još [yoche] encore
jučer [youtchère] hier
juha [youHa] soupe
jutro [youtro] matin
južno (od) [youjno (ode)] au sud (de)

K

kabanica [cabanitssa] imperméable, K-way®
kabina [cabina] cabine
kaciga [catssiga] casque
kačket [catchkète] casquette
kada [cada] bain
kafić [cafitche] café (lieu)
kajak [kaïak] kayak
kajgana [caïgana] œufs brouillés
kako [caco] comment
kamen [camène] pierre
kamenica [camènitssa] huître
kamera [camèra] caméra
kamion [camione] camion
kamp [cammpe] camping
kampirati [cammpirati] faire du camping
kanta za smeće [cannta zasmètchè] poubelle
kao [cao] comme
kapa [capa] bonnet
kapela [capèla] chapelle
kapi [capi] gouttes (pour les oreilles, les yeux)

kaput [capoute] manteau
karavan [caravane] caravane
karijes [cariyèsse] carie
karta [carta] billet (de transport)
karta za ukrcaj [carta zaoukeurtssaï] carte d'embarquement
karte [cartè] cartes à jouer
kasko osiguranje [casko ossigouranyè] assurance tous risques
kasniti [casniti] être en retard
kasno [casno] tard
kašalj [cachalye] toux
kašljati [cachlyati] tousser
kat [cate] étage
katastrofa [catastrofa] catastrophe
katedrala [catèdrala] cathédrale
katolički [catolitchki] *(adj)* catholique
katolik [catolik] *(nom)* catholique
kava [cava] café
kavana [cavana] café (lieu)
kava sa šlagom [cava sachlagome] café avec de la crème Chantilly
kavga [cavga] bagarre
kazališni komad [cazalichni comade] pièce de théâtre
kazalište [cazalichtè] théâtre
kazalo [cazalo] index (d'un livre)
kazeta [cazèta] cassette
kazna [cazna] amende
kćer [ktchère] fille (enfant)
kefa [kèfa] brosse (à cheveux)
kefica za zube [kèfitssa zazoubè] brosse à dents
keks [kèxe] biscuit
kemijska čistionica [kèmiyska tchistionitssa] blanchisserie
kesten [kèstène] marron (fruit)
kikiriki [kikiriki] cacahouètes
kino [kino] cinéma (lieu)
kino dvorana [kino dvorana] salle de cinéma
kiosk (za novine) [kiosk (zanovinè)] kiosque (à journaux)
kip [kipe] sculpture, statue
kiselo vrhnje [kissèlo veurHnyè] crème fraîche
kiša [kicha] pluie
kišiti [kichiti] pleuvoir
kišobran [kichobrane] parapluie
klasično [classitchno] classique
klima [clima] climat
klub [cloube] club
ključ [clyoutche] clé
knjiga [knyiga] livre
knjižara [knyijara] librairie
knjižnica [knyijnitssa] bibliothèque
kobasica [cobassitssa] saucisse
kočiti [cotchiti] freiner
kočnica [cotchnitssa] frein
kod [code] chez
koji [coïi] quel
kokoš [cocoche] poule
kokošja juha [cocochya youHa] soupe de poule
kolač [colatche] gâteau
kolačić [colatchitche] petit gâteau
kolesterol [colèstèrole] cholestérol
kolica [colitssa] Caddie®

koliko [colico] combien

kolodvor [colodvore] gare

koljeno [colyèno] genou

komad [comade] morceau, tranche

komad leda [comade lèda] glaçon

komarac [comaratsse] moustique

kompliment [commplimènnte] compliment

konačno [conatchno] finalement

koncert [conntssèrte] concert

koncertna dvorana [conntssèrtna dvorana] salle de concert

konferencija [connfèrènntssiya] conférence

konoba [conoba] cave

konobar, konobarica [conobare, conobaritssa] serveur(euse)

kontracepcija [conntratssèptssiya] contraceptif

kontrola putnika i prtljage [conntrola poutnika ipeurtlyaguè] contrôle des voyageurs et des bagages

kontrola putovnica [conntrola poutovnitssa] contrôle des passeports

konzerva [connzèrva] boîte de conserve

konzulat [connzoulate] consulat

konzumacija [connzoumatssiya] consommation

konj [cogne] cheval

konjak [conyak] cognac

kopun s orasima [copoune sorassima] chapon aux noix

korak [corak] pas

koristan [coristane] utile

koristiti [coristiti] utiliser

kosa [cossa] cheveux

kost [coste] os

košarka [cocharka] basket (sport)

košulja [cochoulya] chemise (vêtement)

košuljica [cochoulyitssa] chemise (en carton)

kotleti [cotlèti] côtelettes

koturaljke [cotouralkè] rollers

koza [coza] chèvre

kozji sir [cozyissire] fromage de chèvre

koža [coja] peau, cuir

kradljivac [cradlyivatsse] voleur

krađa [cradja] vol, cambriolage

kraj [craï] fin

krajnji rok [craïnyirok] date limite

kralj [cralï] roi

ZOOM

kralj

Le premier roi croate, Tomislav, appartenait à la dynastie des Trpimirovići. Monté sur le trône en 925, il régna sur le premier royaume de Croatie, alors vassal de Byzance. Le nord du pays passa ensuite sous contrôle hongrois (au XIe siècle), tandis que la Dalmatie subissait la domination vénitienne.

kraljica [cralyitssa] reine

krasno [crasno] superbe

krastavac [crastavatsse] concombre

krasti [crasti] voler (dérober)

kratak [cratak] court

kratica [cratitssa] abréviation

krava [crava] vache

kravata [cravata] cravate

kreditna kartica [crèditna cartitssa] carte de crédit

krema [crèma] crème

krema za brijanje [crèma zabriyanyè] crème à raser

krema za sunčanje [crèma zassountchanyè] crème solaire

krem juha od vrganja [crèmyouHa odveurganya] soupe aux cèpes à la crème

krevet [crèvète] lit

kriška [crichka] tranche

kriza [criza] crise

križ [crije] croix

krpa [keurpa] torchon

krstarenje [keurstarènyè] croisière

kršćanin [keurchtchanine] *(nom)* chrétien

kršćanski [keurchtchannski] *(adj)* chrétien

kruh [crouH] pain

krumpir [croumpire] pomme de terre

kruška [crouchka] poire

kružni tok [croujnitok] rond-point

krv [keurve] sang

krvariti [keurvariti] saigner

krvav [keurvave] saignant

krvna grupa [keurvna groupa] groupe sanguin

krvni tlak [keurvnitlak] pression sanguine

kuća [coutcha] maison

kufer [coufère] valise

kuglica [couglitssa] boule (de glace)

kuhanje [couHanyè] cuisine (art)

ZOOM
kuhanje

La cuisine croate, véritable creuset européen avant l'heure, puise ses racines dans les cuisines turque, grecque, italienne et austro-hongroise (au nord du pays). Vous aurez ainsi l'occasion de goûter les nombreux plats de viande grillée ou panée, de charcuterie, de poissons frits, de pâtisseries, de légumes et autres risottos dont les Croates sont friands.

kuhati [couHati] faire la cuisine, bouillir

kuhinja [couHinya] cuisine (pièce)

kuk [couk] hanche

kukuruz [coucourouze] maïs

kulen [coulène] saucisson

kuna [couna] kuna (monnaie croate)

kupaće gaćice [coupatchè gatchitssè] slip de bain, caleçon de bain

kupaći kostim [coupatchi costime]

maillot de bain
kupalište [coupalichtè] station balnéaire
kupaonica [coupaonitssa] salle de bains
kupati se [coupatissè] se baigner
kupiti [coupiti] acheter
kupovina [coupovina] achats
kupus [coupousse] chou
kupus lešo s maslinovim uljem [coupousse lècho smaslinovime oulyème] chou à l'huile d'olive
kupus salata [coupousse salata] salade de chou
kušati [couchati] goûter
kušet [couchette] couchette (de train)
kutija [coutiya] boîte, paquet
kuverta [couvèrta] enveloppe
kvačilo [kvatchilo] embrayage
kvar [kvare] panne

L

lagati [lagati] mentir
lako [laco] facile (à)
laku noć! [lacounotche!] bonne nuit !
lanac [lanatsse] chaîne
laptop [laptope] ordinateur portable
lavabo [lavabo] lavabo
lažan [lajane] faux
leće [lètchè] lentilles
leći [lètchi] coucher, se coucher
led [lède] glace (eau gelée)
leđa [lèdja] dos
let [lète] vol (avion)
letjeti [lètyèti] voler (en l'air)
lice [litssè] visage
lignje [lig-nyè] calmars
lignje na žaru [lig-nyè najarou] calmars grillés
liječnik [lyètchnik] docteur, médecin
liječnik opće prakse [lyètchnik optchè praxè] médecin généraliste
lijek [lyèk] médicament
lijep [lyèpe] beau
lijevo [lyèvo] à gauche
liker [likère] liqueur
limeta [limèta] citron vert
limun [limoune] citron
limunada [limounada] limonade
linija [linya] chaîne (hi-fi)
linija autobusa [linya aoutoboussa] ligne de bus
lisnica [lisnitssa] portefeuille
list [liste] feuille
litica [lititssa] falaise
litra [litra] litre
lizalica [lizalitssa] sucette
lokalno vrijeme [localno vriyèmè] heure locale

lomljivo [lomlyivo] fragile
lonac [lonatsse] marmitte
lopov [lopove] voleur
lopta [lopta] balle
loš [loche] mauvais
loše [lochè] mal
lubenica [loubènitssa] pastèque
lud [loude] fou
luk [louk] oignon
luka [louca] port
Luksemburg [louxèmmbourgue] Luxembourg
luksemburški [louxèmmbourchki] luxembourgeois
Luksemburžanin, Luksemburžanka [louxèmmbourjanine, louxèmmbourjannka] Luxembourgeois(e)
lula [loula] pipe

LJ

ljekarna [lyècarna] pharmacie
ljepilo [lyèpilo] colle
lješnjak [lyèchnyak] noisette
ljetna kolonija [lyètna colonya] colonie de vacances
ljeto [lyèto] été
ljubav [lyoubave] amour
ljubičast [lyoubitchaste] violet
ljudi [lyoudi] gens
ljut [lyoute] en colère
ljuta paprika [lyouta paprica] piment fort

M

mačka [matchka] chat
madrac [madratsse] matelas
madrac na napuhavanje [madratsse nanapouHavanyè] matelas pneumatique
magla [magla] brouillard
mahune [maHoune] haricots verts
majica kratkih rukava [maïitssa cratkiH roucava] tee-shirt
majka [maïka] mère
majoneza [maïonèza] mayonnaise
maksimum [maximoume] maximum
malina [malina] framboise
malo [malo] peu, (un) peu de
mamurluk [mamourlouk] gueule de bois

manastir [manastire] monastère

mandarina [manndarina] clémentine

manje [manyè] moins

marelica [marèlitssa] abricot

marina [marina] marina

marinada [marinada] marinade

marinada od jegulje [marinada odyègoulyè] marinade d'anguille

marka [marka] timbre, marque

maslac [maslatsse] beurre

masline [maslinè] olives

maslinovo ulje [maslinovo oulyè] huile d'olive

mastan [mastane] gras

me [mè] me

med [mède] miel

medeni mjesec [mèdèni myèssètsse] lune de miel

Mediteransko more [mèditèrannsko morè] la mer Méditerranée

među [mèdjou] parmi

međučin [mèdjoutchine] entracte

međunarodni [mèdjounarodni] international

međunarodni odlasci/dolasci [mèdjounarodni odlastssi/dolastssi] départs internationaux, arrivées internationales

meko kuhano jaje [mèko kouHano yaïè] œuf à la coque

menstruacija [mènstrouatssiya] règles

mesnica [mèsnitssa] boucherie, charcuterie

meso [mèsso] viande

meso s roštilja [mèsso srochtilya] viande grillée

ZOOM
mesnica

La Croatie regorge de spécialités charcutières, une composante essentielle de la gastronomie croate. Citons le *pršut* [peurchoute] (jambon séché), la *buđola* [boudjola] dalmate (saucisson fumé) ou encore le *kulen* [coulène] (saucisson slavon).

meteorološka prognoza [mètèorolochka prog-noza] prévisions météo

mi [mi] me, nous

mikrovalna pećnica [microvalna pètchnitssa] micro-ondes

mineralna [minèralna] minérale

minimum [minimoume] minimum

minuta [minouta] minute

mir [mire] calme

miran [mirane] tranquille

miris [mirisse] odeur

mirisati [mirissati] sentir

mirovina [mirovina] retraite

misa [missa] messe

misliti [misliti] penser

miš [miche] souris

mišić [michitche] muscle

mišljenje [michlyènyè] opinion

mjenjač brzina [myènyatche breuzina] boîte de vitesses

mjesec [myèssètsse] lune, mois
mjesto [myèsto] lieu, place
mjesto za invalide [myèsto za-innvalidè] place pour handicapé
mjesto za parking [myèsto zaparkinngue] place de parking
mlad [mlade] jeune
mladi [mladi] les jeunes
mlako [mlaco] tiède
mliječna čokolada [mlyètchna tchocolada] chocolat au lait
mlijeko [mlyèco] lait
mlijeko za poslije sunčanja [mlyèco zaposlyè sountchanya] lait après-soleil
mljeveno meso [mlyèvèno mèsso] viande hachée
mobitel [mobitèle] portable (téléphone)
moći [motchi] pouvoir (verbe)
moda [moda] mode
moderno [modèrno] branché (à la mode)
modrica [modritssa] bleu (sur la peau)
moguće [mogoutchè] possible
moji [moïi] mes, les miens/les miennes
moj, moja [moï, moïa] mon/ma, le mien/la mienne
mokro [mocro] mouillé
molim te [molimmtè] s'il te plaît, je t'en prie
molim vas [molimmvasse] s'il vous plaît, je vous en prie
moliti [moliti] prier
more [morè] mer
morska bolest [morska bolèste] mal de mer
most [moste] pont
motor [motore] moto
motocikl [mototssicle] mobylette®
motor [motor] moteur
možda [mojda] peut-être
moždani udar [mojdani oudare] apoplexie
mrav [mrave] fourmi
mraz [mraze] gel (eau gelée)
mrkva [meurkva] carotte
mrlja [meurlya] tache
mršav [meurchave] maigre
mrtav [meurtave] mort
mrziti [meurziti] détester
mučnina [moutchnina] nausée
mudar [moudare] sage
muha [mouHa] mouche
muka [mouca] peine
musliman [mouslimane] musulman
muški WC [mouchki vètssè] WC pour hommes
mutno [moutno] flou
muzej [mouzèï] musée
muzikalije [mouzicalyè] disquaire

N

na [na] sur
način [natchine] façon, manière, moyen
naći [natchi] trouver
nad [nade] dessus
nadati se [nadatissè] espérer
nadgledati [nadglèdati] surveiller
nadut [nadoute] enflé
naglasak [naglassak] accent
nagrada [nagrada] prix
najamnina [naïamnina] loyer
najbliži [naïbliji] le plus proche
najbolji [naïbolyi] le meilleur
najdraži [naïdraji] préféré
nakit [nakite] bijoux
nakon [nacone] après
nalikovati [nalicovati] ressembler
namjera [namyèra] intention
namjerno [namyèrno] exprès
naočale [naotchalè] lunettes
napasti [napasti] agresser
naplata cestarine [naplata tssèstarinè] paiement du péage
napojnica [napoïnitssa] pourboire
napokon [napocone] enfin
napon [napone] tension
napor [napore] effort
napredovati [naprèdovati] progresser
naprotiv [naprotive] au contraire
napuniti [napouniti] recharger (portable)
napustiti [napoustiti] quitter
naranča [naranntcha] orange (fruit)
narančast [naranntchaste] orange (couleur)
naravno [naravno] bien sûr
narječje [naryètchyè] dialecte
narod [narod] peuple
naručiti [naroutchiti] commander (au restaurant)
narukvica [naroukvitssa] bracelet
naspram [nasprame] en face
nastamba [nastammba] logement
nastaviti [nastaviti] continuer à
naši [nachi] nos, les nôtres
naš/naša [nache/nacha] notre, le/la nôtre
natečen [natètchenne] enflé
natrpan [nateurpane] bondé
naučiti [naoutchiti] apprendre
naušnice [naouchnitssè] boucles d'oreilles
navika [navika] habitude
na zdravlje! [nazdravlyè!] à tes/vos souhaits !
nazvati [nazvati] téléphoner (à)
na žalost [najaloste] malheureusement
nebo [nèbo] ciel
nedostajati [nèdostaïati] manquer
nedostatak [nèdostatak] défaut
negdje [nègdyè] quelque part

nekoliko [nècolico] quelques, quelques-uns
nema [nèma] il n'y a pas
nemasno mlijeko [nèmasno mlyèco] lait écrémé
nemoguće [nèmogoutchè] impossible
neophodan [nèopHodane] nécessaire
nepitko [nèpitko] non potable
nepušač [nèpouchatsse] non-fumeur
ne radi [nèradi] hors service
neretvanski brudet od jegulja i žaba [nèrètvannski broudète odyègoulya ijaba] ragoût d'anguilles et de grenouilles de la Neretva
nervozan [nèrvozane] nerveux
nesanica [nèssanitssa] insomnie
nesporazum [nèsporazoume] malentendu
nestati [nèstati] disparaître
nešto [nèchto] quelque chose
nešto drugo [nèchto drougo] autre chose
netko [nètko] quelqu'un
neugodan [nèougodane] désagréable, embêtant
nezaboravan [nèzaboravane] inoubliable
nezaposlen [nèzaposlène] au chômage
nezaposlenost [nèzaposlènoste] chômage
nezavisan [nèzavissane] indépendant
nezgoda [nèzgoda] accident
ni [ni] ni
nigdje [nigdyè] nulle part
nijem [niyème] muet
Nijemac, Njemica [nyèmatsse, nyèmitssa] Allemand(e)
nikada [nicada] jamais
nikakav [nicacave] nul
nikako [nicaco] pas du tout
nisko [nisko] bas
ništa [nichta] rien
nitko [nitko] personne (pronom)
nizak tlak [nizaktlak] hypotension
Nizozemska [nizozèmmska] Pays-Bas
noć [notche] nuit
noga [noga] jambe
nogomet [nogomète] football

ZOOM

nogomet

Le football est, avec le basketball et le tennis, le sport favori en Croatie. L'équipe nationale, qui figure parmi les toutes meilleures équipes européennes, avait d'ailleurs terminé troisième lors de la Coupe du Monde de 1998 (en France). Les deux plus grands clubs croates sont le Dinamo Zagreb et le Hajduk Split.

nokat [nocate] ongle
normalan [normalane] normal
nos [nosse] nez
nositi [nossiti] porter

nov [nove] nouveau, neuf

novac [novatsse] argent, monnaie

Nova godina [nova godina] nouvel An

novčanica [novtchanitssa] billet (de banque)

novčanik [novtchanik] porte-monnaie

novost [novoste] nouvelle

nož [noje] couteau

nudistička plaža [noudistitchka plaja] plage nudiste

nudistički kamp [noudistitchki cammpe] camp nudiste

nula [noula] zéro

NJ

njegovi, njegove [nyègovi, nyègovè] ses, les siens/les siennes

njegov, njegova [nyègove, nyègova] son/sa, le sien/la sienne

Njemačka [nyèmatchka] Allemagne

njemački [nyèmatchki] allemand

njihov [nyiHove] leur (adj possessif)

O

obala [obala] côte (maritime)

obavijest [obavyèste] renseignement

obećati [obètchati] promettre

obično [obitchno] d'habitude

obitelj [obitèlye] famille

objasniti [obyasniti] expliquer

objektiv [obyèctive] objectif (d'appareil photo)

oblak [oblak] nuage

oblast [oblaste] région

obložen zlatom/srebrom [oblojène zlatome/srèbrome] plaqué or/argent

obožavati [obojavati] adorer

obračunski tečaj [obratchounski tètchaï] taux de change

obrazac [obazatsse] formulaire

obrok [obrok] repas

obrtnički [obeurtnitchki] artisanal

ocat [otssate] vinaigre

ocean [otssèane] océan

oči [otchi] yeux

očigledan [otchiglèdane] évident

od [ode] dès, depuis que

odbaciti [odbatssiti] rejeter

odbiti [odbiti] refuser

odbojka [odboïka] volley-ball

odgovor [odgovore] réponse
odgovoriti [odgovoriti] répondre
odijevati se [odyèvatissè] s'habiller
odjeća [odyètcha] vêtements
odjel [odyèle] rayon (dans un magasin)
odlazak [odlazak] départ
odlučiti [odloutchiti] décider
odmah [odmaH] tout de suite
odmor [odmore] vacances
odmorište [odmorichtè] aire de repos
odmoriti se [odmoritissè] se reposer
odnijeti [odnyèti] emporter
odrastao [odrastao] adulte
odrezak [odrèzak] steak
odrezak s gljivama [odrèzak sglyivama] steak avec des champignons
odustati [odoustati] laisser tomber
odvesti [odvèsti] emmener
odvjetnik [odvyètnik] avocat (droit)
odvojeno [odvoïèno] séparément
odvojiti [odvoïiti] séparer
odvratan [odvratane] répugnant
ogledalo [oglèdalo] miroir
ogrlica [ogueurlitssa] collier
ogrtač [ogueurtatche] manteau
oklijevati [oclyèvati] hésiter
oko [oco] environ
okrenuti [ocrènouti] tourner
okupati se [ocoupatissè] prendre un bain
okus [ocousse] goût
olovka [olovka] crayon, stylo
oluja [olouya] orage, tempête
ometati [omètati] déranger
omladinski hotel [ommladinnski Hotèle] auberge de jeunesse
omlet [ommlète] omelette
omlet s divljim šparogama [omlète sadivlyime chparoguama] omelette aux asperges sauvages
on [one] il, lui
ona [ona] elle
onda [onnda] alors
one [onè] elles
onesvijestiti se [onèssvyèstitissè] s'évanouir
oni [oni] ils, eux
opasan [opassane] dangereux
opasan pas [opassannpasse] chien méchant
opasno po život [opasno pojivote] danger de mort
opasnost od odrona! [opasnoste odrona!] risques d'éboulement
opasnost od požara [opasnoste odpojara] danger d'incendie
opatija [opatiya] abbaye
opeći se [opètchissè] se brûler
opeklina [opèclina] brûlure
opera [opèra] opéra
oprati se [opratissè] se laver
oprostite [oprostitè] pardon
optičar [optitchare] opticien
opustiti se [opoustitissé] se détendre
orah [oraH] noix

organizirano putovanje [organizirano poutovanyè] voyage organisé

organizirati [organizirati] organiser

originalan [originalane] original

originalna verzija [originalna verziya] en version originale

orkestar [orkèstare] orchestre

osa [ossa] guêpe

osigurač [ossigouratche] fusible

osiguranje [ossigouranyè] assurance

osim [ossime] sauf

osjećati [ossyètchati] sentir

osjetljiv [ossyètlyive] sensible

oslobođeno takse [oslobodjèno taxè] hors taxes

osmijehivati se [osmyèHivatissè] sourire

osoba [ossoba] personne

osobna iskaznica [ossobna iskaznitssa] carte d'identité

osobne stvari [ossobnè stvari] affaires personnelles

osobno [ossobno] personnellement

osrednji [osrèdnyi] moyen

ostatak [ostatak] le reste

ostati [ostati] rester

ostaviti [ostaviti] laisser (abandonner)

oštećeno [ochtètchèno] abîmé

otac [otatsse] père

oteklina [otèclina] enflure

otići [otitchi] s'en aller, partir

otkazati (let, kartu, rezervaciju) [otcazati (lète, cartou, rèzèrvatssiyou] annuler (un vol, un billet, une réservation)

otkriti [otkriti] découvrir

ZOOM

otok

La Croatie compte pas moins de 1185 îles et îlots, dont une soixantaine seulement sont habités. La plupart sont, à l'image de l'archipel des Kornati au large de Zadar, d'une beauté exceptionnelle. La sauvegarde de ce patrimoine inestimable est, depuis de nombreuses années, au centre des préoccupations du gouvernement.

otok [otok] île

otvarač [otvaratche] décapsuleur

otvarač za konzerve [otvaratche zaconnzèrvè] ouvre-boîtes

otvoren [otvorène] ouvert

otvoriti [otvoriti] ouvrir

ova [ova] celle-ci

ovaj [ovaï] celui-ci

ovčji sir [ovtchyissire] fromage de brebis

ovdje [ovdyè] ici

ovi [ovi] ces, ceux-ci, ceux-là

ozbiljan [ozbilyane] sérieux, grave

ožalošćen [ojalochtchène] désolé

P

palačinke (s orasima, sa sirom, sa čokoladom) [palatchinnké (sorassima, sassirome, satchocoladome)] crêpes (aux noix, au fromage, au chocolat)

pamuk [pamouk] coton

papar [papare] poivre

papir [papire] papier

papirnati ubrusi [papirnati oubroussi] serviettes en papier

papirnica [papirnitssa] papeterie

papir za poklone [papire zapoclone] papier-cadeau

paprika [paprika] poivron

parfem [parfème] parfum

park [park] parc

parkiralište [parkiralichtè] parking

parkirati se [parkiratissè] se garer

pas [passe] chien

pasti [pasti] tomber

pastrva u vinu [pasteurva ouvinou] truite au vin

paški sir u maslinovom ulju [pachkissire oumaslinovome oulyou] fromage à l'huile d'olive de Pag

pašta [pachta] pâtes

pašteta [pachtèta] pâté

patentni zatvarač [patènntni zatvaratche] fermeture Éclair®

patiti [patiti] souffrir

patka [patka] canard

patliđan [patlidjane] aubergine

pauk [paouk] araignée, fourrière

pazi vlak! [pazi vlak] attention au train

paziti [paziti] faire attention

pažljiv [pajlyive] prudent

pčela [ptchèla] abeille

PDV [pèdèvè] TVA

pecivo [pètssivo] petit pain

pečen [pètchène] cuit

peći [pètchi] rôtir

pećnica [pètchnitssa] four

pekarnica [pècarnitssa] boulangerie

pelene [pèlènè] couches

pepeljara [pèpèlyara] cendrier

perad [pèrade] volaille

perilica [pèrilitssa] machine à laver

perilica za suđe [pèrilitssa zassoudjè] lave-vaisselle

peron [pèrone] quai

picerija [pitssèrya] pizzeria

piće [pitchè] boisson

pidžama [pidjama] pyjama

pijan [piyane] soûl

pijesak [pyèssak] sable

piknik [piknik] pique-nique

pile [pilè] poulet

pilula [piloula] pilule

PIN [pine] code confidentiel

pinceta [pinntssèta] pince à épiler

pisac [pissatsse] écrivain

ZOOM

pisac

Miroslav Krleža (1893-1981) est sans conteste l'un des plus grands écrivains croates du XXe siècle. Talent éclectique, il est l'auteur de nouvelles (« Mars, dieu croate »), de romans (« Le retour de Philippe Latinowicz ») et de pièces de théâtre. Ardent défenseur de la langue croate, il fonda l'Institut lexicographique croate et dirigea la rédaction de l'Encyclopédie yougoslave.

pisati [pissati] écrire

piškiti [pichkiti] faire pipi

pitanje [pitanyè] question

pita od sira [pita odsira] pita au fromage

pitati [pitati] demander

piti [piti] boire

pitka voda [pitka voda] eau potable

pitko [pitko] potable

pivo [pivo] bière

pizza [pitssa] pizza

pjena za brijanje [pyèna zabriyanyè] mousse à raser

pjenušac [pyènouchatsse] vin mousseux

pješačenje [pyèchachènyè] marche à pied

pješačka zona [pyèchatchka zona] zone piétonne

pješak [pyèchak] piéton

pješice [pyèchitssè] à pied

plac [platsse] marché

pladanj [pladagne] plat (récipient)

plahta [plaHta] drap

plakat [placate] affiche

plakati [placati] pleurer

plan grada [planngrada] plan de la ville

planina [planina] montagne

planinarske cipele [planinarskè tssipèlè] chaussures de marche

planinarsko utočište [planinarsko outotchichtè] refuge de montagne

plastičan [plastitchane] plastique

plastična vrećica [plastitchna vrètchitssa] sac plastique

platiti [platiti] payer

plav [plave] blond, bleu

plaža [plaja] plage

plik [plik] ampoule (sur la peau)

plin [pline] gaz

plinska boca [plinnska botssa] bouteille de gaz

plivanje [plivanyè] natation

plivati [plivati] nager

plodovi mora [plodovi mora] fruits de mer

pluća [ploutcha] poumon

plutača [ploutatcha] bouée

po [po] par

pocrniti [potsseurnyti] bronzer
početak [potchètak] début
početi [potchèti] commencer
početnik [potchètnik] débutant
počevši od [potchèvchi ode] à partir de
podatak [podatak] information, renseignement
podići (novac) [poditchi (novatsse)] retirer (de l'argent)
podizanje [podizanyè] levée (du courrier)
podizanje prtljage [podizanyè peurtlyaguè] retrait des bagages
podne [podnè] midi
podneblje [podnèblyè] climat
podnositi [podnossiti] supporter
poduzeće [podouzètchè] société (entreprise)
pogled [poglède] vue, regard
pogoršati se [pogorchatissè] s'aggraver
pogriješiti [pogryèchitissè] se tromper
pohraniti [poHraniti] sauvegarder
pojas [poïasse] ceinture
pokazati [pocazati] montrer
poklon [poclone] cadeau
pokloniti [pocloniti] offrir
pokrivač [pocrivatche] couverture
pokriven [pocrivène] couvert
pokvaren [pokvarène] bloqué (mécanisme)
pokvariti [pokvariti] gâcher
pola [pola] demi
polako [polako] doucement, lentement
polazak [polazak] départ
polazna točka [polazna totchka] point de départ
policajac [politssaïatsse] policier
policija [politssiya] police
policijska postaja [politssiyska postaïa] commissariat
polovan [polovane] d'occasion
polovica [polovitssa] moitié
polukrug [poloucrougue] demi-tour
polumasno mlijeko [poloumasno mlyèco] lait demi-écrémé
polupansion [poloupannssione] demi-pension
poljubiti [polyoubiti] embrasser
pomagati [pomagati] aider
pomiješati [pomyèchati] mélanger
pomoć [pomotche] aide, secours
pomoć na cesti [pomotche natssèsti] service de dépannage
ponekad [ponècade] quelquefois
poništiti [ponichtiti] annuler
ponoć [ponotche] minuit
ponosan [ponossane] fier
ponoviti [ponoviti] répéter
ponovno [ponovno] à nouveau
popiti piće [popiti pitchè] boire un verre
popraviti [popraviti] réparer
popunjeno [popounyèno] complet (plein)

poradi [poradi] à cause de
pored [porède] à côté de
porezati se [porèzatissè] se couper
porijeklo [poryèclo] origine
poriluk [porilouk] poireau
portret [portrète] portrait
Portugal [portougale] Portugal
Portugalac, Portugalka [portougalatsse, portougalka] Portugais(e)
portugalski [portougalski] portugais
poruka [porouca] message
posao [possao] travail
poseban [possèbanne] spécial
posjet [possyète] visite
posjetiti [possyètiti] rendre visite à, visiter
posjetnica [possyètnitssa] carte de visite
posjet s vodičem [possyète ssvoditchème] visite guidée
poslije [posliyè] après
poslijepodne [poslyèpodnè] après-midi
poslovna klasa [poslovna classa] classe affaires
poslovno putovanje [poslovno poutovanyè] voyage d'affaires
poslužiti se [posloujitissè] se servir
pospremiti [posprèmiti] faire le ménage
postaja [postaïa] arrêt (de bus, de train)
postaja aerodromske policije [postaïa aèrodrommskè politssiyè] commissariat de l'aéroport
postati [postati] devenir
posuditi [possouditi] emprunter, prêter
pošiljatelj [pochilyatèlye] expéditeur
pošiljka [pochilka] colis
pošta [pochta] poste, courrier
poštanska marka [pochtannska marca] timbre postal
poštanski broj [pochtannski broï] code postal
poštanski sandučić [pochtannski sanndoutchitche] boîte aux lettres
poštar [pochtare] facteur
pošten [pochtène] honnête
potpis [potpisse] signature
potpisati [potpissati] signer
potpuno [potpouno] complètement, en entier
potrošiti [potrochiti] consommer
potruditi se [potrouditissè] faire un effort
potvrda o primitku [potveurda oprimitkou] accusé de réception
potvrditi [potveurditi] confirmer
povijest [povyèste] histoire (passé)
povišena temperatura [povichèna tèmmpèratoura] fièvre
povjerenje [povyèrènyè] confiance
povoljno [povolno] bon marché
povraćati [povratchati] vomir
povratak [povratak] retour
povratna karta [povratna carta] aller-retour
povrće [poveurtchè] légume

ZOOM
povijest

Vieille de près de mille cinq cents ans – les Croates sont en effet l'un des plus anciens peuples d'Europe – l'histoire de la Croatie s'inscrit au cœur de l'histoire de l'Europe. Les premières traces des Croates remontent au VIe siècle, lorsque ce peuple nomade s'installa sur les côtes adriatiques de la péninsule balkanique.

povrijeđen [povryèdjène] blessé

poziv [pozive] appel (téléphonique)

pozivni broj [pozivnibroï] indicatif (téléphonique)

poznat [poznate] connu

poznavati [poznavati] connaître

pozor! [pozore!] attention !

pozvati [pozvati] inviter

požar [pojare] incendie

požuriti se [pojouritissè] se dépêcher

praksa [praxa] stage

praonica [praonitssa] laverie

prašak [prachak] poudre

prati [prati] laver

pratiti [pratiti] accompagner, suivre

pravac [pravatsse] sens (direction)

pravedan [pravèdane] juste (équitable)

pravo [pravo] droit

ZOOM
požar

En 1667, à la suite d'un tremblement de terre, la vieille ville de Dubrovnik fut ravagée par un terrible incendie. Aux nombreuses victimes vint s'ajouter la destruction d'une grande partie des monuments de la vieille ville. Reconstruite au cours des siècles, la ville subit d'autres dévastations lors du séisme de 1979 et de la guerre civile contre les Serbes de 1991.

prazan [prazane] vide

predavanje [prèdavanyè] cours (leçon)

predgrađe [prèdgradjè] banlieue

predjelo [prèdyèlo] entrée (repas)

predložiti [prèdlojiti] proposer

predstava [prèdstava] spectacle

predstaviti [prèdstaviti] présenter

predvidjeti [prèdvidyèti] prévoir

pregaziti [prègaziti] renverser

pregažen [prègajène] renversé

prehlada [prèHlada] rhume

prehlađen [prèHladjène] enrhumé

prekasno [prècrasno] trop tard

prekid [prèkide] arrêt

prekjučer [prèkyoutchère] avant-hier

preko [prèco] à travers

prekosutra [prècosoutra] après-demain

prema [prèma] vers (en direction de)
premda [prèmmda] quoique
prepečen [prèpètchène] trop cuit
preplanuo [prèplanouo] bronzé
preporučeno [prèporoutchèno] *(en)* recommandé
preporučiti [prèporoutchiti] recommander
prepoznati [prèpoznati] reconnaître
presjedanje [prèssyèdanyè] correspondance (changement)
presretan [prèsrètane] ravi
presvući se [prèssvoutchissè] se changer
prethodni [prètHodni] précédent
pretplata [prètplata] forfait
prevesti [prèvèsti] traduire
previše [prèvichè] trop (de)
prezervativ [prèzèrvative] préservatif
prezime [prèzimè] nom de famille
priča [pritcha] histoire (récit)
pričati [pritchati] bavarder
prihvatiti [priHvatiti] accepter
prijam [priyame] accueil
prijam hitnih slučajeva (bolnica) [priyame HitniH sloutchaïèva (bolnitssa)] acceuil des urgences (hôpital)
prijatan [priyatane] agréable, sympa
prijatelj, prijateljica [priyatèlye, priyatèlyitssa] ami(e)
prijava [priyava] enregistrement (des bagages)
prijaviti [priyaviti] déclarer (à la police), enregistrer (bagages)
prije [priyè] plutôt
prijeći [pryètchi] traverser
prijelom [pryèlome] fracture
prijetiti [pryètiti] menacer
prijevara [pryèvara] arnaque
priključci za vodu i struju [priklyoutchtssi zavodou istrouyou] branchements pour l'eau et le courant
priključiti [priclyoutchiti] brancher
prilika [prilica] occasion
primatelj [primatèlye] destinataire
primijetiti [primyètiti] remarquer
primiti [primiti] recevoir
primjer [primyère] exemple
pripremi sitan novac [priprèmi sitane novatsse] faites l'appoint
pripremiti [priprèmiti] préparer
priroda [priroda] nature
pristanište [pristanichtè] quai (de port)
pristup [pristoupe] accès
pristupačno [pristoupatchno] abordable
pritisnuti [pritisnouti] appuyer (sur)
privatan [privatane] privé
privatni posjed [privatni possyède] propriété privée
privremen [privrèmène] temporaire
prizemlje [prizèmmlyè] rez-de-chaussée
prizor [prizore] scène, spectacle
prljav [peurlyave] sale
prljavo rublje [peurlyavo roublyè] linge sale

probati [probati] essayer
problem [problème] problème
probuditi [probouditi] réveiller
probušiti [probouchiti] crever (pneu)
procesija [protssèssya] procession
proći [protchi] passer
prodaje se [prodaïèssè] à vendre
prodati [prodati] vendre
prodavač, prodavačica [prodavatche, prodavatchitssa] vendeur(euse)
profesor [profèssore] professeur
program [programe] chaîne (de télévision), programme
proizvod [pro-izvode] produit, article
prokulice [procoulitssè] brocolis
prolaz [prolaze] passage
proljeće [prolyètchè] printemps
proljev [prolyève] diarrhée
promet [promète] circulation (de voitures)
prometalo za vezu [promètalo zavèzou] navette
prometna policija [promètna politssiya] police routière
prometni znakovi [promètni znacovi] panneaux (de signalisation)
promidžba [promidjba] publicité
promijeniti [promyèniti] changer, échanger
promjena [promyèna] changement
propustiti [propoustiti] rater (train, avion)
proslijediti [proslyèditi] faire suivre
prospekt [prospècte] dépliant (prospectus)
prost [proste] malpoli
prošetati se [prochètatissè] se balader
prošlost [prochloste] passé
protestant [protèstannte] protestant
protiv [protive] contre
provizija [proviziya] commission (de change)
provjeriti [provyèriti] vérifier
prozor [prozore] fenêtre, vitre
prsa [peursa] poitrine
prst [peurste] doigt
prsten [peurstène] bague
pršut [peurchoute] jambon fumé
prtljaga [peurtlyaga] bagages
prvi [peurvi] premier
pržen [peurjène] frit
pržene lignje [peurjènè lig-nyè] calmars rôtis
psima ulaz dozvoljen/zabranjen [psima oulaze dozvolyène/zabranyène] entrée autorisée/interdite aux chiens
psovka [psovka] gros mot
ptica [ptitssa] oiseau
pulover [poulovère] pull
pumpa za bicikl [poumpa zabitssicle] pompe à vélo
pun [poune] plein
puni pansion [pouni pannssione] pension complète
puno [pouno] plein de, beaucoup
punomasno mlijeko [pounomasno mliéco] lait entier

punjene lignje [pounyènè lig-nyè] calmars farcis

punjene paprike [pounyènè paprikè] poivrons farcis

pusa [poussa] bise

pustiti [poustiti] laisser tomber

pušač [pouchatche] fumeur

pušiti [pouchiti] fumer

put [poute] chemin, route

puterica (salata) [poutèritssa (salata)] laitue

putnička agencija [poutnitchka aguènntssiya] agence de voyages

putnički ček [poutnitchki tchèk] chèque de voyage

putnik [poutnik] voyageur

putovanje [poutovanyè] voyage

putovati [poutovati] voyager

putovnica [poutovnitssa] passeport

puževi na žaru s pršutom [poujèvi najarou speurchoutome] escargots grillés et jambon fumé

R

račići [ratchitchi] crevettes

račun [ratchoune] addition, ticket de caisse, facture

računalo [ratchounalo] ordinateur

računati [ratchounati] compter, calculer

rad [rade] travail

radijator [radiyatore] radiateur

radio [radio] radio

raditi [raditi] travailler, faire, marcher (fonctionner)

radno vrijeme [radno vriyèmè] heures d'ouverture

radovi [radovi] travaux

rajčica [raïtchitssa] tomate

rakija [rakiya] eau-de-vie

rakovi [racovi] crustacés

rakovica [racovitssa] crabe

rame [ramè] épaule

rana [rana] plaie

raniji [raniyi] avant

rano [rano] tôt

rashladni uređaj [rasHladni ourèdjaï] climatisation

rasprodaje [rasprodaïè] soldes

rastaviti se [rastavitissè] se séparer

rastavljen [rastavlyène] divorcé

rasti [rasti] grandir

rat [rate] guerre

ravan [ravane] plat

ravno [ravno] droit, tout droit

razbiti [razbiti] casser

razboljeti se [razbolyètissè] tomber malade

razdražljiv [razdrajlyive] coléreux

različit (od) [razlitchite (ode)] différent

(de)
razmisliti [razmisliti] réfléchir
razočaran [razotcharane] déçu
razočaravajući [razotcharavaïoutchi] décevant
razumjeti [razoumyèti] comprendre
razviti [razviti] développer (pellicule)
ražnjići [rajnyitchi] brochettes
rebro [rèbro] côte (du corps)
recepcija [rètssèptssiya] réception (d'un hôtel)
recepcionar [rètssèptssionare] réceptionniste
recept [rètssèpte] recette
rečenica [rètchènitssa] phrase
reći [rètchi] dire
red [rède] file d'attente
red letenja [rède lètènya] horaires des vols
red vožnje [rède vojnyè] horaires
registarske tablice [règuistarskè tablitssè] numéro d'immatriculation
reket [rèkète] raquette
rendgen [rènndguène] rayons X
restoran [rèstorane] restaurant
reumatizam [rèoumatizame] rhumatismes
revija [rèviya] revue
rezerviran [rèzèrvirane] réservé
rezervirati [rèzèrvirati] réserver
rezervni [rèzèrvni] de rechange
riba [riba] poisson
ribarnica [ribarnitssa] poissonnerie
riblja juha [riblya youHa] soupe de poissons
riblji restoran [riblyi rèstorane] restaurant de poissons
riblji specijaliteti [riblyi spètssyalitèti] spécialités de poissons
riječ [ryètche] mot
rijedak [ryèdak] rare
rijeka [riyèka] fleuve, rivière
rijetko [ryètko] rarement, pas souvent
rizik [rizik] risque
riža [rija] riz
rižoto od plodova mora [rijoto odplodova mora] risotto aux fruits de mer
rižoto od škampi [rijoto odchkammpi] risotto aux langoustines
rječnik [ryètchnik] dictionnaire
roba [roba] marchandise
rodbina [rodbina] famille
roditelji [roditèlye] parents
roditi se [roditissè] naître
rođendan [rodjènndane] anniversaire
rok trajanja [rok traïanya] date d'expiration
romantičan [romanntitchane] romantique
ronilačko odijelo [ronilatchko odyèlo] combinaison de plongée
ronjenje [ronyènyè] plongée (sous-marine)
roštilj [rochtilye] barbecue
rozé [rozè] vin rosé
rubac [roubatsse] foulard
rublje [roublyè] linge

ručak [routchak] déjeuner
ručati [routchati] déjeuner
ručnik [routchnik] serviette de bain
ruka [rouca] bras, main
rukav [roucave] manche (d'habit)
rukavica [roucavitssa] gant
rukavica za kupanje [roucavitssa za-coupanyè] gant de toilette
rukomet [roucomète] handball
ruksak [rouxak] sac à dos
rum [roume] rhum
rupa [roupa] trou
rupčić [rouptchitche] mouchoir
ruševine [rouchèvinè] ruines
ruža [rouja] rose (fleur)
ružan [roujane] moche
ružičast [roujitchaste] rose (adj)
ruž za usne [rouge zaousnè] rouge à lèvres

S

sačuvati [satchouvati] garder, préserver
sada [sada] maintenant
sajam [saïame] fête foraine, foire
salata [salata] salade
salata od hobotnice [salata odHobotnitssè] salade de poulpes
salata od krastavaca s vrhnjem i češnjakom [salata odkrastavatssa sveurHnyème itchèchnyacome] salade de concombre à la crème et à l'ail
sam [same] seul
samac [samatsse] célibataire
samo [samo] seulement
samoposluživanje [samoposloujivanyè] self-service (supermarché)
samostan [samostane] monastère
san [sane] sommeil, rêve
sandale [sanndalè] sandales
sanduk [sanndouk] caisse (boîte)
sanjati [sanyati] rêver
sapun [sapoune] savon
sardina [sardina] sardine
sastanak [sastanak] rendez-vous
sastati se [sastatissè] se retrouver (rendez-vous)
sat [sate] heure, montre
savjet [savyète] conseil
savjetovati [savyètovati] conseiller
savršen [saveurchène] parfait
Scotch® [scotche] Scotch®
sekunda [sèkounda] seconde
selo [sèlo] village, campagne
sendvič [sènndvitche] sandwich
seosko domaćinstvo [sèosko domatchinnstvo] ferme
servo uređaj [sèrvo ourèdjaï] direction assistée

sestra [sèstra] sœur
sezona [sèzona] saison
siguran [sigourane] sûr, certain
sigurno [sigourno] sûrement
sigurnosni pojas [sigournosni poïasse] ceinture de sécurité
sigurnost [sigournoste] sécurité
silaziti [silaziti] descendre
silovanje [silovanyè] viol
sin [sine] fils
sinagoga [sinagoga] synagogue
sinkopa [sinnkopa] syncope
sinoć [sinotche] hier soir
sir [sire] fromage
siromašan [siromachane] pauvre
sirov [sirove] cru
sir s vrhnjem [sire sveurHnyème] fromage à la crème
sirup [siroupe] sirop (médicament)
sit [site] rassasié
sitniš [sitniche] monnaie
situacija [sitouatssiya] situation
siv [sive] gris
sjeći [syètchi] couper
sjedalo [syèdalo] place (siège)
Sjedinjene (Američke) Države [syèdinyènè amèritchkè deurjavè] États-Unis (d'Amérique)
sjena [syèna] ombre
sjesti [syèsti] s'asseoir
sjetiti se [syètitissè] se souvenir (de)
sjeverno (od) [syèvèrno (ode)] au nord (de)
skijanje na vodi [skiyanyè navodi] ski nautique
skinuti [skinouti] enlever
skorašnji [skorachnyi] récent
skoro [skoro] presque
skulptura [skoulptoura] sculpture
skup [scoupe] cher (coûteux)
skuter [scoutère] scooter
slab [slabe] faible
sladak [sladak] mignon
sladoled [sladolède] glace (à manger)
slagati se [slagatissè] être d'accord
slani keks [slanikèxe] biscuit salé
slanutak [slanoutak] pois chiche
slanje [slanyè] envoi
slastičarnica [slastitcharnitssa] pâtisserie (magasin)
slati [slati] envoyer
slatkiši [slatkichi] sucreries
slavan [slavane] célèbre
slavina [slavina] robinet
slijedeći [slyèdètchi] suivant
slijep [slyèpe] aveugle
slika [slica] peinture, tableau
slobodan [slobodane] libre (table, chaise, chambre)
slomiti [slomiti] casser
slomljen [slommlyène] cassé
slovo [slovo] lettre (de l'alphabet)
složiti [slojiti] ranger
slučaj [sloutchaï] hasard, cas
slučajno [sloutchaïno] par hasard
slušati [slouchati] écouter

služba hitne medicinske pomoći [sloujba Hitnè mèditssinnskè pomotchi] service des urgences médicales
služba informacija [sloujba innformats-siya] service de renseignements
služiti za [sloujiti za] servir à
smanjiti [smanyiti] diminuer
smeće [smètchè] ordures
smeđ [smèdje] marron
smetati [smètati] gêner
smijati se [smiyatissè] rigoler
smijeh [smyèH] rire
smjer [smyère] direction
smještaj [smyèchtaï] logement
smokva [smokva] figue
smrditi [smeurditi] sentir (dégager une odeur)
smrt [smeurte] mort
snaći se [snatchissè] se débrouiller
snijeg [snyègue] neige
snježiti [snyèjiti] neiger
snimati [snimati] filmer
sniženje [snijènyè] soldes
soba [soba] chambre
sok [sok] jus
sol [sole] sel
sorta [sorta] sorte
sos [sosse] sauce
spavati [spavati] dormir
specijalitet [spètssyalitète] spécialité
specijalitet kuće [spètssyalitète koutchè] spécialité de la maison
spirala (za kontracepciju) [spirala (za conntratssèptssiyou)] stérilet
spol [spole] sexe
spomenik [spomènik] monument
spreman [sprèmane] prêt
spriječiti [spryètchiti] prévenir
spužva [spoujva] éponge
srce [seurtssè] cœur
srčani bolesnik [seurtchani bolesnik] cardiaque
srčani udar [seurtchani oudare] crise cardiaque
srebro [srèbro] argent (métal)
sreća [srètcha] bonheur, chance
sredina [srèdina] milieu
srednja škola [srèdnya chkola] lycée
srednji [srèdnyi] moyen (adj)
Srednji vijek [srèdnyivyèk] Moyen Âge
srednjovjekovni [srèdnyovyècovni] médiéval
sredstvo za spavanje [srèdstvo zaspa-vanyè] somnifère
sresti [sresti] rencontrer
sretan [srètane] heureux
sretna Nova godina! [srètna nova godi-na!] bonne année !
sricati [sritssati] épeler
srušiti [srouchiti] renverser
s/sa [s/sa] avec
stadion [stadione] stade
stajalište [staïalichtè] arrêt de bus, de taxi
stajati [staïati] coûter
staklenka [staclènnka] pot (de confi-ture)
staklo [staclo] verre (matière)

stan [stane] appartement
stanarina [stanarina] loyer
stanovati [stanovati] habiter
stanje [stanyè] état
star [stare] ancien, vieux
stari grad [starigrade] vieille ville

ZOOM
stari grad

La vieille ville de Dubrovnik fut fondée au VIIe siècle, puis fortifiée dès le XIIIe par l'adjonction de remparts de plus de 2 km de long tout autour de la cité. La république de Raguse (ancien nom de la ville) connut ensuite son apogée et devint la grande rivale de Venise jusqu'à l'arrivée de Napoléon 1er. L'intégrité de ses monuments et des remparts de la vieille ville font aujourd'hui de Dubrovnik un site unique au monde, classé au patrimoine mondial de l'UNESCO.

stati [stati] s'arrêter
staviti [staviti] mettre
staza [staza] sentier
staza zatvorena [staza zatvorèna] zone interdite
stepenice [stèpènitssè] escalier
stići [stitchi] arriver
stidljiv [stidlyive] timide
stijena [stiyèna] rocher
stil [stile] style
stisnut [stisnoute] serré
stisnuti [stisnouti] serrer
stol [stole] table
stolica [stolitssa] chaise
stoljeće [stolyètchè] siècle
stop [stope] stop
stopalo [stopalo] pied
stopirati [stopirati] faire du stop
strahovati [straHovati] avoir peur
strahovit [straHovite] formidable
stran [strane] étranger
strana [strana] côté
stranac [stranatsse] étranger
stranica [stranitssa] page
strast [straste] passion
strastven [strastvène] passionnant
strašan [strachane] terrible
stražnjica [strajnyitssa] fesses
stric [stritsse] oncle
strpljiv [steurplyive] patient
studen [stoudène] froid
student [stoudènnte] étudiant
studij [stoudiï] études
studirati [stoudirati] faire des études
stupanj [stoupagne] degré (température)
stvar [stvare] chose, affaire
stvarno [stvarno] vraiment
stvarnost [stvarnoste] réalité
suđe [soudjè] vaisselle
suh [souH] sec

suhomesnati proizvodi [souHomèsnati pro-izvodi] produits charcutiers

suknja [souknya] jupe

sunce [sountssè] soleil

suncobran [sountssobrane] parasol

sunčane naočale [sountchanè naotchalè] lunettes de soleil

sunčanica [sountchanitssa] insolation

sunčati se [sountchatissè] bronzer

super [soupère] super (adj & nom)

supermarket [soupèrmarkète] supermarché

suprotan [souprotane] contraire

suprug [souprougue] mari

supruga [souprouga] épouse

susjed [soussyède] voisin

suša [soucha] sécheresse

sušeno voće i povrće [souchèno votchè i poveurtchè] fruits et légumes secs

sušilo za kosu [souchilo zacossou] sèche-cheveux

sušiti [souchiti] sécher, faire sécher

sutra [soutra] demain

suvenir [souvènire] souvenir

suvenirnica [souvènirnitssa] magasin de souvenirs

suvozač [souvozatche] passager

suvremen [souvrèmène] contemporain

svađati se [ssvadjatissè] se disputer

svakako [ssvacaco] de toute manière

svaki [ssvaki] chaque

svašta [ssvachta] n'importe quoi

svatko [ssvatko] chacun

sve [ssvè] tout

svečanost [ssvètchanoste] fête

svećenik [ssvètchènik] prêtre

svejedno mi je [ssvèyèdnomiyè] ça m'est égal

sveučilište [ssvèoutchilichtè] université

ZOOM

sveučilište

De par son rayonnement culturel, la qualité et la diversité de son enseignement, l'université de Zagreb est la plus importante du pays. C'est également la plus ancienne faculté croate et l'une des doyennes en Europe, puisqu'elle fut inaugurée en 1696.

svi [ssvi] tous

sviđati se [ssvidjatissè] plaire

svijeća [ssvyètcha] bougie (de cire)

svijet [ssvyète] monde

svijetao [ssvyètao] clair

svila [ssvila] soie

svinja [ssvinya] cochon, porc

svinjetina [ssvinyètina] porc (viande)

svirati [ssvirati] jouer (d'un instrument)

svjećica [ssvyètchitssa] bougie (de voiture)

svjetiljka [ssvyètilka] lampe

svjetlo [ssvyètlo] lumière (électrique)

svjetlost [ssvyètloste] lumière (naturelle)

svjetski [ssvyètski] mondial

svježe [ssvyèjè] récent, frais (temps, aliment)

svrbjeti [ssveurbyèti] démanger

svuda [ssvouda] partout

Š

šah [chaH] échecs

šal [chale] écharpe

šalica [chalitssa] tasse

šaliti se [chalitissè] plaisanter

šampon [chammpone] shampooing

šator [chatore] tente

šećer [chètchère] sucre

šef [chèfe] chef

šešir [chèchire] chapeau

šetati [chètati] se promener

šibica [chibitssa] allumette

šik [chik] chic

širok [chirok] large

škamp [chkammpe] langoustine

škampe na gradelama [chkammpè nagradèlama] langoustines grillées

škare [chkarè] ciseaux

škola [chkola] école

školjka [chkolka] coquillage

šljiva [chlyiva] prune

šljivovica [chlyivovitssa] eau-de-vie de prune

šnicla [chnitssla] steak

šok [chok] choc

šorc [chortsse] short

Španjolac, Španjolka [chpanyolatsse, chpanyolka] Espagnol(e)

Španjolska [chpanyolska] Espagne

španjolski [chpanyolski] espagnol

šparoga [chparoga] asperge

špeceraj [chpètssèraï] épicerie

špinat [chpinate] épinards

šport [chporte] sport

športski [chportski] sportif

štapići za uši [chtapitchi zaouchi] Coton-Tige®

šteta [chtèta] c'est dommage

što [chto] que, quoi

šuma [chouma] forêt

šunka [chounka] jambon

šunka u tijestu [chounka outyèstou] jambon entier recouvert de pâte et cuit dans le four

T

taj [taï] celui-là

tajna [taïna] secret

tajnik [taïnik] secrétaire

također [tacodjère] aussi

taksa [taxa] taxe

taksist [taxiste] chauffeur de taxi

talijanski [taliyannski] italien

Talijan, Talijanka [taliyane, taliyannka] Italien(enne)

taman [tamane] foncé

tamo [tamo] là-bas

tanak [tanak] fin

tanjur [tanyoure] assiette

tarifa [tarifa] tarif

tava [tava] poêle

taxi [taxi] taxi

tebe [tèbè] te

teča [tètcha] casserole

tele [tèlè] veau

telefon [tèlèfone] téléphone

telefonist [tèlèfoniste] standardiste

telefonska govornica [tèlèfonnska govornitssa] cabine téléphonique

telefonska kartica [tèlèfonnska cartitssa] carte de téléphone

telefonski imenik [tèlèfonnski imènik] annuaire

teletina ispod peke [tèlètina ispode pèkè] veau sous cloche

televizor [tèlèvizore] télévision

temperatura [tèmmpèratoura] température

tenis [tènisse] tennis

tenisice [tènissitssè] tennis (chaussures)

tepih [tèpiH] tapis

terasa [tèrassa] terrasse

teren [tèrène] terrain

terminal [tèrminale] terminal

termos boca [tèrmosse botssa] Thermos®

teško [tèchko] difficile

težak [tèjak] lourd

ti [ti] tu, toi

tijelo [tyèlo] corps

tijesto [tyèsto] les pâtes

tikvica [tikvitssa] courgette

tim bolje [timmbolyè] tant mieux

tipičan [tipitchane] typique

tipkati [tipkati] taper (à l'ordinateur)

tisak [tissak] presse

tiskati [tiskati] imprimer

tišina [tichina] silence

titlovan [titlovane] sous-titré

tjedan [tyèdane] semaine

tjestenina [tyèstènina] pâtes

tkanina [tkanina] tissu

tko [tko] qui

tlak [tlak] pression (artérielle, de pneu)

tlo [tlo] sol

to [to] ça, cela

toaletna torbica [toalètna torbitssa] trousse de toilette

toaletni papir [toalètni papire] papier toilette

točeno (pivo) [totchèno (pivo)] pression (bière)

točka [totchka] point

točno [totchno] correct, exact, bon

točno vrijeme [totchno vriyèmè] heure exacte

toliko [tolico] tellement

topao [topao] chaleureux, chaud

topla čokolada [topla tchocolada] chocolat chaud

toplomjer [toplomyère] thermomètre

torba [torba] sac

torbica [torbitssa] sac à main

torta [torta] tarte

tradicija [traditssiya] tradition

tradicionalan [traditssyonalane] traditionnel

trafika [trafica] bureau de tabac

trajanje [traïanyè] durée

trajati [traïati] durer

trajna kobasica [traïna cobassitssa] saucisse

tramvaj [trammvaï] tramway

tramvajska karta [trammvaïska carta] ticket de tramway

tramvajska linija [trammvaïska linya] ligne de tramway

tramvajska postaja [trammvaïska postaïa] station de tramway

traperice [trapèritssè] jean

trava [trava] herbe

travellers čekovi [travleurze tchècovi] traveller's cheque

tražiti [trajiti] chercher, demander

trbuh [teurbouH] ventre

trebati [trèbati] avoir besoin

trenutak [trènoutak] moment

trenutno [trènoutno] pour le moment

trešnja [trèchnya] cerise

trg [teurgue] place

trgovac [teurgovatsse] marchand

trgovina mješovite robe [teurgovina myèchovitè robè] épicerie

trgovina suhomesnatih proizvoda [teurgovina souHomèsnatiH pro-izvoda] charcuterie (magasin)

trošiti [trochiti] dépenser

trovanje hranom [trovanyè Hranome] intoxication alimentaire

tržnica [teurjnitssa] marché

tržni centar [teurjni tssènntare] centre commercial

tu [tou] là

tuka [touca] dinde

tuna [touna] thon (poisson)

tunjevina [tounyèvina] thon (à manger)

turist [touriste] touriste

turistička klasa [touristitchka classa] classe économique

turistički ured [touristitchki ourède] office de tourisme

tuš [touche] douche

tuširati se [touchiratissè] prendre une douche

tužan [toujane] triste

tvoj [tvoï] ton, le tien

tvoja [tvoïa] ta, la tienne

tvoji, tvoje [tvoïi, tvoïè] tes, les tiens/ les tiennes

tvornica [tvornitssa] usine

tvrdo kuhano jaje [tveurdo couHano yaïè] œuf dur

tvrđava [tveurdjava] fort, forteresse

U

u [ou] à, dans

ubiti [oubiti] tuer

ubod [oubode] piqûre (d'insecte)

učitelj [outchitèlye] instituteur

ući [outchi] entrer

udoban [oudoban] confortable

udovac, udovica [oudovatsse, oudovitssa] veuf, veuve

uganuti gležanj [ouganouti glèjagne] se fouler la cheville

ugasiti [ougassiti] éteindre

ugodan [ougodane] agréable, sympa

ugođaj [ougodjaï] ambiance

ugostiti [ougostiti] héberger

ugovor [ougovore] contrat

uho [ouHo] oreille

ukrcaj putnika [oukeurtssaï poutnica] embarquement des voyageurs

ukrcati [oukeurtssati] embarquer

ukrcavanje [oukeurtssavanyè] embarquement

ukusno [oucousno] bon (savoureux)

ulaz [oulaze] entrée

ulaznica [oulaznitssa] ticket d'entrée

ulica [oulitssa] rue

ulje [oulyè] huile (alimentaire) ; huile (pour moteur)

umak [oumak] sauce

umirovljenik [oumirovlyènik] retraité

umjetnička slika [oumyètnitchka slica] tableau (d'art)

umjetničko djelo [oumyètnitchko dyèlo] œuvre d'art

umjetnik [oumyètnik] artiste

umjetnost [oumyètnoste] art

umoran [oumorane] fatigué

umrijeti [oumryèti] mourir

unajmiti [ounaïmiti] louer

unaprijed [ounapriyède] à l'avance, en avance

unutra [ounoutra] dedans, à l'intérieur

uostalom [ouostalome] d'ailleurs (au fait)

upala mandula [oupala manndoula] angine

upala slijepog crijeva [oupala slyèpogue tssryèva] crise d'appendicite
upaliti [oupaliti] allumer (lumière)
upaljač [oupalyatche] briquet
upisati se [oupissatissè] s'inscrire
upomoć! [oupomotche!] au secours !
upoznati [oupoznati] faire connaissance
uračunato [ouratchounato] compris (service, assurance)
ured za izgubljenu i nađenu prtljagu [ourède za-izgoublyènou inadjènou peurtlyagou] service des objets trouvés
usitniti [oussitniti] faire de la monnaie
uskoro [ouscoro] bientôt
Uskrs [ouskeurse] Pâques
uslast! [ouslaste!] bon appétit !
usluga [ouslouga] service
usna [ousna] lèvre
usoljeno [oussolyèno] salé
uspavati se [ouspavatissè] s'endormir
uspjeh [ouspyèH] succès
uspjeti [ouspyèti] arriver à faire
uspomena [ouspomèna] souvenir
usporen [ousporène] retardé
uspravan [ouspravane] droit
usta [ousta] bouche
ustati [oustati] se lever
usuditi se [oussouditissè] oser
utakmica [outacmitssa] match
utikač [outicatche] prise (électrique)
utočište [outotchichtè] refuge
utopiti se [outopitissè] se noyer
utučen [outoutchène] déprimé
uvijek [ouvyèk] toujours
uvreda [ouvrèda] insulte
uvrijeđen [ouvryèdjène] vexé
uzeti [ouzèti] prendre
uzletjeti [ouzlètyèti] décoller (avion)
užasan [oujassane] horrible, affreux
užina [oujina] casse-croûte, goûter

V

vadičep [vaditchèpe] tire-bouchon
vagon [vagone] voiture (d'un train)
vakciniran protiv [vaktssinirane protive] être vacciné contre
val [vale] vague (nom)
vani [vani] dehors
vanilija [vanilya] vanille
vaš, vaša [vache, vacha] votre, le/la vôtre
vaši [vachi] vos, les vôtres
vata [vata] coton (hydrophyle)
vatra [vatra] feu
vatrogasci [vatrogastssi] pompiers
vatromet [vatromète] feux d'artifice

važan [vajane] important

večer [vètchère] soir, soirée

večera [vètchèra] dîner

večeras [vètchèrasse] ce soir, dans la soirée

večerati [vètchèrati] dîner

već [vètche] déjà

većina [vètchina] la plupart (de)

vegetarijanac [vèguètaryanatsse] végétarien

veleposlanstvo [vèlèposlannstvo] ambassade

veličina [vèlitchina] taille (grandeur)

Velika Britanija [vèlica britanya] Grande-Bretagne

velik [vèlik] grand

ventilator [vènntilatore] ventilateur

veoma [vèoma] très

veterinar [vètèrinare] vétérinaire

veza [vèza] contact

vezice [vèzitssè] lacets

vi [vi] vous

vic [vitsse] blague

video [vidèo] vidéo

video igra [vidèo igra] jeu vidéo

video kazeta [vidèo cazèta] cassette vidéo

vidimo se! [vidimossè!] à la prochaine !

vidjeti [vidyèti] voir

vijesti [viyèsti] nouvelles, les nouvelles

vikend [vikènnde] week-end

vila [vila] villa

vilica [vilitssa] fourchette

vino [vino] vin

vinski gulaš [vinnski goulache] goulache au vin

virman [virmane] virement (bancaire)

visok [vissok] haut (adj & nom)

visoki tlak [vissokitlak] hypertension

višak (prtljage) [vichak (peurtlyaguè)] excédent (de bagages)

više [vichè] plus, plusieurs

više voljeti [vichè volyèti] préférer

viza [viza] visa

vjenčane [vyènntchane] marié

vjera [vyèra] religion

ZOOM

vjera

En Croatie, 90 % de la population est catholique, mais on ne saurait oublier les chrétiens orthodoxes (5 % de la population, essentiellement des Serbes), ni l'Islam (1 % de la population), importé par les Ottomans et aujourd'hui pratiqué par les Bosniaques.

vjerojatno [vyèroïatno] probablement

vjerovati [vyèrovati] croire

vješalica [vyèchalitssa] cintre

vjetar [vyètare] vent

vjetrobransko staklo [vyètrobrannsko staclo] pare-brise

vlak [vlak] train

vlasnik [vlasnik] propriétaire

vlažan [vlajane] humide

voće [votchè] fruit

voćni sok [votchnissok] jus de fruits

voda [voda] eau

vodič [voditche] guide (personne)

vodič kulturnih zbivanja [voditche koultourniH zbivanya] guide des spectacles

vodokotlić [vodokotlitche] chasse d'eau

vodozaštitno područje [vodozachtitno podroutchyè] teritoire maritime protégé

voljeti [volyèti] aimer

vozačka dozvola [vozatchka dozvola] permis de conduire

voziti [voziti] conduire

vrat [vrate] cou

vrata [vrata] porte

vratiti [vratiti] rendre

vrč [veurtche] bocal

vreća za smeće [vrètcha zasmètchè] sac poubelle

vreća za spavanje [vrètcha zaspavanyè] sac de couchage

vrh [veurH] sommet

vrijedi [vryèdi] valable

vrijeme [vriyèmè] temps

vrijeme objeda [vriyèmé obyèda] heure du repas

vrlo [veurlo] très

vrt [veurte] jardin

vruće [vroutchè] chaud

vrućina [vroutchina] chaleur

vučna služba [voutchna sloujba] service de dépannage

vući [voutchi] tirer

vuna [vouna] laine

Z

za [za] pour

zabavan [zabavane] amusant

zabavljati se [zabavlyatissè] s'amuser

zabilježiti [zabilyèjiti] noter (écrire)

zaboraviti [zaboraviti] oublier

zabranjen [zabranyène] interdit

zabranjeno fotografiranje [zabranyèno fotografiranyè] interdiction de photographier

zabranjeno pušenje [zabranyèno pouchènyè] interdiction de fumer

zabranjeno zadržavanje [zabranyèno zadeurjavanyè] stationnement interdit

zabranjen ulaz [zabranyène oulaze] entrée interdite

začepljen [zatchèplyène] constipé, bouché

začin [zatchine] épice
začinjeno [zatchinyèno] épicé
zadnji [zadnyi] dernier
zadovoljan [zadovolyane] content, satisfait
zadovoljstvo [zadovolystvo] plaisir
zaglavljen [zaglavlyène] coincé
zahod [zaHode] WC
zahvalan [zaHvalane] reconnaissant
zahvaliti [zaHvaliti] remercier
zahvaljujući [zaHvalyouyoutchi] grâce à
zajedno [zaïèdno] ensemble
zakasniti [zacasniti] être en retard
zamka za turiste [zammka zatouristè] attrape-touristes
zamoran [zamorane] fatigant
zamrzivač [zameurzivatche] congélateur
zamrznute namirnice [zameurznoutè namirnitssè] les surgelés
zamrznuto [zameurznouto] surgelé, gelé
zanat [zanate] métier
zanimanje [zanimanyè] profession
zapad [zapade] ouest
zapaliti [zapaliti] allumer (feu, cigarette)
zapaziti [zapaziti] remarquer
zaprljati [zapeurlyati] salir
zaraditi [zaraditi] gagner (de l'argent)
zarazan [zarazane] contagieux
zaručnik, zaručnica [zaroutchnik, zaroutchnitssa] fiancé(e)
zaslađen [zasladjène] sucré
zastario [zastari-o] périmé
zastava [zastava] drapeau
zastoj [zastoï] embouteillage
zasun [zassoune] verrou
zaštititi se [zachtititissè] se protéger
zašto [zachto] pourquoi
zatim [zatime] ensuite
zato što [zatochto] parce que
zatvaranje [zatvaranyè] fermeture
zatvoren [zatvorène] fermé
zatvoriti [zatvoriti] fermer
zaustaviti [zaoustaviti] arrêter
zauzet [zaouzète] occupé
zauzeti [zaouzèti] occuper
zavoj [zavoï] pansement, bandage
završiti [zaveurchiti] finir
zdjelica [zdyèlitssa] bol
zdravlje [zdravlyè] santé
zdravstveno osiguranje [zdravstvèno ossigouranyè] assurance maladie
zec [zètsse] lapin
zečji paprikaš [zètchyi paprikache] ragoût de lapin aux piments
zelen [zèlène] vert
zemlja [zèmmlya] terre, pays
zemljovid [zèmmlyovide] plan, carte
zglavak [zglavak] poignet
zgrada [zgrada] bâtiment, immeuble
zid [zide] mur
zidine [zidinè] remparts
zima [zima] hiver
zlatan [zlatane] en or

zlatarnica [zlatarnitssa] bijouterie
zlato [zlato] or
zločest [zlotchèste] méchant
značiti [znatchiti] signifier
znati [znati] savoir
znojiti se [znoïitissè] transpirer
zoološki vrt [zo-olochkiveurte] zoo
zračna luka [zratchna louca] aéroport
zrak [zrak] air
zrakoplov [zracoplove] avion
zrakoplovna kompanija [zracoplovna commpaniya] compagnie aérienne
zreo [zrèo] mûr
zub [zoube] dent
zubar [zoubare] dentiste
zubna pasta [zoubna pasta] dentifrice
zubobolja [zoubobolya] rage de dents
zum [zoume] zoom
zvati [zvati] appeler

Ž

žaba [jaba] grenouille
žablji krakovi [jablyi cracovi] cuisses de grenouilles
žaliti [jaliti] regretter
žao mi je [jaomiyè] je suis désolé
žarulja [jaroulya] ampoule (électrique)
žedan [jèdane] assoiffé
žeđ [jèdje] soif
želim [jèlime] j'aimerais
želudac [jèloudatsse] estomac
želja [jèlya] souhait
želje [jèlyè] vœux
željeti [jèlyèti] avoir envie de
žena [jèna] femme
ženski WC [jènnski vètssè] WC pour dames
žilet [jilète] lame de rasoir
žitarice [jitaritssè] céréales
živ [jive] vivant(e)
živjeli! [jivyèli!] santé !
živjeti [jivyèti] vivre
život [jivote] vie
životinja [jivotinya] animal
žlica [jlitssa] cuillère à soupe
žličica [jlitchitssa] cuillère à café
žmigavac [jmigavatsse] clignotant
žohar [joHare] cafard
župnik [joupnik] curé
žuriti se [jouritissè] être pressé
žut [joute] jaune